中国文化淘金书

CHINESE CULTURE ALCHEMY

翟山鹰 沈 健 ◎著

中国商业出版社

图书在版编目（CIP）数据

中国文化淘金书 / 翟山鹰, 沈健著. — 北京：中国商业出版社, 2017.11
ISBN 978-7-5208-0069-3

Ⅰ.①中… Ⅱ.①翟…②沈… Ⅲ.①中华文化－研究 Ⅳ.① K203

中国版本图书馆 CIP 数据核字 (2017) 第 233028 号

责任编辑：常 松

中国商业出版社出版发行
010-63180647 www.c-cbook.com
（100053 北京广安门内报国寺 1 号）
新华书店经销
北京市庆全新光印刷有限公司

*

850×1168mm 1/16 20 印张 390 千字
2017 年 11 月第 1 版 2017 年 11 月第 1 次印刷
定价：98.00 元

* * * *

（如有印装质量问题可更换）

序一 被误读的"文化"

一、中国文字中蕴含的神奇规律

中国是当今世界上唯一用图腾做文字的国家。除了中国以外，世界上其他主流国家基本上都是用拼音做文字。拼音本身是没有任何含义的，也就是说，世界上除了汉字之外，其他的文字仅仅是语言的一种音标的标注，并没有精准的含义，只有中国的汉字包含了十分复杂的意义。

我们现在所说的中国文字，主要指繁体字，也就是从今天看起来和甲骨文、金文最为近似的中国文字。由于简体字实际上基本破坏了中国文字中包含的历史来源、蕴含的自然规律和其本身出现的引申含义，所以，已经不能代表真正的中国文字了。

比如繁体字中的"愛"和简体字"爱"。"愛"字的本意，看文字就能理解，是心中的一种感触，爱是发自内心的。而简化之后，最核心的表意关键部分"心"就消失了，已经失去了这个字原本的初衷。

关于汉字的造字法，从汉朝以来，相沿有"六书"的说法。汉字的造字方法有象形、指事、会意、形声。除了上述四种外，还包括转注和假借。我们可以简单了解一下。

象形字。象形字来自于图画文字，它是一种最原始的造字方法。指用文字的线条或笔画，把要表达物体的外形特征具体地勾画出来。例如"月"字像一弯明月的形状，"龟"字像一只龟的侧面形状，"马"字就是一匹有马鬃、有四腿的马，"鱼"是一尾有鱼头鱼身、鱼尾的游鱼，"门"字就是左右两扇门的形状。"大"字，原来是像一个正面直立的人的形状，手足展开，就表示"大"的意思了。这种从名词推广到形容词的造字法，是后来发展出来的。从字源上了解了象形字的形、义、音，可以帮助我们识记很多通用汉字的字义和读音。

The Dragon Boat Festival, the 5th day of the 5th month in the Chinese lunar calendar, has had a history of more than 2,000 years. It is usually in June in the Solar calendar.

英文

サシスセソタチツッテト
ナニヌネノハヒフヘホヲ

日文

자머리 속령 사랑
마저 두다 하게도 우리 신변

韩文

تحذير : غير ملائم للأطفال تحت (٣) سنوات
بسبب القطعات الصغيرة أو قابليتها للكسر

阿拉伯文

　　指事字。由于象形字存在一定的局限性，难以适应社会发展的需要，另一种造字法——指事法产生了。

　　指事字是一种抽象的造字方法，将没有、或不方便用具体形象画出来的事物用一种抽象的符号来表示。常见的指事字如"上""下""凶"等。"上""下"两个字是以横线为界，在横线上用较短的线指出上方的位置，这是"上"字；在横线的下方用较短的线指出下方的位置，这是"下"字。"凶"字是指地面上有一个坑，走路的人没看见而掉进了坑里。

　　会意字。当指事造字法不能普遍地应用到很多事物上时，我们的祖先又想出了一个办法，用两个或者两个以上的字按照意义合起来表示一个新的意义，即会意法。

　　会意字克服了象形字和指事字的局限性，它可以表示很多抽象的意义。如"武"，从戈从止。止是"趾"本字，戈下有脚，表示人拿着武器走，有征伐或显示武力的意思。"从"字是一个人跟着另一个人向前走，表示跟从。"比"表示两人接近并立。

会意法具有较强的造字功能。"人"和"人"可以组合成"从""众"等字,"人"还可以和其他形体组合为"保、伐、戍、付、伍"等。"木"和"木"可以组合为"林""森","木"还可以和其他形体组合为"析、相、采、困"等。

形声字。形声法,就是由形旁和声旁拼合而成的造字法。形声字是由两个文或字复合成体,其中的一个文或字表示事物的类别而另一个表示事物的读音。

形声字突破了汉字形体的束缚,沟通了方块汉字与语音的联系,这是汉字从表意迈向表音的一个重大发展,成了汉字发展的主流。今天我们所用的汉字,80%以上都是形声字。这种造字法,直至今天还可以不断地造出新字来,比如较近发现的化学元素"锏、镉、锘"等,都是用新造的形声字来命名的。

常见的形声字有"茱""蛛""珠"等,"茱"是一种落叶乔木,果实呈红色,小球状。"艹"表示植物,"朱"代表红颜色,兼表示字音。

转注法。转注法的说法很多,比较常见的说法是为了适应方音分歧和语音的发展而采取的一种造字法。转注法也是一种用字之法,同假借字一样,原则上都不能产生新字。它反映了语音的发展变化或方音的差异,同时也反映了一种语言文字现象:即文字是如何调整自己的形体以适应发展变化了的语言的需要的,它是一种动态的文字现象。

假借法,就是借用同音字表示新义的一种方法。古时,语言中的某个"词",本来没有替它造字,就依照它的声音"假借"一个"同音字"来寄托这个"词"的意义。假借是汉字的造字方法之一,假借法也是一种用字之法,同转注字一样,原则上都不能产生新字。常见的假借字有"难""长""久"等字。"难"原是鸟名,借为"艰难"之难。"长"是长发,借为长久之长。"久"是"从后灸之",借为"久远"。

中国人通过不断解读文字这种图腾中蕴含的奥秘,在世界人类的舞台上创造了长达几千年的辉煌,在科技、政治、文化、经济、教育等人类生活的几乎所有的领域都领先于全世界。而从秦、汉到唐、宋,中国人开设的以讲述文字中蕴含奥秘的"小学"课程则成为中国在全世界领先的关键所在。

有兴趣探寻中国文字中蕴含的终极秘密的读者,可以从开放的平台观看或收听本人的《重新认识中国字》,相信你一定会被中国文字中蕴含的"伟大"所折服。

二、文化的内涵和外延

本书中所提到的"文化",在近代历史上,一直是人类文明被严重误读的概念,以至于全世界几乎每个国家主管文化的政府部门领导,都很难定义"文化"领域的内涵和外延,"文化"一直都是社会发展的重要推动力量,但也是一个无人能了解其真实面目的神秘领域。

伴随着中国"一带一路"的倡议提出,全面解读中国"文化",并据此建立起支撑中国未来崛起的重要支柱,就变得尤为重要起来。而要真正了解文化的含义,必须要从"文"和"化"两个中国字说起。

中国古代的文字在刚刚出现的时候是没有词组的,由于社会活动相对简单,每一个文字都可以精准的对某种社会现象或自然规律进行定位。伴随人类社会活动的多样化,形式越来越多,相互关系越来越复杂,单个字不足以准确表达某件事物的时候,词组就出现了。

词组是将两个或两个以上的不同文字进行组合,形成包含时间、环境、场景、样态等信息的全新文字形态,能够表现更复杂的含义。"文化"这个词组就是在这种情况下形成的。

所以,要想清晰地定义"文化"以及文化产业的内涵和外延,就要了解文和化两个文字的意义。

在甲骨文中,"文"字的主要含义,是用尖利的物品将大脑中的思想、对自然的感悟和自身的能量描绘在某种载体上,引申为不断地将自身的智慧、自然的规律进行总结并传导到外部的事物上,所以,"文"人就成为专门研究自然规律和人类智慧的群体,一直得到社会的高度尊重。通过我们的研究与总结,可以做如下的定义。

文字:包含思想、感悟、能量并撰写出来的符号;

文物:代表人类劳动成果和智慧结晶总结的物品;

天文:天空蕴含的能量和规律;

水文:水里面蕴含的能量和规律;

文职:动脑子总结规律和发挥智慧的职业。

在甲骨文中,"化"字的主要含义,是将某种形态附加并融入另外的一种形态中的行为,最终将改变融入对象原来的样态。所以,"化"字是动词,是描述一种动态的过程。

变化：自身的转变，某种形态融入形成另外一种形态的过程；
融化：原有形态通过转换消失了，变成另外一种新的形态；
化学：研究不同样态之间包容、转化的学问；
丑化：将丑附加在原来的样态上，让原来的样态变得丑起来。

了解了"文"字和"化"字在中国文字中的含义，"文化"自身的内涵和外延就变得十分清晰了。

"文"是思想、智慧、能量，是漂浮在空中看不见摸不着的东西。"化"是将思想、智慧、能量转化到某种载体上的过程，在没有确认载体的属性之前，"文化"是不能单独发挥什么作用的。

文化附加在旅游载体上，就变成了旅游文化，能够全面改变载体的价值、属性、内涵和衍生样态。

文化附加在餐饮上，就变成了餐饮文化，能够将简单的吃饭变成人类思想的盛宴。

文化附加在艺术收藏品上，就变成了收藏品文化，能够将藏品蕴含的历史、技巧、工艺等变成附加的价值。

了解了文化的本质，就知道世界上很多国家设立的文化部门实际上是对文化的误读。文化可以有研究院，可以有大学学科，但是很难通过政府机构实施有效管理。因为，文化脱离了旅游、交易、餐饮、影视、出版物、互联网等载体，将无法产生作用，自然也没有具体的管理范畴和无法实施细致管理了。

2017 年 7 月

序二 "文化"的商业应用

文化本身是没有上限和边缘的，一个民族的历史、人文的丰富程度将决定这个民族自身文化水平的高度，没有历史和人文积淀的民族是不可能有文化的。

中国5000年来一直传承着农耕文明范畴下的传统文化，是目前世界唯一的自身文化从未间断的国家，中华民族在文化领域拥有的底蕴是全世界其他任何国家无法比拟的。

由于文化中能够蕴含丰富的智慧、规律和能量，从而促使中国文化成为全人类最重要的瑰宝之一，也是中国可以向全人类输出并在各地产生巨大经济价值的领域。党的十八大以来，习近平总书记高度重视传承发展中华优秀传统文化。他指出，中华民族在几千年历史中创造和延续的中华优秀传统文化，是中华民族的根和魂。

伴随"一带一路"的快速发展，中国文化获得了走向全世界的难得机会，并带来了巨大的商机，在此形势下，深刻挖掘中国文化中蕴含的商业机会和商业价值就显得尤为重要。

但是，文化自身的局限性将使得其必须通过载体发挥巨大的作用，如果没有载体，文化自身将很难传承、发展并展现出其巨大的能量。将"文化"用于商业领域就必须对文化进行细分，学会文化排列组合的要点和其后的商业结构、商业价值。

尽管"文化"代表的是将思想、智慧、能量附着在某种载体上，并改变载体原有的样态，但缥缈的附着过程是可以被精准的划分的。

好的文化活动必须是能够传承、描述和扩散的，进而让思想、智慧、能量的作用达到最大化。

翟山鹰老师对文化对应的载体进行深度分析，独创出"六维度"理论，即：利用中国文化在商业领域创造价值，需要明晰文化自身的六个支柱，分别是：

六个维度：

维度一：背景来源（背景、出处）

维度二：品质内涵（组成物质、构成元素）

维度三：五觉感受（视觉、听觉、嗅觉、味觉、触觉）

维度四：思维想象（幻想、情绪、精神）

维度五：文明传承（农耕、海洋、游牧）

维度六：社会习惯感知度（外延、衍生）

此外，六个支柱还面对 36 种表现形式，分别是：

第一类：神话、传说、史实、故事、（引申）寓意

第二类：人物、图腾、文字、造型、仪式、活动、情怀

第三类：气候、地理、环境、风俗、（建筑）格局、礼仪

第四类：宗教、风水、周易、星座、（人文）运程、属相、吉祥物

第五类：游戏、造势、流行趋势、高技术、网络化

第六类：图文、声光影像、大小、远近、明暗、针对（服务）人群文化的

上述六个支柱和 36 种形式的排列组合，就是很多文化项目成功的标准样态。

本书筛选了旅游文化、餐饮文化、娱乐文化、收藏品文化、房地产文化、体育文化、企业文化以及其他综合类文化项目共八个领域的文化产业项目的典型案例，运用"六维度"理论，将这些案例，按照中国文化的标准商业模式进行分析后，相信大家就可以轻松地发现这些项目优、劣方面和可以改进的地方。

2017 年 7 月

目录 Contents

第一篇　旅游文化篇

恭王府　　　　　　　　　　　　　　002
秦始皇兵马俑博物馆　　　　　　　　013
《印象·刘三姐》　　　　　　　　　025
《禅宗少林·音乐大典》　　　　　　031
"曲阜三孔"　　　　　　　　　　　037
北京大观园　　　　　　　　　　　　046
北京世界公园　　　　　　　　　　　053
北京古代钱币博物馆　　　　　　　　058
天津滨海航母主题公园　　　　　　　063
常州中华恐龙园　　　　　　　　　　069

第二篇　餐饮文化篇

雕爷牛腩　　　　　　　　　　　　　076
茅台酒　　　　　　　　　　　　　　082
汾酒　　　　　　　　　　　　　　　089
大清花酒楼　　　　　　　　　　　　097
宁波状元楼酒店　　　　　　　　　　104

第三篇　娱乐文化篇

横店影视城　　　　　　　　　　　　111
水浒影视基地　　　　　　　　　　　119
《中华好诗词》　　　　　　　　　　127
《咱们穿越吧》　　　　　　　　　　133

CHINESE CULTURE
ALCHEMY

女子十二乐坊	139
中国少女偶像团体——SNH48	146
《仙剑奇侠传》	154

第四篇　地产文化篇

北京798艺术区	163
北京拉斐特城堡酒店	170
成都宽窄巷子	176
云南彝人古镇	182
深圳东部华侨城	188

第五篇　艺术收藏品文化篇

贡品轩	195
红古轩	203
君雅翡翠	210
问鼎汝瓷	216
红官窑	221
一得阁	228
王星记扇庄	235

第六篇　体育文化篇

广东震威武道	242
《武林风》	247
中华龙舟大赛	251

目录 Contents

第七篇 企业文化篇

华为的企业文化　　　　　　　　　　256
海尔的企业文化　　　　　　　　　　262
同仁堂的企业文化　　　　　　　　　266
老干妈的经营文化　　　　　　　　　273

第八篇 综合文化篇

内联升　　　　　　　　　　　　　　281
盛锡福　　　　　　　　　　　　　　287
孔子学堂　　　　　　　　　　　　　294
瑞蚨祥　　　　　　　　　　　　　　299

第一篇
旅游文化篇

恭王府

恭王府，是目前北京保存较为完整且唯一对社会开放的清代王府。

恭王府始建于清朝乾隆年间（1777年），初为大学士和珅的私邸。嘉庆四年（1799年）和珅因罪赐死，一度改为庆王府。咸丰元年（1851年）改赐道光皇帝第六子恭亲王奕䜣。

恭王府位于北京什刹海西岸的前海西街，东傍前海，北依后海，西踞柳荫街，南瞰平安大道，环湖衔水。属于全国重点文物保护单位，国家AAAAA级景区。

恭王府的主管机构为文化部恭王府管理中心，是文化部直属事业单位。恭王府是差额拨款事业单位，运营经费的绝大部分需要自筹。

数据显示，目前恭王府每年的收入有5000万元以上，景区兼营字画销售增加文化附加值，包括恭王府戏台演京剧的收入以及王府晚宴、王府茶苑等经营项目的收入。

据了解，现在恭王府的门票价格为套票70元，包括门票、府内讲解、参观开放景点及展厅，观看王府大戏楼并欣赏北京传统节目演出。若只是参观恭亲王府，门票为40元，出示学生证价格为20元。目前恭王府全年的客流量约为100多万人次，多数是外地人。门票收入占全年收入的35%左右。

接下来，我们将按照文化产业的基本价值，对恭王府项目从文化的六个维度入手进行分析和阐述。

第一篇　旅游文化篇

恭王府内景图

背景来源

从背景来源的维度分析，恭王府很好地利用了文化的六个维度和 36 个要素中的传说、故事、人物等要素，为自己的来源找到了传承的嫁接点和故事背景。

相传恭王府这一带在元朝的时候，大部分还浸泡在水里，到了明代，水的面积变小了，地皮逐渐露出了水面。明弘治年间的大太监李广看中了恭王府这块地皮，遂置地于此。然而李广在这块地皮上住了没多久就被法办了，恭王府这块地却没有被荒废。

清乾隆四十年前后，在皇帝面前红得发紫的和珅，相中了这块四周萦水、遥接西山，而且又离"皇上家"不远的风水宝地，遂以高价购买下这里的多处房产。乾隆四十一年（1776 年），和珅开始在这东依前海，背靠后海的位置修建他的豪华宅第。嘉庆四年正月初三太上皇弘历归天，次日嘉庆皇帝褫夺了和珅军机大臣、九门提督两职，抄了其家。同年正月十八，即 1799 年 2 月 22 日，和珅被"赐令自尽"。嘉庆皇帝遂将这座宅第转赐给他的小弟弟庆郡王永璘。与此同时，嫁给和珅之子的乾隆之女和孝公主，仍居住在半座宅第中。

咸丰元年，即1851年，清末重要政治人物恭亲王奕䜣成为这所宅子的第三代主人，改名恭王府，恭王府之名由此沿用至今。

民国初年，这座王府被恭亲王的孙子溥伟以40万块大洋卖给教会，后由辅仁大学用108根金条赎回，并用作女生学堂。新中国成立以后，王府曾被公安部宿舍、风机厂、音乐学院等多家单位使用过。

1975年，周总理在病床上，以三件未做完的事情托付谷牧，其中之一就是恭王府的开放问题。1988年，恭王府花园对外开放，2008年恭王府完成府邸修缮工程后，全面对外开放。

恭王府内景图二

五觉感受

接下来，我们从五觉感受的维度对该项目进行分析。恭王府由府邸和花园两部分组成，南北长约330米，东西宽180余米，占地面积约61120平方米，其中府邸占地32260平方米，花园占地28860平方米。

恭王府由南自北都是以严格的中轴线贯穿着的多进四合院落组成，现存古代房屋建筑约12000平方米。其中府邸由三路四进四合院组成，花园也分为三路。

中路的三座建筑是府邸的主体，一是大殿，二是后殿，三是延楼，延楼东西长160米，有40余间房屋。花园的正门五开间，门前蹲一对石狮。进门后是一块高五米的太湖石，称作独乐峰，后面的大厅是恭亲王招待客人的地方，中轴线最后的建筑是倚松屏和蝠厅，是消暑纳凉的地方。

东路的主要建筑是大戏楼，建筑面积6895平方米，建筑形式是三卷勾连搭全封闭式结构。厅内南边是高约一米的戏台、厅顶高挂宫灯，地面方砖铺就。当时除了演戏外，还是举办红白喜事的地方。

西路的主要景观是湖心亭，以水面为主，中间有敞轩三间，是观赏、垂钓的地方。水塘西岸有"凌倒影"，南岸有"浣云居"，园中叠石假山，曲廊亭榭，池塘花木，轩院曲回，风景幽雅。有20余处景区，掩映在花木之间。还有榆关——既有城门，又有雉堞，相传它的主人站在城墙上，遥望东北的故乡，以排解思乡之情。

思维想象

从精神想象空间的维度来分析，恭王府主要运用了六个维度和36个要素中的风水、地理、故事、传说、人物、图腾等要素。

由于恭王府有着《红楼梦》中所描绘的某些景物，因此一直有人说恭王府花园是大观园的蓝本。但是，也有许多人又提出了不同的意见。恭王府到底是不是大观园的蓝本，这可能也是一个永远的秘密了。

恭王府的主人，是一等贵族，所以他的府邸不仅宽大，而且建筑也是最高格制。传说北京有两条龙脉，一是土龙，即故宫的龙脉；二是水龙，指后海和北海一线，而恭王府正好在后海和北海之间的连接线上，即龙脉上，因此风水非常好。古人以水为财，在恭王府内"处处见水"，最大的湖心亭的水，是从玉泉湖引进来的，而且只内入不外流，因此更符合风水学敛财的说法。

恭王府最明显的标志是门脸和房屋的数量。恭王府有门脸五间，正殿七间，后殿五间，后寝七间，左右有配殿。低于亲王等级的王公府邸决不能多于这些数字。如果游客看到深宅大院的门口耸立着石狮，马上就可以判定大院的主人是不是低于五品的官员；如果游客再仔细数一数石狮头上的卷毛疙瘩，就会进一步认定品极；皇帝门口的石狮上有13排疙瘩，亲王12排，爵位越低，数量递减。

房屋的形式、屋瓦的颜色也是不能僭越的。皇宫屋顶覆盖金黄色琉璃，是皇权的象征；王府正殿的屋顶覆盖绿色琉璃筒瓦、屋脊上绿色琉璃吻兽，配殿屋顶为灰筒瓦，那是明示亲王的地位。在古建筑里，门钉只在板门上使用，当初用来提防敌人用火攻城，所以在涿弋上涂满了泥，起防火作用。门钉一般是铜制的，清朝对门钉的使用有一定的规制。皇家建筑，每扇门的门钉是横竖各九路，一共是九九八十一个钉。九是阳数之极，象征帝王最高的地位。因为帝王庙是供奉万代帝王的，所以也是横竖九路门钉；王府七路乘七路，亲王府七路乘九路；再往下就是五路乘五路。

恭王府中路最重要的建筑银安殿（正殿）、神殿就是严格按照当时的清廷建筑规制修建而成的。神殿是满族萨满教祭祀祭祖的地方。传说当年清太祖努尔哈赤崛起塞外时，一大群蝙蝠曾救过努尔哈赤，因而满人敬蝙蝠为神灵。恭王府主人常命人将刚刚宰杀的动物内脏，放在神殿屋顶的索伦杆上供蝙蝠觅食，仆人若是随便走近惊动这些神灵，是要被重罚的。

西路的四合院小巧精致，以工艺精美著称，主体建筑有葆光室（咸丰皇帝赐名，和珅时此殿名字已不可考），是和珅的会客厅和住所。嘉庆皇帝在处死和珅的时候，给他找了20条罪状，其中涉及财产的就达八条，比如，和珅有一条罪状是僭侈，这个罪状的证据，就藏在和珅的卧室锡晋斋里面。《和珅罪状全案档》二十大罪状，第十三款是这样描述的，"僭侈逾制"的楠木房屋，屋内隔断样式仿制宁寿宫（紫禁城里太上皇的寝宫，乾隆皇帝退休之后的养老之所），为金丝楠木所制，每一扇都价值连城，地砖也使用了宁寿宫里的花斑石，超越了臣子的建筑规格。不仅如此，锡晋斋二楼一圈的四合环廊，这种形式叫仙楼，换句话说只有神仙才能住的地方。

这楠木房屋指的就是和坤府锡晋斋，稍有常识的人，都会懂得金丝楠木的珍稀程度。锡晋斋台基高二尺八寸，正厅为七间（这已是亲王规制，皇家最多为九间）。正厅东、西、北三面都是二层的仙楼，均以楠木隔断分隔空间，隔断上方窗格的镂空部位覆以极薄的蓝色丝绸，裙板上镶嵌工艺精湛的雕饰。这种"大屋中施小屋，小屋上架小楼"的内檐装饰只有皇家才有。

恭王府三路建筑的最北端，有一座横亘东西、长达165米的后罩楼，将花园与居所分为南北两部分，这座长度惊人的楼宇也是和坤府逾制之处。后罩楼后墙共开88扇窗户，内有108间房，俗称"99间半"，取道教"届满即盈"之意。据说这是和坤的藏宝楼，不同形状的窗户代表了不同的珍宝种类，如金银、玛瑙、和田玉等，和珅只要看看窗户就知道里面藏了什么宝贝。

恭王府的花园也分为东中西三路。中路以一座西洋建筑风格的汉白玉拱形石门为入口，以康熙皇帝御书"福"字碑为中心，前有独乐峰、蝠池，后有绿天小隐、蝠厅。东路建有大戏楼，戏楼南端有明道斋、曲径通幽、垂青樾、吟香醉月、流杯亭等景致。

第一篇　旅游文化篇

独乐峰是一块天然形成的太湖石。据说和珅一生娶了26个老婆，但是一直没有儿子。在生了十几个女儿后，一次和珅随乾隆去江南，在太湖边发现了这块奇石，形如女人抱着孩子，和珅认为是观音送子，就把它运回来放在自己家中，第二年果然得了一个儿子。乾隆听说也很高兴，给孩子赐名丰绅殷德，后来还把自己的掌上明珠十格格嫁给了他。有了这段姻缘，嘉庆杀和珅的时候也未满门抄斩或灭九族，只是赐死和珅一人，和珅的子孙也得以从此难中幸免。独乐峰这三个字据说是恭亲王后来刻上去的，因与慈禧政争不息，被罢官时便在此"独乐"，故题字于此。

独乐峰的正后方，就是蝠池。整个池塘的形状就像一只展开翅膀的蝙蝠。蝙蝠是和珅最喜欢的动物，"蝠""福"同音，和珅认为蝙蝠会带来福运。在这个池塘周围种了很多树，这里种的树到了春天会结形状像铜钱一样的果实，北方人叫它榆钱，这种树是榆树，也叫摇钱树。春天的时候，金黄的榆钱都随风飘落在蝠池中，蝠池就像个聚宝盆。从这里也可以看出和珅对金钱的欲望。

菜园的北侧有一处设计精巧的中式小院——怡神所，院正中是一道垂花门（内门、二门一般的宾客和男仆是不准进的），雕刻得极为精细，两边短柱像倒垂的花苞，整个门像佛祖戴的毗卢帽，是等级最高的"毗卢帽式"垂花门，只有皇家专用，所以是和珅逾制的死罪。门前东边两棵龙爪槐（垂青槐）据说有三五百年。进入垂花门，小院布局严谨，西厅为"明道斋"，曾挂康熙所书"怡神所"匾，东为香雪坞，是女主人的休息处，有许多翠竹，相传这里是《红楼梦》潇湘馆的原型。

府邸花园中路有一组重要的建筑因形状如蝙蝠而称蝠厅，整个建筑像一只巨大的蝙蝠，四面环廊前后大敞窗，北方少见，很有江南园林的特色，特点是从早至晚每个房间都有充足的光线，环廊建在四周又使外面的阳光不会直射到房间内。过去是主人的书房和秘室，内挂"寒玉堂"匾，蝠厅的顶棚和柱子都画满彩绘，是分成三种颜色的斑竹（斑竹一枝千滴泪），老竹、新竹、嫩竹寓意官运、财运节节攀高。（虚心有节宁折不弯）

恭王府的"升官发财路"是一条坡度很陡的爬山斜廊，特点是平坦无台阶，象征着和珅不愿意一步一个台阶走，希冀平步青云、一步登天，事实上他也做到了，后人就称此路为"升官发财路"。下边却有两节台阶，它象征着和珅20岁之前的坎坷命运。

恭王府花园西路有座小庙为"龙王庙"。其建筑十分精巧，内供龙王座像。

房前有一口古水井。"龙王庙"的建筑充分显示府主人的独具匠心。龙是驭水的,花园中罗织着庞大的水系,整座恭王府蕴含着五行中水的意象。"龙王庙"位于府邸的西北方,八卦中西北方属乾卦,乾为天;"龙王庙"又位于花园的西南方,八卦中西南方属坤卦,坤为地。龙在天,水自天生,又归于地。因此"龙王庙"的位置,乃是整座王府天地交汇之处。

南端的两山之间有一段城堡式的墙,墙顶砌成雉堞状,墙心辟券洞,券洞北面嵌石额,上刻"榆关","榆关"即山海关的别名,是长城的象征,素有天下第一关之美称,当年,清代皇帝就是从此入关,在园中设此关足以表示主人不忘记清祖从山海关入主中原的丰功伟绩。

"榆关"城墙上还有一座更小巧的门楼式"山神庙",据说是祭"四神"的,即四种动物:刺猬、黄鼠狼、蛇、狐狸。传说这四种动物自古就经常出没于府园之中,府中历代主人都敬之如神,待之如宾,每当府中有人生病或遇不测时,便在庙前磕头烧香或上供品,以求四神助其病除和平安。当时府中女眷向屋外泼水时,时而唠叨一声"泼水啦",意思为不敢惊动这"四神",否则就会灾祸临头。令人称奇的是如今尽管园内游人众多,还时常有刺猬、黄鼠狼和蛇出没。园中工作人员每每遇到它们时,总是小心呵护,还常放食品于路经处供喂。它们似是代代相传长驻于花园山石丛林之中的小主人,亲身印证了恭王府花园是怎样的一块风水宝地。恭王府的历代主人对"龙王庙"与"山神庙"赋予之深意,是天地合一,人与自然的和谐之美。

文明传承

从文化属性的维度来分析,恭王府把"福"的装饰性与古代建筑艺术的结合做到了极致。

福是中国最早的一批文字之一。这在历史上是可考的,河南安阳文字博物馆的甲骨文遗存中就有福字。它本身文字结构很美,起源于祭祀,后来逐步演变成吉祥的寓意。在恭王府,将祈求福佑心思发扬至顶峰的,当数后罩楼的什锦窗。后罩楼是府邸与花园的分界建筑,长156米,贯连"99间半",规模宏大,为京城清代王府之最。其北墙上层有形状各异的砖雕什锦窗44扇,什锦窗上砖雕精美生动,寓意吉祥。如在"磬"式窗上下配以蝙蝠及鲶鱼形成"福庆有余",蝙蝠与卷云纹构成"福运绵绵";以"石榴"窗配缠枝莲,取"多子多福"之意;在"桃"形窗上饰祥云、蝙蝠等,象征"福运绵绵,万福万寿"。

第一篇 旅游文化篇

恭王府花园名"萃锦园",布局以"福"为主题。人游览其中处处见福,方觉设计者确实匠心独运。更有蝠厅、福字碑、蝠池等连成一线,祈福主题一路贯穿。

恭王府花园中路太湖石假山脚下的秘云洞正中央石壁上就有一座康熙亲笔题的福字碑。

相传,孝庄太皇太后在60岁时,生了一场大病,久不见好转,康熙帝效仿古人为祖母请福续寿,在沐浴斋戒了三天之后,一气呵成写就这幅绝世的珍品,还加盖了"康熙御笔之宝"印玺,意思是"鸿运当头、福星高照,镇天下所有妖邪"。孝庄皇太后收到这份大礼后不久,就恢复了健康。她特意让工匠将这个福字刻为石碑,成了皇家的宝贝。因为康熙一生很少题字的,有"康熙一字值千金"的说法。所以这个福字被称为"天下第一福"。

康熙御笔的这个"福"字,蕴含着无穷奥妙和无限祝福。其字形窄而狭长,民间称之"长瘦(寿)福"。此福字右半部正好是王羲之《兰亭序》中"寿"字的写法,成为现存历代墨宝中唯一把福、寿写在一起的福字,被民间称为"福中有寿,福寿双全"。更让人叫绝的是,此福与民间称作"衣禄全、一口田"的福字截然不同,其间包括了多个汉字。右上角的笔画像"多",下边为"田",左半边似"子"和"才"字,右半边又像"寿"字,整个福字可分解为"多子、多才、多田、多寿、多福",是古往今来独一无二的五福合一的福字。其中的"田"字尚未封口,因此是鸿福无边、无边之福。

康熙皇帝御笔亲题的"福"字碑。被民间称之为"五福之本,万福之源"和"天下第一福"。象征着人们对幸福生活的向往追求。在恭王府花园中也处处可见以蝙蝠作为福文化的装饰象征符号。

中国传统文化中,"蝠""福"谐音,蝙蝠一直是福气、吉祥的象征。恭王府的福文化是"藏福文化",其中的蝙蝠更有"明蝠""暗蝠"之分。所谓明蝠,是指形象具体的蝙蝠,如环廊彩绘、窗棂雕刻的蝙蝠等;而暗蝠,则是抽象化的蝙蝠,多见于府邸、花园中的窗格。

据说在王府花园里有一万只造型各异的蝙蝠贯穿始终,在彩画、窗棂、穿枋和灰塑上都可以见到蝙蝠形象,因此也有人叫它"万福之地"。而且萃锦园中水池、假山乃至部分建筑平面形式都被做成蝙蝠形状,园中穿插有"蝠池""蝠山"和"蝠厅",所以是一个地道的风水"福地"。

有人说和珅喜欢蝙蝠,所以在恭王府建筑布局和装修上出现了大量的蝙蝠纹样。但更多的是为了突显福文化这个主题才选择了蝙蝠纹样。满人都喜爱蝙蝠,这是因为清朝开国君主努尔哈赤将蝙蝠视作吉祥天神。传说当年太祖皇帝努尔哈赤崛起塞外时，和蒙古部落争夺草原，有一次他的军队被蒙古大军追赶，努尔哈赤受了伤，从马上滚下来跌到草丛中。这时，天上忽然飞来很多蝙蝠将努尔哈赤身体掩护住，使他躲过了蒙古追兵。从此以后，努尔哈赤将蝙蝠视为神兽供奉，代代相传。

还有一种说法是，清太祖努尔哈赤在创业之初，为探听明军实力，只身来到辽阳，投身于辽东总兵李成梁帐下服侍李成梁。一天晚上，努尔哈赤侍候李成梁洗脚。李成梁对努尔哈赤说自己之所以能够成为当朝一品大将，就是因为脚心有一颗红痣。努尔哈赤漫不经心地说："这有什么稀奇？我脚心有七颗红痣，还不照样侍候人吗？"

说者无心，听者有意。李成梁大为吃惊，从此对他格外注意了。偏偏这时北京钦天监在观测天象时发现辽东有王气出现，断定这里会出非同寻常之人，赶紧报告朝廷，朝廷立即派兵追查。李成梁得知此事，马上怀疑到朝廷要抓的就是努尔哈赤。正当李成梁与官差商议捉拿努尔哈赤之际，努尔哈赤及时发觉，急忙逃出了李府，一口气跑到了辽阳城北的一个草滩上。李成梁的追兵越来越近了，精疲力竭的努尔哈赤躺在一条沟里暂且隐蔽。这时，一大群蝙蝠在草滩周围飞来飞去，黑压压的一片。

蝙蝠一方面吸引了追兵的注意，同时也遮住了草滩中的努尔哈赤。追兵见此情景，便改变方向追往其他地方去了，努尔哈赤因而获救。当然，还有一种说法是一大群乌鸦帮了忙。但是不管怎样，努尔哈赤视蝙蝠为神兽却是事实。

和珅姓钮祜禄，祖父随努尔哈赤打天下，立下赫赫战功。父亲也曾在军中担任要职，家世显赫。既然蝙蝠是满人的神兽，而且蝠字与汉语的福字发音相同，所以便成了和珅设计自家园林的重要文化要素了。

恭王府，基于北京特殊地理位置和文化历史背景打造特有的文化属性，是国内旅游文化塑造较为成功的典型案例，同时也构建了比较全面的商业模式。

恭王府本来藏有大量珍稀物品，随着清王府的覆灭，王府主人将之变卖殆尽。而藏品是传统博物馆的基础。尽管恭王府一直致力于文物征集，但受种种条件所限，文物的种类、数量恢复原貌几无可能。恭王府文物匮乏，物质遗产先天不足。基于文物所举办的展览等一般博物馆开展的业务工作受到严重制约。

为此，经过周密的策划，恭王府设计出了一套既符合博物馆一般规律，又适应王府博物馆情况的道路。

第一，以和珅等人宦海沉浮的传奇故事为卖点，吸引人们到恭王府一探究竟。

第二，恭王府藏有康熙皇帝御笔亲题的"福"字碑。该福字在一字中暗含"多子、多才、多田、多寿、多福"的五多寓意，被民间称之为"五福之本，万福之源"和"天下第一福"。以福文化为卖点，表达出人们对幸福生活的美好向往。

第三，以周汝昌为首的部分红学家认为恭王府是荣国府的原型。《红楼梦》是我国古代四大名著之一，代表古典小说艺术的最高成就。其中的荣国府与人间仙境般的大观园对很多人有强烈的吸引力。这也是恭王府可以利用的一大资源。

文化传播的主要方式：

第一，开设了和珅、恭亲王、王府文化、红楼梦与恭王府等多项固定陈列，多福轩、锡晋斋等复原陈列，以及老照片中的大清王府等临时展览。

第二，自2009年起，恭王府独辟蹊径连续推出艺术系列展。

第三，近年来，引进各种类型的展览，如山东青州千年佛造像特展、四川遂宁宋瓷展、李岚清篆刻艺术展、青海唐卡精品展等。这些展览小而精、小而雅，门类众多，从佛像、瓷器、篆刻、唐卡等不同方面传播了传统文化和外来文化。

第四，复原再现后罩楼书斋、格格闺房、藏经阁、王府佛堂和王爷内室客厅等清代王府典型生活场景。增强对普通参观者的吸引力。

第五，推出非物质文化遗产的演出。恭王府选取了与王府颇有渊源的昆曲、古琴、京剧等项目，自2008年起于每年夏天举办非遗演出周。恭王府的演出不同于牟利的商业演出，也不同于用以谋生的剧团的演出，而是用于欣赏、玩味的纯艺术演出。

除了每年夏季的非遗演出周外，恭王府还有其他类型的演出形式。

历史情境剧演出。恭王府的志愿者自编自导自演历史情境剧"恭王府的主人们"，让曾经生活在恭王府的和珅、刘全、庆王永璘、恭亲王奕䜣等人以及当时相关的历史人物乾隆皇帝、嘉庆皇帝、慈禧、奕劻按照时代先后顺序相继登台，用现代人耳熟能详、插科打诨的轻松戏谑的口吻，介绍恭王府过往的历史及清代王府知识。

日常演出。在大戏楼中观看传统文艺表演，内容有踢碗、顶缸等传统杂技表演，向广大游客传播传统文化。

第六，举办节令民俗活动。如春节、元宵、清明、端午、七夕、中秋、重阳等，多举办民俗活动，内容有击鼓踩岁、亲书"福"字、猜解谜题、探秘趣味对联、欣赏魔术杂技等。

第七，运用数字媒体的传播方式。恭王府建立了虚拟景区和360°展览展示，五湖四海的受众足不出户，就可以欣赏恭王府景色及当前展览及曾举办过的展览，打破了时间、空间的局限，大大延展了文化传播的触角。

第八，制作触摸屏动漫游戏"趣味恭王府"。以大家喜爱的动漫游戏的方式，以恭王府建筑空间为游戏互动空间，以恭王府历史上的相关人物、事件为素材，使用户通过乾隆皇帝的爱女和孝公主、驸马丰绅殷德、恭亲王等角色扮演的形式穿越回清代，深化参与者对恭王府历史脉络、福文化、建筑文化的理解。

第九，研发及定制纪念品。推出了"牛皮福轴""钱到家"等一批受游客欢迎的王府精品礼品。

目前恭王府每年的收入有5000万元以上，这种成功的运营模式，值得每一个同类景区借鉴。

秦始皇兵马俑博物馆

秦始皇兵马俑博物馆是以秦始皇兵马俑为基础，在兵马俑坑原址上建立的遗址类博物馆，是世界上最大的地下军事博物馆。

秦兵马俑坑发现于1974～1976年，随后在此基础上建造了一个规模宏大的博物馆，秦始皇兵马俑博物馆于1979年国庆节向国内外开放。1987年12月，联合国教科文组织将秦始皇陵（包括兵马俑坑）列入"世界文化遗产名录"。秦始皇兵马俑坑为世界文化遗产，被誉为"世界第八大奇迹"，是国家AAAAA级旅游景区，全国重点文物保护单位。

数据显示，2014年秦始皇兵马俑博物馆共接待中外游客5090070人次，同比增长11.81%，门票收入6.13亿元。2015年，秦始皇兵马俑博物馆共接待中外游客达5620358人次，同比增长10.42%；门票收入6.55亿元，同比增长7%，成为继故宫之后全国第二个年接待游客超过500万人次的博物院。秦始皇兵马俑博物馆的营收以门票收入为主，官方资料显示，秦始皇兵马俑博物馆的门票价格旅游旺季为150元/人，旅游淡季为120元/人。

西安占有得天独厚的地理优势，陆、空交通十分便捷。西安拥有一座国际机场，温哥华、伦敦、首尔、新加坡等多个国家有到西安的直飞航线。西安的火车交通也十分方便，有多条通往全国各大城市的线路。此外，西安还拥有多个长途客运站，通往川、粤、鲁、藏等18个省、市（区）的300多个地市县。秦始皇兵马俑博物馆就位于陕西省西安市临潼区东5千米的下河村，距秦始皇陵东约1.5千米处，距离西安市区约35千米。

长安自古帝王都，其先后有西周、秦、西汉、新莽、西晋、前赵、前秦、后秦、西魏、北周、隋、唐 13 个王朝在西安地区建都。西安是中华文明和中华民族重要发祥地之一，丝绸之路的起点。基于西安深厚的历史底蕴，使得秦始皇兵马俑博物馆在游客基础上也有着优于国内其他博物馆的优势。

接下来，我们对秦始皇兵马俑博物馆这个项目从文化的六个维度入手进行分析和阐述。

秦始皇兵马俑博物馆一号坑内景图

背景来源

从背景来源的维度行进分析，秦始皇兵马俑博物馆很好地利用了文化的六个维度和 36 个要素中史实、故事等要素，为自己的来源找到了传承的嫁接点和故事背景。

关于兵马俑的修建时间，据《史记》记载，秦始皇 13 岁即位后便开始兴建自己的陵墓（包括兵马俑）。根据考古发现的遗迹、遗物，考古工作者推算兵马俑坑的修建工程，大约开始于公元前 221 年秦始皇统一全国后，到公元前 209 年被迫停工，前后费时十年左右。

据《史记》记载：秦始皇陵由丞相李斯依惯例开始主持规划设计，大将章邯监工，修筑时间长达39年之久，兵马俑是修筑秦陵的同时制作并埋入随葬坑内。

关于秦始皇修建兵马俑的目的，目前主要有三种说法：

第一种说法认为，秦始皇修建兵马俑的目的是——统治阴阳两界。

从秦始皇统一了中国后，他就希望自己的子孙后代能世世代代做这片土地的皇帝，而人的寿命是有限的，即使知道自己不会长生不老，可秦始皇却希望自己能一直做他的君王。中国自古以来讲究，视死如生，认为人死后会有一个世界，如果把死人生前的一切带到地下，他在阴世间的生活会与生前一样。于是秦始皇开始大动干戈，修建兵马俑，这些陶制兵马俑就是秦始皇在"阴间"的护卫者。

第二种说法认为，兵马俑是秦始皇身份的象征，象征着驻在京城外的军队，可称之为宿卫军。三军拱卫京师，是秦始皇希图加强中央集权，维护一统江山的反映。

第三种说法认为，兵马俑坑是秦始皇按照古代礼制"事死如事生"的要求特意修建的。用那么多泥人泥马的军队来陪葬是为了显示他生前并吞了六国，统一了天下的功绩。

据《史记·高祖本纪》《汉书·卷一·高帝纪第一上》《汉书·卷三十六·楚元王传第六》等史籍记载，秦子婴元年（前206年），项羽攻入关中后，大规模破坏秦始皇陵，秦始皇陵遭遇了第一次也可能是最大一次的劫难。兵马俑在这场浩劫中也损毁严重。

1974年3月，临潼县骊山镇西杨村农民，在陵东1.5千米的地方打井时，发现几个破碎的、用泥土烧制的、与真人一样大小的陶俑，经陕西省考古队勘探和试掘，兵马俑重见天日。

1974年7月，考古工作者开始对陕西临潼县秦始皇陵东侧的秦代兵马俑坑进行挖掘工作。1975年国家决定在俑坑原址上建立博物馆。1979年10月1日，秦始皇兵马俑开始向国内外参观者展出。

五觉感受

从五觉感受的维度对该项目进行分析，秦始皇兵马俑博物馆给我们带来的是强烈的视觉冲击。

已发掘的四个兵马俑坑，总面积25380平方米。一号俑坑在南，东西长216米，宽62米，面积13260平方米。坑里有8000多个兵马俑，四面有斜坡门道。坑的东端排列着全身穿着战袍的战士俑210人，其余每排68人，前后、左右成行，共计204人，组成方阵的后卫。坑的中间，排列着有38路战车和步兵的纵队，组成军队的主体。

二号俑坑呈曲尺形，位于一号俑坑的东北侧和三号坑的东侧，坑东西长124米，宽98米，面积为6000平方米。坑内建筑与一号坑相同，但布阵更为复杂，兵种更为齐全，是三个坑中最为壮观的军阵。它是由骑兵、战车和步兵（包括弩兵）组成的多兵种特殊部队。二号坑建造的1.7万平方米的展览大厅，是我国目前规模最大、功能最齐全的现代化遗址陈列厅。二号坑有陶俑陶马1300多件，战车80余辆，青铜兵器数万件，其中将军俑、鞍马俑、跪姿射俑为首次发现。

三号坑面积520平方米。共出土武士俑800件，木质战车18辆，陶马100多匹。从3号坑的内部布局看，应为一二号坑的指挥部。三号坑是三个坑中唯一一个没有被大火焚烧过的，所以出土时陶俑身上的彩绘残存较多，颜色比较鲜艳。

四号坑有坑无俑，只有回填的泥土，推测是因秦末农民起义等原因故未建成。

这批兵马俑形象地展现了秦代军队的兵种、编制和武器装备情况。

兵马俑特写图

兵马俑不仅规模宏大，而且类型众多，个性鲜明。将军俑身材魁梧，头戴鹖冠，身披铠甲、手握宝剑、昂首挺胸。武士俑平均身高约1.8米，体格健壮、体形匀称。它们身穿战袍、披挂铠甲，脚登前端向上翘起的战靴，手持兵器，整装待发。骑兵俑上身着短甲，下身着紧口裤，足登长靴，右手执缰绳、左手持弓箭，好像随时准备上马冲杀。马俑与真马一般大小，一匹匹形体健壮，肌肉丰满。

关于兵马俑的面部表情，很多人都说，秦俑中没相同的长相，现代人都可找到与自己相貌相近的秦俑。从已修复的近千件陶俑看，秦俑有百余种不同神态，个性特征非常突出。但面部大体轮廓有共性，不外乎八种基本脸型。"目、国、用、风、田、由、申、甲"。秦俑的脸型都是从生活中概括而得，而且具有很强的地方性，多数像陕西关中以西及甘肃东部人的脸型。

秦人对头发、须眉非常重视，往往把头发的式样看成一个人身份、地位的象征。从秦俑发型的样式看，有螺旋纹式、篦纹式、波浪式。发髻有圆髻、扁髻。圆髻的形状远看大体相似，近看有单台圆髻、双台圆髻、三台圆髻。

秦俑的胡须也有讲究，有络腮大胡、三滴水式的髭须、长须型；也有八字胡，而八字胡的种类最多，犄角形的大八字胡、双角自然下垂的八字胡、矢状小八字胡、板状小八字胡等。从中可以推断出，生活中的秦人并不是刻板呆滞，而是各有所好、各有自己的审美观。

品质内涵

从品质内涵的维度来分析，兵马俑大部分是采用陶冶烧制的方法制成。先用陶模做出初胎，再覆盖一层细泥进行加工刻画加彩，有的先烧后接，有的先接再烧。火候均匀、色泽单纯、硬度很高。每一道工序中都有不同的分工，都有一套严格的工作系统。

出土的兵马俑形体高大，陶胎薄厚不一，薄的不足 2.5 厘米，厚者达 5 厘米。而俑的重量也很悬殊，轻者不到 110 千克，重者接近 300 千克。就一件陶俑来说，各部位的厚度也有区别。薄的地方不到 3 厘米，厚的部位多达 10 余厘米。加之，陶马、陶俑体腔又是空心，如果火候不足则会出现陶质疏松，色泽不一的现象。相反，火候如果偏高，又会出现裂纹、变形，甚至爆裂，前功尽弃。然而已出土的千件陶俑、陶马没有发现一件有裂纹，陶片夹生层的现象也比较少见，陶质疏松的陶俑仅发现屈指可数的几例。而大部分陶俑质体坚硬，色泽一致，尤其像陶马前腿部位的硬度和重量类似于石头，足以表明秦代那些无名的烧陶工匠在掌握火候方面具有相当高的技术水平和丰富的实践经验。

兵马俑制作与烧制成功首先是采用了空心砖的原理。战国时期的秦国已成功地烧制了一米多长的空心砖。空心砖的烧制十分科学。由于制烧时炉温的限制，那样大的条砖不做成空心是难于烧结的。做成空心后，砖壁厚度减到 2 至 3 厘米。同时炉中的热气可以从砖中心通过，使砖的上下、内外均可接触到一定的热气，从而大大提高了砖的受热面，借以弥补了炉温低的缺陷。兵马俑同样做成空心，既便于制作又易于烧制。同时在陶胎较厚的部位还采取了钻空、挖沟槽、或做成空心、夹层等方法，尽量使各部位易于烧结，达到陶色一致。

为了防止变形与爆裂，陶俑、陶马制作时专门留有一至三个小圆孔。陶马身上一般均留有一个或两个 10～12 厘米的圆孔。有的位于陶马体腔两侧，有的位于马背正中。陶马烧成之后，身上圆孔又以同样大的陶饼封堵。陶俑身上也留有同样大的圆孔，一般位于战袍的下部，有的在前，有的在后。同时有些陶俑的颈部本身就是一个大的透气孔，这是因为大多数俑头是烧成之后安装的。陶俑、陶马身上的透气孔有一定的科学原理。通过圆孔可以使陶俑、陶马内壁所产生的气体得以从中排出，以防止气体受热膨胀，引起爆裂。

从陶俑、陶马断面观察，胎质中除含有大小不到 1 毫米、形状不规则的砂粒外，没有发现其它有机物的杂质，这表明它的质体特别细。化学实验证明它的主要成份是氧化硅，还有氧化铝和氧化铁，另外还有少量的氧化钙、氧化镁等。岩相分析结果显示，陶俑、陶马坯体基质中主要由云母类的粘土与多元低共熔混合物组成，并含有石英及少量的长石，白云母，黑云母等矿物。可见它的主要原料是黄粘土，同时掺和了石英等成份的砂粒。兵马俑的焙烧温度经过多种试验，发现青灰色陶俑的焙烧温度最高，约在 1000℃～1050℃之间，它几乎与瓷器的焙烧温度接近。而部分桔红色的陶俑焙烧温度略低，大约在 950℃左右。陶马的马鬃部分烧成温度最低，大约在 900℃～950℃之间。由此看来，兵马俑的烧成温度不是整齐一律的，牌有的温度高，有的温度略低，似乎反映了烧窑工匠在掌握火候技术和实践经验方面的差异。但是不管怎么说像兵马俑这样大型陶俑的烧制成功，确实是制陶史上一个罕见的奇迹。

铜车马的出土也让人耳目一新。出土的两驾青铜战车，古称"驷"。现编号为 1 号车马和 2 号车马。1980 年出土于秦始皇陵西侧 20 米处，出土时已残破，经修复后恢复原状。

铜车马主体为青铜所铸，一些零部件为金银饰品。各个部件分别铸造，零件数逾三千，用嵌铸、焊接、粘接、铆接、子母扣、纽环扣接、销钉连接等多种机械连接工艺，组装为一体。通体彩绘，马为白色。车、马和俑的大小相当于真车、真马、真人的二分之一，仿实物制作。

此二青铜战车的车伞盖厚度仅 0.1～0.4 厘米，而面积分别为 1.12 和 2.3 平方米，整体用浑铸法一次铸出，即使在今天，要铸成这么大而薄、均匀呈穹窿形的铜件也非易事。至今，铜车马上的各种链条仍转动灵活，门、窗开闭自如，牵动辕衡，仍能载舆行使。展品外有伞盖柄的复制件，其上的机关设置可使伞盖呈各种位式，灵活异常，手感甚佳。

思维想象

从精神想象空间角度来分析，兵马俑留给后人无限遐想的当然是青铜剑之谜。

1994 年 3 月 1 日，举世闻名的"世界第八大奇迹"——兵马俑二号坑开始挖掘，这也是 20 世纪以来最大的考古发现之一。在二号坑内出土的有铜矛、铜弩机、铜镞、残剑等。其中还发现一批青铜剑，长度为 86 厘米，剑身上共有八个棱面。考古学家用游标卡尺测量，发现这八个棱面的误差不足一根头发丝，已经出土的 19 把青铜剑，剑剑如此。

这批青铜剑内部组织致密，剑身光亮平滑，刃部磨纹细腻，纹理来去无交错，它们在黄土下沉睡了 2000 多年，出土时光亮如新，锋利无比。科研人员测试后发现，剑的表面有一层 10 微米的铬盐化合物，这一发现轰动了世界，因为这种铬盐氧化处理方法，是近代才出现的先进工艺，德国在 1937 年，美国在 1950 年先后发明并申请了专利。

在清理一号坑的第一过洞时，考古工作者发现一把青铜剑被一尊重达 150 千克的陶俑压弯了，其弯曲的程度超过 45°，当人们移开陶俑之后，令人惊诧的奇迹出现了：那又窄又薄的青铜剑，竟在一瞬间反弹平直，自然恢复。当代冶金家梦想的"形态记忆合金"，竟然出现在 2000 多年前的古代墓葬里。

事实上，关于铬盐氧化处理的方法，绝不是秦朝的发明，早在春秋战国时期，古人就掌握了这一先进的工艺。

春秋五霸时期，越王勾践卧薪尝胆，一举击败了吴王夫差。岁月的流逝，使这场惊心动魄的战争沉睡在历史的长卷里。一支考古队在挖掘春秋古墓时，意外发现一把沾满泥土的长剑，剑身上一行古篆——"越王勾践自用剑"，这一重大的考古轰动了全国，但是更加轰动的消息却来自对古剑的科学研究报告。研究发现，越王勾践剑千年不朽的原因在于剑身上镀了一层含铬的金属，铬是一种极耐腐蚀、耐高温的金属，它的熔点大概在 4000℃。地球岩石中铬含量很低，提取十分不易。

出土的编号为 2 号的铜马车共有 3642 个铸件组成,其中铜铸件为 1742 个,金铸件 747 件,银铸件 983 件。令人拍案叫绝的是所有的零部件全部是铸造成型,而这 5000 多个零部件不论是大至两平方米以上的篷盖、伞盖及车舆、铜马、铜俑等,还是不足 0.2 平方米的小攸勒管都是一次铸造成型。

就拿篷盖与伞盖的铸造来说,它不仅面积大,而且薄厚不一,厚的地方为 0.4 厘米,薄的地方仅有 0.1 厘米,再加上篷盖、伞盖,都有一定的弧度,这样难度大的篷盖、伞盖能一次性烧铸成功,不要说在 2200 年前的秦代,就是在科技发达、设备齐全的今天也并非易事。

文明传承

秦朝是中国历史上第一个统一的中央集权的封建国家。其军事制度是在战国时期秦国商鞅变法的基础上形成和发展起来的。

秦国的军队有材官（步兵）、骑士（骑兵）、楼船（水兵）、轻车（车兵）四个基本兵种。大抵平原诸郡多编练骑士、轻车,山地诸郡多编练材官,沿江、海诸郡多编练楼船。

车兵主要用于平原地区的作战,进攻时用以冲陷敌阵,打乱敌军的战斗队形;防御时用战车布为阵垒,阻止或迟滞敌军的冲击;行军时置于前锋和两翼,有利于保障部队的安全。战车皆为木制、单辕,驾四马——两掺两服。车上有甲士三人,御手居中,车左居左,车右居右,一律着金属铠甲。

步兵是秦代军队构成中的主体。步兵灵活性大,能适应各种地形、天候和战斗形式,尤其利于在险阻复杂环境下行动,因而其区分和装备较其他兵种更为复杂,使用也比其他兵种广泛。步兵往往承担主要的作战任务,并最终解决战斗。在值勤、警戒、巡逻等各种勤务中,也往往以步兵为主。其主要有重装步兵和轻装步兵两种。

重装步兵多数身穿金属铠甲,手持戈、矛、钺、铍等长柄兵器,担负着同敌军重兵集团格斗的任务。轻装步兵一般不穿铠甲,持弓、弩等远射武器,配合重装步兵杀伤格斗距离之外的敌军。步兵中百将以上的各级军官,主要职责是指挥部队作战,安全和自卫甚为重要,所以只穿甲带剑,不持长柄兵器。屯长以下的小吏,既指挥战士作战,又亲自率领战士冲锋格斗,所以既佩剑又持长柄兵器,并和其所率的战士一样,有的穿甲,有的不穿甲。

骑兵既有独立的编队,也有与其他兵种混编的混合编队,是构成秦代军队的重要兵种之一，在车、步、骑协同作战中具有重要的地位。尤其在平原旷野和一般丘陵山地中作战，骑兵更是一支强大的机动力量。主要是发挥其快速机动、突然猛烈、远距离射杀敌方步兵集团的优势。

秦始皇兵马俑的发现，为了解研究秦国的军队和军事制度提供了丰富的实物资料。

兵马俑坑共四个。南一北三，互不相通，编号为一、二、三、四。按战国时兵制，一号坑为右军，二号坑为左军，三号坑为军幕，而未完成坑，据其位置来看，正处于布阵法上中军的部位，因此推测是拟议中的中军。左、中、右三军，加上指挥部的军幕，构成一组完整的军阵编制系统。

一号坑有兵马俑约6000个左右，其排列方式，可分为横队和纵队。坑的东端，站有三路，每路68个手执弓弩、背负箭囊的横队袍俑，共240人，这是一支使用远射程兵器（弓、弩），身着轻装战服的先锋部队。之后，是由30多乘驷马战车，同手执戈、矛、戟、铩等长兵器的甲俑、袍俑间隔排列的38路纵队，这是一支武士组成的格斗拼刺的作战主体。另外，在这强大的横队和纵队的两侧及后部，又各有一列分别面向南、北、西三方的弓弩俑，共518个，这是两翼和后卫部队。

二号坑的格局较复杂，在它的东北角突出的方坑中排列着八路纵队，共计160个蹲姿甲俑，在蹲俑的四周，还围绕有面向东方的172个立姿射俑，是一个由弩兵组成的兵力单位。在弩兵俑后面还有三个并列的兵力单位，由南至北：一是由64乘战车和192个甲俑组成的方阵。二是由车、步、骑三兵种组成，车步间隔，排列成车—步，车—步……最后由八个骑兵殿后。三是一支前有六乘前导战车，后面紧跟12路纵队，共计96匹马组成的骑兵部队。

由此可见，二号坑是一个步、弩、车、骑四个兵种穿插而成的混编队列，所用兵器也依兵种和战斗位置不同而有所区别，各持有弓、弩、戈、矛、戟、铍、剑等。

三号坑的正面停放着一具朝东的华盖乘车，后面跟随四个戴长冠的甲俑。在南北两个侧室里，分别布置有64个侍卫甲俑，该坑作"帷幄"样式布置，有高贵的华盖车，也有持殳的侍卫队，它是秦俑军事阵列的指挥机关所在。

秦始皇兵马俑是世界文化遗产，"世界八大奇迹"之一。秦始皇兵马俑为研究秦代军事、文化和经济提供了丰富的实物资料。兵马俑是雕塑艺术的宝库，为中华民族灿烂的古老文化增添了光彩，也给世界艺术史补充了光辉的一页。

然而遗憾的是，秦始皇兵马俑博物馆项目在文化属性方面的挖掘还不够。比如秦国人的服饰是什么样子的，秦国人为什么崇尚穿黑色的衣服等。这些深层次的文化属性并没有呈现给游客。

秦汉时代，是中国服色的一个重要阶段，秦始皇规定的男性服饰大礼服是上衣下裳同为黑色祭服，衣色以黑为最上。又规定，三品以上的官员着绿袍一般庶人着白袍。

关于秦人尚黑色，主流说法认为是"五德始终说"。秦始皇统一天下以后，为了巩固皇权，从其时的阴阳家那里吸纳了五德学说里的天命轮回的理论，采纳了"五德始终说"。秦始皇及其御用文人认为周朝是火德，而秦是灭二周并诸侯而得天下的，按阴阳家"相克相生"的模式，克火者应为水，所以就认定秦王朝应该为水德。又因为在后天八卦中，坎卦居在正北方，五行颜色为"玄"，也就是黑。

秦始皇接受邹衍的"五德始终说"，除了有意彰示自己"应天承运"的神圣性的政治目的之外，另一个重要的文化因素就是受秦人因祖先崇拜而蕴生的尚黑习俗的影响，两者相契合，最终促使秦始皇确定黑为秦的制度服色。所以，尚黑之制度服色不但大得其时、大行其道，而且能够风靡其时、传之后代，历经数千年的心意传承和文化心理积淀，形成了秦人崇黑贱白的文化习俗，至今仍然影响着关中秦人的生活理念和审美观念及其价值取向。

关中秦人文化精神的最深层次里，黑色不仅仅是一种色彩，而且是一种有着特殊神秘意味的象征，是富与贵，尊与荣的标志，同时也是正统和威严的象征。与此而对应的，黑色也是正义之色。在秦腔戏剧表演艺术中，凡是代表正义、刚毅、勇猛、智慧一方的角色，其面具，脸谱都是黑色的，比如《铡美案》里的包公，其唱词是"黑人黑马黑穿戴，浑身上下一锭墨"，就连一般的角色，如忠心侍主的老仆人，也都是黑衣黑袍。代表阴险狡诈、刚愎自用一方的角色，其脸谱多为白色，最典型的如曹操。

此外，兵马俑坑外修建有非常大的园林区与服务区，但园林中却鲜有任何有关兵马俑的介绍，服务区里除了吃喝之外，也没有与兵马俑有关的东西。以至于参观完景区的部分人发出感叹：电视里还有多角度的拍摄，特写，图像，详细的故事，而现场除了人还是人，满眼东倒西歪的碎陶片，实在没有意思。

笔者筛选了几条网友的评论，某游客甲表示，"国家遗产古迹必须去看看，但是看了之后有点失望，我进去只逛了20分钟就出来了，导游的讲解都是要付费的，建议博物馆内应该配置免费的讲解才配得上国家级古迹的称号吧"。某游客乙表示："这种地方最好是跟着导游比较好，很多知识自己去逛都不知道。"

此外，秦始皇兵马俑博物馆周边的旅游衍生品虽然丰富，但长年处于陈旧复制、鲜少更新的状态。

我们经过实地调研后发现，除兵马俑摆件、皮影、农民画、泥塑、马勺、剪纸这些传统的旅游纪念品之外，几乎找不到具有本地文化特色的标志性旅游衍生品，相反，各种制作粗糙的木梳、丝巾、手镯、玉石等产品却充斥了整个旅游市场。

很多游客反映，对全国各景区的旅游纪念品没有购买欲，尽管地域不同，景区不同，出售的木梳、丝巾、钥匙扣等产品却是如出一辙。兵马俑摆件不仅在陕西各景区出现，在云南的部分景区也可以看到。

调研发现，兵马俑旅游产品的设计只是简单的复制挪用，真正体现中国文化内涵和当代精神的设计少之又少，秦俑服饰大到等级划分的盔甲小到搭扣饰品的佩戴，每一个细节都蕴含着丰富的文化内涵故事。可惜秦始皇兵马俑作为中国古代辉煌文明的一张金子名片，旅游产品的开发还只是停留在小型兵马俑和铜马车的复制阶段，其旅游产品的实用价值和时尚性还有待开发。

我们不妨提出一些建议，看看这个旅游项目还有哪些方面可以改善：

第一，多做一些文化项目的讲解标识。如果让观众参观之前多一些对兵马俑的了解，让参观完兵马俑的观众多一些回味，人们的体验感会好很多。

第二，目前兵马俑旅游景点的收益主要以门票为主。从兵马俑景区长远的发展来考虑，更应该在旅游上做文章，相对于门票经济，游客在目的地的各种消费才是大头。因此特色的服务业更为重要。开发景区的综合资源，给游客提供多种内容的消费，提高旅游的综合收入。

第三，利用文化产业带动旅游经济的发展。美国人凭借恐龙文化在全世界赚钱，迪士尼电影更是在全球轻松完胜。这个例子告诉我们文物开发保护的新模式，既可以虚拟开发,不破坏文物,也可以有可观利润,还可以增加文化遗产的知名度。所以,可以试着打造以秦俑为主题的动漫游戏,或者建立一个兵马俑主题公园,对尚未挖掘的俑坑进行虚拟未来开发。另外,影视行业也可以利用兵马俑题材等等,形成一个以兵马俑文化为中心的文化产业链。

《印象·刘三姐》

《印象·刘三姐》是一部以广西桂林阳朔书童山段漓江两千米水域为舞台，十二座山峰以及天空作为背景，融合刘三姐山歌、广西民族风情与桂林山水等多种元素的大型山水实景演出。

《印象·刘三姐》由桂林广维文华旅游文化产业有限公司投资建设，导演张艺谋、王潮歌、樊跃，编剧梅帅元任总策划、制作人，历时五年半制作完成。目前，该项目由桂林广维文华旅游文化产业有限公司专门负责运作和管理。

自 2004 年 3 月 20 日首演以来，一直到 2013 年，《印象·刘三姐》共成功演出近 4500 场，累计接待观众超过 1000 万人次，其中接待境外观众（含港澳台地区）约 200 万人次，缴纳各项税费近 2 亿元。

数据显示，《印象·刘三姐》有力地带动了当地社会经济的发展。自《印象·刘三姐》公演以来，吸引了大量的中外游客来阳朔旅游，给阳朔及桂林相关产业带来了强大的拉动力，增加了就业岗位，提高了当地群众的收入水平。仅以旅游业为例，项目公演以来，阳朔县旅游人数从 2003 年的 281.8 万人次增加到 2013 年的 1170 万人次，其中留宿人数从 23.3 万人增加到 430 万人次，床位数从 6100 张增加到 42000 张，旅游收入从 2.44 亿元增加到了 60.5 亿元。

《印象·刘三姐》项目演出地——桂林市，地处南岭山系西南部，广西壮族自治区东北部，湘桂走廊南端。东北与湖南相邻。北、东北面与湖南交界，西、西南面与柳州市、来宾市相连，南、东南面与梧州市、贺州市相连。水、陆、空交通十分便捷。

接下来，我们将按照文化产业的基本价值，对《印象·刘三姐》这个项目从文化的六个维度入手进行分析和阐述。

《印象·刘三姐》演出剧照

背景来源

  刘三姐，是民间传说的壮族人物，古代民间传说歌手。聪慧机敏、歌如泉涌、优美动人，有"歌仙"之誉。

  关于刘三姐原型身世，说法颇多。据广西罗城县志记载：刘三姐于公元618年出生在天河县（今罗城仫佬族自治县四把镇）下里的蓝靛村（今罗城仫佬族自治县四把镇下里社区蓝靛村），那里还有她故居的遗址，刘姓的族谱中还有记载。下里离罗城的县城很近，刘三姐常到罗城去唱山歌，在1949年前罗城县城西北的多吉寺的后殿正中供奉着歌仙刘三姐的神像，称之为"三姐歌殿"游人常在那里对歌，故有"东门（罗城县城驻地）四把，好玩好耍"一说，在国内是独一无二的。1958年，《刘三姐彩调剧》创作组经过深入民间采风，认定刘三姐是罗城人。

  传说刘三姐生于唐朝中宗年代，真名叫刘三妹，广西壮族人，是个优秀的民歌手。她有着出口成歌的本领。

  三妹不但歌唱的好，人长的也非常漂亮，天生丽质又聪明，什么活都不用学，一看就会。三妹17岁这年，在对歌的时候，她认识了一位青年，这位英俊的小伙子也是一个唱歌能手。在对歌当中，两人情投意合，互相爱慕，于是私定了终身。好景不长，村里的一个恶霸对三妹垂涎多时，见三妹与小伙子情投意合，大发雷霆，决意把三妹抢到手。一天晚上，三妹正和小伙子坐在柳河边的岩石上看月亮，倾诉衷肠。忽然火把晃动，人声鼎沸，恶霸带人来抢三妹，三妹和小伙子望望无路可走的山，又望望柳河。两人决定要生在一起、死在一道，不求今生、只求来世，于是手拉着手双双跳进柳河滚滚的波涛里。

人们怀念这个民间的音乐家，民间歌手，因而每年三月三这天会到柳河边上赛歌，以此来悼念"刘三姐"。

20世纪60年代，在广西彩调剧《刘三姐》全国巡演、好评如潮的基础上，长春电影制片厂将《刘三姐》搬上了银幕。从此，这一品牌形象更是红遍大江南北，传到五湖四海。而《印象·刘三姐》正是巧妙借用了"刘三姐"这一独特的品牌资源和名冠天下的桂林山水来大做文章，创作气势恢宏而又生动优美的大型山水实景演出。

《印象·刘三姐》项目的运作是从1997年开始的，当时，广西壮族自治区文化厅有一个指示，怎样利用广西原有的文化蕴涵（刘三姐），做一个把广西的民族文化同广西旅游结合起来的项目。文化厅把这件事情交给了梅帅元（《印象·刘三姐》总策划、艺术总监）负责，并为此特别成立了广西文华艺术有限责任公司。

梅帅元首次提出了"山水实景演出"的理念。在这个创意的吸引下，张艺谋、王潮歌、樊跃等67位中外艺术家参与了"刘三姐"文化项目的创作，历时五年零五个月，经过109次修改演出方案，在2003年的10月1日，"山水实景演出"第一次由理念变为现实，导演组终于将一台由当地渔民和张艺谋漓江艺术学校学生组成的演员阵容，时长约1小时的实景演出呈现在了观众面前。这是《印象·刘三姐》的试演版。随后，经过不断的修改完善，《印象·刘三姐》于2004年3月20日向全国及全世界正式公演。

品质内涵

从品质内涵的维度来分析，《印象·刘三姐》项目主要运用了文化的六个维度和36个要素中的地理、环境、高技术、流行趋势、声光影像等因素。

《印象·刘三姐》项目演出地"中国漓江山水剧场"坐落在桂林阳朔的漓江与田家河交汇处，与书童山隔水相望。演出舞台是1.654平方千米的漓江水域，由广袤无际的天穹形成自然幕布，周边12座山峰构成背景图画，突破了传统的"一个舞台三面墙"的剧场概念。

演出借"晴、烟、雨、雾"等自然景观，利用山峰屏障及回声形成天然的立体声效果，配以变幻莫测的灯光，通过舞台艺术、环境艺术、行为艺术的组合，给人以全新的视听冲击，展示出如梦如诗、亦真亦幻的艺术情景。

《印象·刘三姐》项目在演员的选用上大胆创新，600多人的庞大演出阵容中无一名专业演员，而是选用300多名当地渔民和200多名张艺谋漓江艺术学校的学生。通过这种方式，既较好地展现了原生态的本色演出，也在一定程度上解决了附近农村劳力过剩、劳力低廉等问题，还提高了学生的实训能力和表演能力。

《印象·刘三姐》项目给当地创造了一定的就业机会，带动了阳朔乃至桂林旅游、房地产、餐饮、宾馆、娱乐、音像制品、运输等行业的发展，形成了一条比较完整的旅游文化产业链，带动了当地社会经济的持续发展。

五觉感受

《印象·刘三姐》项目的演出剧场以方圆两千米的漓江水域、12座背景山峰、广袤无际的天穹为背景，体现了一种淋漓尽致的豪华气派。利用目前国内最大规模的环境艺术灯光工程及独特的烟雾效果工程，创造出如诗如梦的视觉效果。传统演出是在剧院有限的空间里进行，这场演出则以自然造化为实景舞台，放眼望去，漓江的水、桂林的山，化为中心的舞台，给人宽广的视野和超然的感受。传统的舞台演出，是人的创作，而"山水实景演出"是人与上帝共同的创作。山峰的隐现、水镜的倒影、烟雨的点缀、竹林的轻吟、月光的披洒随时都会进入演出，成为美妙的插曲。晴天的漓江，清风倒影特别迷人；可烟雨漓江，赐给人们的却是另外一种美的享受。

歌圩几乎全部被绿色覆盖，里面种植有茶树、凤尾竹等，加上所植草皮，绿化率达到了90%以上。其中，《印象·刘三姐》的灯光、音响系统均采用隐蔽式设计，与环境融为一体，水上舞台全部采用竹排搭建，不演出时可以全部拆散、隐蔽，对漓江水体及河床不造成影响。观众席依地势而建，梯田造型，与环境协调，同时也考虑到了行洪的安全。另外，数万平米建设用地上，鼓楼、风雨桥以及贵宾观众席等建筑散发着浓郁的民族特色，据建设单位介绍，整个工程不用一颗铁钉，令人叹为观止。

《印象·刘三姐》的观众席由绿色梯田造型构成，180°全景视觉，可观赏江上两千米范围的景物及演出。演出服装多姿多彩，根据各不同的场景选用了壮族、瑶族、苗族等不同的少数民族服装。整个演出的场面壮观，光影梦幻，演员阵容强大，音乐节奏感强，动作整齐划一。

万天世纪 洞察
INSIGHT

《印象·刘三姐》项目宣称的文化核心是"天人合一",该项目认为,《印象·刘三姐》将桂林的渔民、山歌和山水融为一体,将民俗生活不着痕迹地还原到山水之间,与山水融合,这也就是山水实景演出的核心和最高境界:天人合一。

在我们看来该项目文化属性的挖掘似乎过于牵强。天人合一是中国古代的一种哲学体系,其基本思想是人类的政治、伦理等社会现象是自然的直接反映。并不能认为人在大自然中进行露天演出就是天人合一思想。

反之,在该演出中,壮族、苗族、瑶族等少数民族的服饰文化、民俗文化等并没有呈现给游客。大部分人在看完演出之后并没有加深对该项目所蕴含的文化的理解。

《印象·刘三姐》实景演出中,有很多对歌的镜头,应该向游客交代清楚,壮族、瑶族等少数民族为什么会有对歌的习俗。首先我们来谈一谈广西壮族歌圩的来历。

壮族人民善于以歌来表现自己的生活和劳动,抒发思想感情,所以广西又被称为"歌的海洋"。青年男女恋爱唱情歌、婚嫁唱哭嫁歌、丧葬唱哭丧歌,还有互相盘考比赛智力的歌,宴请宾客唱劝酒歌和节令歌、祈神求雨唱祈祷歌、教养儿童唱儿歌和童谣。每到春秋两季,男女青年盛装打扮会集到特定的场所对歌,这种歌会形式称为"歌圩",亦称"歌节"。

歌圩的来历,据传说古时候有一年大旱,田中的禾苗都快枯死了,人们万分焦急,便聚集在一起敲锣打岐,唱歌求神,求天下雨。不几天,天果然下起雨来,这一年,人们获得了大丰收,于是便认为唱歌可以乐神,可以免除天灾人祸,所以遇到灾难时,便聚集在一起唱歌,这种仪式慢慢地就发展成歌圩。每当歌圩之期,善于唱歌的青年男女,除唱歌乐神之外,自然地唱及相互之间的爱慕之情。就像一首山歌中唱的,"天旱庙中去求神,你盼雨来我盼晴(情)",这样一来,歌圩又渐渐变作以歌唱爱情为主了。

又有传说,很早以前,一位壮族老歌手的女儿长得很漂亮,又很会唱山歌,远近的小伙子都想向她求婚,于是老歌手提出赛歌择婿。各地的青年歌手纷纷赶来赛歌,以期被老歌手和姑娘选中。从此,形成了定期的歌圩会。

按传统习惯,歌圩要举行三天,三月三这一天家家都要吃用三月花、枫树叶等植物染成的五颜六色的饭,据说这是吉利的象征。吃了它可以使人像树本花草一样兴旺发达,健康长春。到了中午 12 点,举行歌圩开台式。在歌圩中,一对对青年人,无论对方是素不相识、各处异地,只要唱上一支"引路歌",立时就会在山坡上、溪水旁展开一场对歌的持久战。

而关于少数民族的服饰文化,则有更多的文化可以挖掘。比如壮族的黑色服饰,苗族人的银饰,瑶族的精美服饰等等。

《印象·刘三姐》的实景演出,虽然采用了丰富的表演形式,在一定程度上展现少数民族的民俗文化、服饰文化,但大多游客感知度只能停留在比较表层的视听享受上,而真正沉淀来下,形成独树一帜的深层文化内涵,却不容易一次性通过实景演出形式传达给游客。面对这种情况,可以利用现代多种传播途径,在该项目整个链条中,通过辅助的传达形式渗透出来。例如,利用民俗展览馆、民俗书籍等方式,逐渐减少游客的"文化盲点"。只有提高受众群体的文化感知力,实景演出效果才可能更加丰满、更加深入人心,才可能达到"天人合一"。

《禅宗少林·音乐大典》

《禅宗少林·音乐大典》是一台以少林禅宗文化内涵为主体，武术资源为切入点，运用精美的音乐舞蹈和先进的声光手段阐释禅宗文化和少林武功的大型山地实景演出。

《禅宗少林·音乐大典》由郑州市天人文化旅游有限责任公司投资建设，项目总投资 3.5 亿元人民币，演出项目投资 1.15 亿元人民币。2009 年，《禅宗少林·音乐大典》的成本已全部收回。2014 年，《禅宗少林·音乐大典》实现门票销售收入 1300 多万元。截至 2016 年初，《禅宗少林·音乐大典》已累计演出 2278 场，接待了包括世界各国名人政要在内的游客 230 余万人次。

《禅宗少林·音乐大典》项目地址位于距离河南登封市西十千米的待仙沟，距少林寺七千米。游客可在登封市中心乘坐直达《禅宗少林·音乐大典》的班车，该班车固定在每天下午 17 时从青少年宫发车，于晚上 21 时 30 分驶回郑州市区。

《禅宗少林·音乐大典》项目所处的登封市位于河南省中西部，中岳嵩山南麓，东临新密，西接伊川，南与禹州、汝州交界，北与偃师、巩义毗连。总人口 65 万人（2013 年），有 24 个民族。登封位于省会郑州、洛阳、焦作、平顶山、许昌之间，形成了"一小时快速交通圈"，国道、省道穿境而过，高速纵横交错。登封铁路与京广、陇海、焦枝铁路干线相连，汝登、郑州机场至登封高速及郑登快速通道正在建设，四通八达、方便快捷的交通网络形成了登封优越的区位优势。

接下来，我们将按照文化产业的基本价值，对《禅宗少林·音乐大典》这个项目从文化的六个维度入手进行分析和阐述。

《禅宗少林·音乐大典》演出剧照

背景来源

"82 版"电影《少林寺》中穿插了这样一个故事：唐朝初期的时候，昙宗、志操等少林僧人帮助李世民抗击了王世充，并活捉了王世充的侄子王仁则，为新建的唐王朝建立了战功，因此得到了李世民的褒奖。

电影《少林寺》的热播，使得少林寺的商业价值被大规模开发，在河南省旅游业中一直居于领头地位。虽然少林寺为当地带来了不少客源，但游客在当地的消费却很少，酒店业、餐饮业很难在旅游业的发展中受益。其原因是当地没有夜文化，虽然景区都有盈利，但是酒店业亏损、餐饮业效益一般。

当地政府考虑到经济发展的需要，希望能够打造一台晚会，通过晚会留住游客，延长游客在当地的旅游时间。同时出于文化艺术层面的考虑，嵩山如要对历史进行鲜活的诠释，需要一个大型文化表演项目来释放肃穆的庙宇给游人的压力，使之达到审美的平衡。

可以说《禅宗少林·音乐大典》这一项目的萌生是由政府主导的、致力于当地经济的发展。郑州市委、市政府为开发利用少林文化资源，变资源优势为产业优势，加快实现从文化资源大市向文化强市的跨越，2004 年邀请策划人、剧作家、制作人梅帅元及其投资管理团队到登封市考察。经反复论证，确定依托中原地区深厚的历史文化资源和嵩山秀美的自然景观，策划并制作了大型山地实景演出《禅宗少林·音乐大典》。

2005年6月,由四家股东组成的郑州市天人文化旅游有限公司在郑州成立,梅帅元任董事长,具体负责《禅宗少林·音乐大典》项目开发。

《禅宗少林·音乐大典》演出剧照

五觉感受

《禅宗少林·音乐大典》的剧组设在峡谷之中,名曰"待仙沟",原本是一个荒凉、险峻的山谷,因《禅宗少林·音乐大典》的到来变成了禅乐回荡、中国山水画般的天然剧场。演出以嵩山为背景,利用声光电技术,描述了山涧风景、雪夜古刹、月照塔林、颂禅法会、溪山坐禅、少林拳棍、女童牧归等情景。

大典共分《水乐·禅境》《木乐·禅定》《风乐·禅武》《光乐·禅悟》《石乐·禅颂》五个乐章,《水乐》描绘了中国古典山水画《溪山行旅》的优美禅意,由水而起,与僧人一道坐禅:菩提达摩的身影在禅境里出现,村姑浣女从唐诗里走来,菩提树的唱吟,空山新雨后的喧闹,僧与俗的对话,一切都在溪流声中化成清凉禅意,浸人心底……

《木乐》千年古刹,木鱼声声,多声部的木鱼演奏讲述着少林武僧成长的历程。牧羊女赶着羊群走来,歌声打破木鱼的禅定,给佛国净土带来人间的美丽。

《风乐》在嵩山实景间以全新方式演绎少林武术——风铃、风拳、风棍、风旗,掀起了山岳林涛。《光乐》是演出的华彩乐章,雪景寒林,佛光塔影,远逝的高僧在幻境中出现,向人们讲述禅宗故事。《石乐》将《禅宗少林·音乐大典》的演出推向高潮。演出尾声，佛光普照，天地祥和。

文明传承

从文化属性的维度来分析，《禅宗少林·音乐大典》以少林、禅宗文化内涵为背景，以音乐、舞蹈、武术为载体，运用独到的创意和现代科技手段阐释中国传统文化。

禅宗，始于菩提达摩，盛于六祖慧能，中晚唐之后成为汉传佛教的主流，也是汉传佛教最主要的象征之一。汉传佛教宗派多来自于印度，在东汉汉明帝时正式传入中国，后世的佛教徒因依据的佛经和修学方法的不同，大致分为八个宗派，即：天台宗、三论宗、法相宗、华严宗、禅宗、律宗、密宗、净土宗。

禅宗是由中国独立发展出的一个佛教宗派。主张顿悟法要"见性成佛"，自初祖达摩祖师起，皆指人心，不拘修行。又因以参究的方法，彻见心性的本源为主旨，亦称佛心宗。

武术的产生与发展，甚至超过佛教传入中国的历史。值得一提的是，禅宗在中国的兴盛，武术的实用与普及，少林寺僧与武术的历史因缘，已使禅宗与武术的关系变得非常紧密，其中尤以少林武术与禅宗的结合表现得更为突出。

少林武术是经过长期历史形成的人文文化现象，其作为一种健身、御敌、竞技的人体文化形态被国人所熟知。少林武术不同于其他武术门派，其独特的文化内涵是禅拳一体、禅拳并传、以武悟禅、以禅导拳。少林寺作为禅宗的发源地，少林武术的产生和发展与禅宗有着紧密的关联。禅宗的特点之一就是"不立文字"，在其形成发展过程中摆脱了前代佛教经典的高深理论，而是依靠修行者的感悟、灵感、直觉去体验、领悟宇宙的永恒。依靠修行者的自身体验去修行，与少林武术的锻炼具有同质性。自古以来习武的特点是口传身授，拳谚云：拳打万遍，其理自现。武术的最高境界是天人合一，这要靠习武者多年的自身体验、切身领悟才能达到。

少林武僧在习武过程中不仅反复练习各个技术动作，更要在所习练的动作中感悟出少林武学的真谛和精髓，进而上升到修禅的境界。再通过修禅得出的禅理来指导武术练习，使少林武术在技术层面上更上一层楼。禅宗首先是作为一种修养的方式而存在，少林武术则内外兼修，二者的最高境界都要经过"悟"这一重要的阶段才能达到，"悟"既是它们修炼的共同手段，也是它们走上更高层次的共同途径。由此更进一步，"禅"与少林武学在共同的练与悟的过程中相辅相成，达到了一个"你中有我，我中有你"的极高境界。

更深层次的禅修是把武术训练作为自己禅修的一个凭借，在实现提高心智的基础上，再超越武术、消除武术，以实现自己超越轮回、解脱生死、转识成智的终极目标。通过武术训练达到武术之禅修的终极目的，与为实现佛教目标而进行的武术之禅修，虽然心理预期不尽相同，但修行方式并无太大区别。这样使武术训练与佛教禅修达到了真正的融合。

社会习惯感知度

2007年5月1日，《禅宗少林·音乐大典》项目正式商业运营，郑州市天人文化旅游有限公司启动大规模宣传和全方位市场营销计划，向全球推广。制作了音乐CD、演出集锦DVD、广告宣传片、宣传画册等宣传资料，编织多渠道的营销网络。中央电视台、凤凰卫视、旅游卫视、北京卫视、人民日报海外版等全国100多家媒体先后进行了推广报道。搜索引擎收录《禅宗少林·音乐大典》的相关网页突破15万篇。

除此之外，郑州市天人文化旅游有限公司还与国内外旅行社、商务团体进行了广泛接洽，签订了合作协议。《禅宗少林·音乐大典》在做好实景演出的同时，加大特色乐器、旅游纪念品、素食产品、高端收藏品等产品的研发力度，将禅文化变成游客"看得见、听得到、摸得着、带得走、记得住、想得起"的产品。同时，文化主题酒店"照见山居"和专业禅乐团两大力作也相继推出。

2014年，《禅宗少林·音乐大典》实现门票销售收入1300多万元。为拉长产业链条，《禅宗少林·音乐大典》又开发了中、高档星级宾馆及休闲度假区等。

2016年，推出"白天游中岳嵩山少林景区，晚上观《禅宗少林·音乐大典》"的旅游联票制度，在少林寺景区开设两个联票售卖窗口，使游客能够以一个景区的价格游览两个景区，提高了观众的转化率。此外，还在北京地铁、所有经过河南的高铁及经过河南的39条动车线路，全部投放了宣传视频与广告宣传。

《禅宗少林·音乐大典》项目经过十年的发展，解决了周边200多个就业岗位，同时带动形成周边30多个农家乐，每年上百万元的收入。实现游客的半日游经济向一日游、两日游经济的逐步转变。

《禅宗少林·音乐大典》实景演出打造了一个全新体验少林文化的旅游目的地，推动了郑州旅游市场的发展。

自从《少林寺》播出后，30年来，少林寺的形象已经深深植入全国亿万观众的心中，加上各类武侠题材小说、影视剧的传播，少林无人不知、无人不晓，成为全中国老百姓人人津津乐道的话题。

《禅宗少林·音乐大典》非常好地挖掘并利用了这个超级IP，足够吸引万千游客的青睐。然而，我们依然从这个项目中找到一些做得并不如意的地方。

首先，佛教，或者禅宗的文化，理念尚有很多可以挖掘的地方，而这个实景演出仅仅表现了一小部分，演出内容很单一，并不能达到准确表达佛教文化的意图，并不能将完整准确的佛教宗义传递给观众。"文"的部分不够精准，不够全面。演出的规模很大，但是观众们很难理解表演中所要传达的思想，表现的过于抽象，也就是"化"的过程做的未免有些牵强，没有找到更好的载体的展示方式。

禅宗主张修习禅定，故名禅宗。又因以参究的方法，彻见心性的本源为主旨，亦称佛心宗。心性的本源为主旨，亦称佛心宗。近些年，观众已经被大量的影视文化误导了，"武"的因素过多，已经在很大程度上违背了禅宗鼓励人平和、习修禅定的宗旨。

其次，过度商业化给少林寺带来了道德危机。少林寺是中国佛教文化传播中心，是信释道者心中的圣地，千年来少林寺屹立不倒，见证了一段悠久的历史，在国人心目中的地位是神圣而不可磨灭的。处在特殊精神文化地位的少林寺，近年来，却被不断商业化。

我们可以说少林寺从此可以凭借更专业详尽的宣传策划等获得更多的资金，凭此来发展推广佛教文化，但宗教活动只能为宗教精神而服务，为推进社会的和谐而服务，不能用来换取商业利益。

贪欲与过度的物质化是佛教努力排斥的东西。佛教提倡俭朴，提倡节约，少林寺应做好自己的本分，进行宗教、文化传承与推广发展。虽然现在传统文化的发展空间，已经被各界挤压得很有限了，但商业化不会是被逼无奈的必然选择。在现代，少林寺如何在保持自身纯净的同时走的更远，是值得所有人思考的问题。

"曲阜三孔"

山东曲阜的孔府、孔庙、孔林，统称曲阜"三孔"，是中国历代纪念孔子，推崇儒学的表征。

孔庙是我国历代封建王朝祭祀春秋时期思想家、政治家、教育家孔子及其夫人亓官氏和七十二贤人的庙宇。曲阜孔庙是祭祀孔子的本庙，位于孔子故里山东曲阜城内，又称"阙里至圣庙"，是一组具有东方建筑特色、规模宏大、气势雄伟的古代建筑群。

孔府是衍圣公府的俗称，是我国现在唯一较完整的明代公爵府。衍圣公为孔子嫡裔子孙世袭爵位，其职责为管理孔子的祀事及孔氏的族务。

孔林，本称至圣林，位于山东曲阜城北1.5千米处，是孔子及其家族的墓地。孔子死后，其弟子们把他葬于鲁城北泗水之上，那时还是"墓而不坟"（无高土隆起）。到了秦汉时期，虽将坟高筑，但仍只有少量的墓地和几家守林人，后来随着孔子地位的日益提高，孔林的规模越来越大。

曲阜孔庙始建于鲁哀公十七年（公元前478年），历代皇帝对孔庙都有扩建，计大修15次，中修31次，小修数百次达到现在的规模。现在看到的孔庙是明弘治年间的规模。

孔府现有规模形成于明弘治十六年（1503年）。清光绪十一年（1885年）一场大火把孔府内宅一扫而光，因此留下的明代原物主要是内宅以外的部分建筑物，即大门、仪门、大堂、二堂、三堂、两厢、前上房、内宅门及东路报本堂等，其余均为清代重建或增建。

曲阜三孔属于典型的历史人文景观，国家AAAAA级旅游景区。三孔景区门票价格为 150 元 / 人。2010 年曲阜三孔接待中外游客 380 万人次，实现门票收入 1.66 亿元，年均分别增长 10.9% 和 17%。截至 2015 年 10 月 25 日，三孔景区当年实现门票收入 17960 万元，同比增长 7.4%。

三孔景区所在的曲阜市地处山东省西南部，北距省会济南 135 千米。东连泗水，西抵兖州，南临邹城，北望泰山。总面积 895.93 平方千米。总人口 63.92 万人（2012 年）。旅游所带来的社会就业，占城市人口的六分之一，旅游收入占曲阜市 GDP 的 12% 左右，文化旅游业已经成为曲阜经济发展的主导产业。

接下来，我们将按照文化产业的基本价值，对曲阜三孔这个项目从文化的六个维度入手进行分析和阐述。

背景来源

从背景来源的维度分析，曲阜孔庙始建于公元前 479 年。据《左传·哀公十六年》记载，孔子殁后第二年（鲁哀公十七年，公元前 478 年），鲁哀公尊孔子为"尼父"，命令将孔子故里故宅三间改作庙堂，此为孔庙之始，也是本庙。庙堂里面陈列着孔子使用过的"衣、冠、琴、车、书""因以为庙，岁时奉祀"，意思是每年都按时祭祀。

西汉以后，孔子的地位与日俱增。汉高祖十二年（公元前 195 年）十一月，高祖刘邦自淮南还京，经过阙里，以太牢祭祀孔子。开皇帝亲祭孔子之先。汉平帝元始元年追谥孔子为"褒成宣尼公"。东汉桓帝元嘉三年（153 年），桓帝下诏修建孔庙，设专人管理，此为曲阜孔庙由家庙向"国庙"演变之始，初步奠定了孔庙在国家政治生活中的地位。

汉一代，庙宇虽经多次整修，但仍以宅为庙。东汉末年，天下大乱，"百祀堕坏"、孔庙颓败。魏晋南北朝时期，社会动荡，虽然玄学兴起，佛教盛行，孔子的尊崇地位却未受到太大影响。魏文帝"令鲁郡修起旧庙"，并安置吏卒百户守卫；又在庙外广修屋宇，以居学者。

西晋末造，"五胡乱华""庙貌荒残"。东魏孝静帝兴和元年（539 年），大力维修孔庙，首次为孔子及弟子塑像。此后，北齐天保元年（550 年）和梁太平二年（557 年）孔庙均得到修葺，但于庙宇形制无改。

隋唐以来，朝廷提倡儒学，孔庙面貌随之改观。隋大业七年（611 年）曲阜县令陈叔毅重修孔庙。唐初，朝廷在国都长安的国子监修建周公庙和孔子庙各一座，且令各州县皆立孔庙。贞观十一年（637 年），太宗诏修曲阜孔庙。乾封元年（666年），因旧庙简陋，高宗令兖州都督霍王李元轨"改制神宇"，对孔庙进行史上第一次的大规模改建。

开元七年(719年)，兖州刺史韦元圭和孔子三十五代孙、褒圣侯孔璲之等又"树缭垣以设防"。大历八年（773年）兖州刺史孟休鉴、曲阜县令裴有象新建庙门。咸通十年（869年），孔子三十九代孙、鲁国公、天平军节度使孔温裕奏请朝廷，献私俸修葺庙宇。唐代的孔庙已初具规模，对庙宇的修葺共有五次。

北宋朝廷崇儒重道，宋太祖立国之初，即至曲阜拜祭，下诏增修庙宇。元、明两代，孔庙重修重建更达数十次之多。其中最重要的一次是明孝宗弘治十二年（1499年）。当时孔庙遭到雷击，大成殿等120余楹建筑化为灰烬。此次重修，总共历时五年，耗银15万两。清代对孔庙的修建达14次。清世宗雍正二年(1724年)，孔庙又毁于雷电火。"发帑金令大臣等督工监修，凡殿庑制度规模以及祭器仪物，皆令绘图呈览，亲为指授"，调集12个府、州、县令督修，总共用时六年方才完成。综合统计，千百年来，孔庙总共经历大修15次，中修31次，小修数百次，终于达到今日九进庭院的宏大规模。

20世纪50年代，祭孔基本取消，但对曲阜孔庙进行数次局部修缮。1957年，山东省人民委员会将孔庙公布为山东省文物保护单位。1959年，曲阜对外开放。1961年，孔庙被中国国务院列入第一批全国重点文物保护单位名单。

后来，孔府遭到了严重的破坏。1970年，在国务院的要求下，山东省派人赴曲阜察看破坏情况。其后，大成殿、杏坛、启圣王殿、寝殿等建筑得到维修。从1984年起，曲阜孔庙恢复了民间祭孔。中国大陆其他地区的祭孔活动陆续重新展开。2008年，霍韬晦教授更率领香港、新加坡逾百位儒门后学，在曲阜孔庙举行祭孔仪式。

历代封建王朝在推崇孔子的同时，也泽及孔子的后代。自汉代起，历代王朝无不尊崇孔子，对其嫡系后裔眷顾备至，优渥有加。汉高祖始，封孔子九代孙孔腾为奉祀君，守卫孔子林庙，代表朝廷祭祀孔子。历代不断加封，唐开元年间封文宣公；宋仁宗至和二年(1055年)封孔子四十六代孙孔宗愿为衍圣公，徽宗时封为世袭衍圣公，衍圣公这个称号一直持续下来，金、元、明、清代代沿袭。明代对孔子的尊崇，对衍圣公的优礼大大超过前期，封衍圣公为一品大员，班列文官之首，进入了显赫尊荣的鼎盛时期。清代历行尊孔和优礼圣裔的政策，将历史上所沿袭下来对孔子及其家族的种种优待"俱应相沿"。历代皇帝在对孔子及其家族不断的封侯加爵同时，还赐予食邑、祭田等。汉元帝后，食邑则从800户、

曲阜孔庙大成殿

1000户至2000户不等。赐予食邑是封建王朝把一定户数应缴的赋税给封户。此外,衍圣公还享有蠲免各种赋税、差徭等特权。

孔子的嫡系长支为奉祀孔子,原住在阙里故宅,称"袭封宅"。随着孔子地位及其子孙官位的升高,孔氏住宅日益扩展。曹魏时期,又于庙外"广为屋宇,以居学者",设教讲学。到北宋末期,孔氏后裔住宅已扩大到数十间。到金代,孔子后裔住宅在庙东已有"客馆""客位""斋堂""宅厅""恩庆堂""双桂堂"等建筑。

如前文所述,孔府保存下来的建筑主要是明清时代所建。孔府占地面积达十二万平方米,各类建筑463间。府内楼堂厅轩栉次鳞比、长廊曲径、扑朔迷离、雕梁画栋、富丽堂皇,是一座典型的中国封建贵族庄园。它是我国现存规模最大、建筑最豪华的封建官僚贵族府第,号称"天下第一家"。孔府内还藏有自明嘉靖十三年(1534年)至1948年的文书档案,是世界上持续年代最久、范围最广、保存最完整的私家档案。还有大批历史文物及明清的衣冠等。因而孔府不仅是我国的首批重点文物保护单位,而且还于1994年被世界科教文组织列为世界文化遗产。

五觉感受

孔府是我国封建社会中典型的官衙与内宅合一的贵族庄园,规模仅次于北京故宫。

孔府沿用中国传统的前堂后寝制度,前堂部分有官衙、东学、西学,供处理公务、会客之用,是对外活动的场所,后寝部分有内宅、花厅、一贯堂,是家族生活的场所。建筑功能分区明确、排列井然有序。建筑群设计遵循礼教与宗法原则,把一系列使用功能不同的建筑物有主次、有次序地进行排列。

建筑群中贯轴线,左右对称,成三路布局。中路为孔氏宗子衍圣公所居,东路一贯堂为次子所居,居中为尊。体现了宗子的尊贵地位和宗子与非宗子等级与地位的差别。中路官衙、内宅界限分明,体现了男女授受不亲,内处有别。轴线上。正房与厢房,中门与边门,体现了主人与下人的尊卑差别。建筑物的名字也打着儒家思想的印记,"一贯堂""忠恕堂""安怀堂"等既赞扬孔子的忠恕思想和使人安乐的政治理想,又显示孔子嫡孙努力仿效的决心,"东学""西学",既赞扬孔子创学设教的功绩,又表明孔子嫡孙继承诗礼传家、好学重教传统的态度。

孔府建筑原有170多座,560余间,现存152座,480间,其中大门、仪门、大堂、二堂、三堂、内宅门、前上房、迎恩门、家庙等是明代建筑,其他均为清代建筑。古建筑面积现存12740平方米。

孔林是孔子及其后代的墓园,位于曲阜城北。园内古木森森,林下墓冢累累,碑碣林立,石仪成队。其中孔子、孔鲤、孔极三代墓周绕以红墙。另有楷亭、驻跸亭,是皇帝来此祭孔时休息的地方。

曲阜孔庙万仞宫墙

曲阜孔林

孔庙存有西汉以来历代碑刻一千余座,有封建皇帝追谥、加封、祭祀孔子和修建孔庙的记载,有历代文人学士谒庙诗文和题记,文字有汉文、蒙文、八思巴文、满文,书体有真、草、隶、篆。其中以汉魏六朝碑刻最为珍贵。

文明传承

从文化属性的维度分析,曲阜是我国著名的历史文化名城,游览的景点以人文景观为主,景点中涉及到的历史故事、背景典故非常多。游客如果在没有任何准备的情况下游览曲阜,类似孔府、孔庙、孔林等著名景点,只能匆匆而过,不会有太多的收获。

因此建议游客游览曲阜三孔前,先查阅些景点的相关资料,这样游览起来有的放矢,受益匪浅。

孔庙的第一道门——万仞宫墙原名仰圣门,是明代曲阜城的正南门,上悬"万仞宫墙"四个大字,其意出自《论语》子贡语。鲁大夫叔孙武叔曾经对大夫们说:"子贡的学问很深,比孔子还要强些。"子贡听说后就给叔孙武叔说:"人的学问好比宫墙,我的这道墙不足肩头高,别人很容易看到里面有多少东西,我老师这道墙有好几仞高（仞：丈量单位，一仞约等于八尺），别人是看不到里面的东西的，只有找到门，走进去，才能看到这墙内雄伟的建筑，可找到门的人太少了！"胡缵宗认为数仞宫墙仍不能表达他对孔子的赞扬，于是将其改为"万仞宫墙"。到了清代，乾隆皇帝到曲阜来，为了显示他对孔子的敬仰，把胡缵宗书写的石额换下，自己亲笔书写了同样四个字镶于城门。现在看到的"万仞宫墙"石额，即乾隆皇帝的御笔题写。

孔庙的第一座石坊叫"金声玉振坊"，建于明代嘉靖十七年（1538 年）。"金声玉振"四字为明代学者胡缵宗手迹。

"金声玉振"四字出自《孟子·万章下》，孟子说："孔子之谓集大成。集大成也者，金声而玉振之也。金声也者，始条理也，玉振之也者，终条理也。"意思是说孔子集圣贤之大成，始终而一。"金声"原意是指我国古代乐器"钟"发出的声音，"玉振"原意是指我国古代乐器"磬"发出的声音，在古代奏乐时以击"钟"为始，击"磬"为终，金声玉振的原意为一首完善的乐曲。孟子将孔子思想比喻为一首完美无缺的乐曲，在这里借用孟子语意，是说孔子思想完美无缺，集古圣贤之大成，以达到绝顶的意思。

棂星门建于明代永乐十三年（1415 年），原为木质结构，清代乾隆十九年（1754年），衍圣公孔昭焕重修孔庙时换成石柱铁梁。四根石柱顶端为四大天将，中间平梁上是火焰宝珠，以象征此门由天将守卫而成为参天立地的天门。

棂星，即天田星，最早见于史料的有汉高祖命祀灵星，凡祭天先祭灵星，古人认为灵星"主得士之庆"，专门管官的星。

棂星门外东西两侧，各有一幢下马碑，上刻"官员人等至此下马"，在封建社会，所有来曲阜祭孔的官员，无论职位高低，来到孔庙前见到此碑，须文官下轿，武官下马，以示对孔子的尊崇之意。此碑始立于金明昌二年（1191 年），现仅存东面一幢。

太和元气坊建于明代嘉靖二十三年（1544 年），全为石质结构。"太和元气"四字为当时山东巡抚曾铣手书。

"太和"指天地、日月、阴阳会合之气，"元气"原意为形成世界的原始物质，后来，一些唯物主义者将"金、木、水、火、土"这五行称为"原气"，世界上万事、万物都是由五行构成。在这里，"元气"为天地、日月、阴阳会合之气，是生长万物的根本。"太和元气"也就是说孔子思想体现了整个人类思想最精华、最高贵的一面，如同天地生育万物一般，能使人类思想到达一种至高无上的境地。

太和元气坊后为"至圣庙"坊，原名为"宣圣庙"坊，始建年代未查到记载，明弘治十六年（公元1503年）的庙图上已有"宣圣庙"坊。清雍正七年（公元1729年）改"宣圣庙"为"至圣庙"。此坊为汉白玉石质。"至"即至高无上的意思。

此外，圣时门、弘道门、奎文阁、十三碑亭、杏坊、大成殿等处，都有相应的历史背景和渊源，游客们均应了解，才可以全面地了解整个儒家几千年延衍下来的文化传承。

社会习惯感知度

自2015年以来，为增加三孔景区对游客吸引力，景区完善了晨钟开城、暮鼓关城、祭孔展演、孔府大戏台等活动，打造以开笔礼、成人礼、经典诵读、孔庙祭拜、孔庙祈福为核心的"孔子修学游"品牌，增强了景区门票的附加值。在此基础上拓展旅游市场，相关人员先后赴上海、陕西、江苏、浙江、福建等国内重要客源地城市开展宣传促销，走访对接当地多家旅行社，并与全国知名线上旅游运营商建立合作关系，利用互联网开展旅游产品线上销售。

为了改变曲阜"白天看庙、晚上睡觉"的旅游模式，推进文化旅游项目由"白"到"黑"延伸。三孔景区延展了孔子书画和出版印刷产业并推出了《孔子》舞剧。

除此之外，三孔景区还推出了孔子文化动漫、动漫衍生产品及102集电视文化系列片《演说论语》等。

曲阜和中华书局联合推出了"孔子学堂"讲坛，请邀于丹、葛剑雄、傅佩荣、易中天等知名专家教授进行专题演讲，并取得了良好的经济和社会效益。

曲阜充分挖掘儒家文化内涵，在连续举办国际孔子文化节的基础上，推出了"祭孔大典""明故城开城仪式""尼山春季祭孔""鲁国古乐"等文化演艺活动，推出了"孔子家乡修学游""孔子故里民俗游""孔子故里过大年""孔夫子之路"等旅游项目，每年都吸引大量海内外游客，成为国际国内旅游市场上的精品旅游产品。

文化产业是创意产业，曲阜三孔景区与中国丝绸博物馆等国内著名企业集团联合整理出版了《四库全书》《四书五经》《论语句解》《图说论语》等儒家经典书籍，推出具有自主知识产权的文物仿制品20大类300余种，开发了一批以竹简浮雕孔子像、楷雕如意、竹简论语为代表的优秀传统工艺品。这些具有浓郁孔子文化元素的商品销售收入已占整个曲阜旅游产业收入的35%以上。

"曲阜三孔"作为纪念孔子，推崇儒学的文化圣地，自身的文化属性却并没被充分挖掘。

首先，孔子、儒家文化的博大精深，并没有通过周边衍生品等各种形式展现给游客，深层次的文化并没有充分挖掘出来，游客能见到的都是结构单一、老化、与其它各景区几乎雷同的小商品。文化旅游价值及附加值无法充分挖掘，缺少一批文化品位高、吸引力大、参与性强、环境优美、管理规范的项目。

其次，关于文化的传播方式，除了人工导游的方式外，可以借鉴其他景区的做法，利用移动终端、互联网等技术，通过手机APP、微信公众号等形式，给游客提供更多的学习和了解的"曲阜三孔"的途径，拉进其文化与人的传播距离，让游客更加深入的感受儒学文化的魅力。

此外，商业化气息过重，景区找不到应有的历史厚重感，文化冲突比较明显，好比故宫的星巴克。文化遗产具有不可复制的独特性，任何的商业开发都会破坏它的完整。如果对文化景区进行商业开发，不仅仅是物质层面的，物质的背后更多的是故事、传说、信仰和氛围。虽说是适度开发，但要知道保护文物简单，保护文化却不简单。

"曲阜三孔"景区属于人文风光旅游。如果导游讲解的不到位就很难达到游客预期的旅游价值体验，所以，丰富导游人员的历史文化知识和提高导游人员素质就显得越发重要。只有提高其业务素质和服务水平，促使每一位导游人员能够熟悉景区，做到熟悉讲解，并对不同层次的游客进行深度讲解，以满足不同游客的需求，才可能将"曲阜三孔"的较深层次文化内涵传达出来。

北京大观园

北京大观园是依据曹雪芹的古典文学名著《红楼梦》而建的古典文化园林，是拍摄电视剧《红楼梦》的主要实景场地。

北京大观园位于北京西城区南菜园（北京市区西南隅护城河畔）。原址为明清两代皇家菜园，明代曾在此设"嘉疏署"。1984年为拍摄电视剧《红楼梦》，经红学家、古建筑家、园林学家和清史专家共同商讨，按作者在书中的描述，采用中国古典建筑的技法和传统的造园艺术手法建造。1985年7月试行开放，边供《红楼梦》电视剧组拍戏，边继续建设。1986年10月正式开放，以后边建设、边开放、边投资、边创收，于1989年全部建成。园中的园林建筑、山形水系、植物造景、小品点缀等，均力图忠实于原著的时代风尚和细节描写。

北京大观园属于AAA级旅游景观，白天门票价格：40元/人，晚间活动票价：70元/人（含专职导游讲解，红楼文化艺术表演或皮影表演）。北京大观园自1986年对外开放以来，已于1990年底收回建园的2300万元投资。2008年，北京大观园的资产总值接近三亿元。

接下来，我们将按照文化产业的基本价值，对大观园这个项目从文化的六个维度入手进行分析和阐述。

背景来源

从背景来源的维度分析，大观园项目运用了36种要素中的故事、人物等要素。

大观园的建设蓝本《红楼梦》是一部具有世界影响力的长篇小说作品，举世公认的中国古典小说巅峰之作，中国封建社会的百科全书，传统文化的集大成者。

写成于清朝乾隆帝中期（甲戌，1754年），小说以贾、史、王、薛四大家族的兴衰为背景，以贾府的家庭琐事、闺阁闲情为脉络，以贾宝玉、林黛玉、薛宝钗的爱情婚姻故事为主线，刻画了以贾宝玉和金陵十二钗为中心的正邪两赋有情人的人性美和悲剧美。通过家族悲剧、女儿悲剧及主人公的人生悲剧，揭示出封建末世的危机。

《红楼梦》诞生于18世纪中国封建社会末期，当时清政府实施闭关锁国政策，举国上下沉醉在康乾盛世、天朝上国的迷梦中。太平无事的表面下，各种社会矛盾正在加剧发展，整个王朝已到了盛极而衰的转折点。

在康熙、雍正两朝，曹家祖孙三代四个人总共做了58年的江宁织造。曹家极盛时，曾办过四次接驾的阔差。曹雪芹生长在南京，少年时代经历了一段富贵繁华的贵族生活。但后来家渐衰败，雍正六年（1728年）因亏空得罪被抄没，曹雪芹一家迁回北京。回京后，他曾在一所皇族学堂"右翼宗学"里当过掌管文墨的杂差，境遇潦倒，生活艰难。晚年移居北京西郊，生活更加穷苦，"满径蓬蒿""举家食粥"。这一转折，使曹雪芹深感世态炎凉，更清醒地认识到封建社会制度的实质。曹雪芹以坚韧不拔的毅力专心致志地从事小说《红楼梦》的写作和修订，披阅十载，增删五次，写出了这部把中国古典小说创作推向巅峰的文学巨著。

大观园内建筑——"怡红院"

五觉感受

从五觉感受的维度分析，北京大观园项目运用了36种要素中的故事、人物、活动等要素。

北京大观园的总体方案，均经红学、古建、园林、文博等各方专家群智而定，忠实《红楼梦》原著及时代风尚，如贾宝玉住的怡红院，富丽堂皇，脂粉气浓；林黛玉住的潇湘馆，翠竹千竿，幽窗指凉；元妃省亲下榻的顾恩思义殿，皇家气派，雍容华贵。园内亭台楼榭，游廊曲折，花木繁茂，碧波荡漾，更有鹿鸣鹤舞，孔雀开屏，水中鱼跃，鸭鹅高亢，尽显红楼意境。

明代崇祯时江苏吴江人计成在《园治》里有一造园理念："境由人作，宛自天开"。《红楼梦》中的大观园将这一理念发挥得淋漓尽致。

《红楼梦》中对大观园的第一个场景描写便是山。第十七回，贾政刚至门前，只见贾珍带领许多执事人来，一旁侍立。贾政道："你且把园门都关上，我们先瞧了外面再进去。"贾珍听说，命人将门关了。贾政先秉正看门，只见正门五间，上面桶瓦泥鳅脊，那门栏窗，皆是细雕新鲜花样，并无朱粉涂饰，一色水磨群墙，下面白石台矶，凿成西番花草样。左右一望，皆雪白粉墙，下面虎皮石，随势砌去，果然不落富丽俗套，自是欢喜。遂命开门。只见迎面一带翠障挡在前面。众清客都道："好山，好山！"贾政道："非此一山，一进来园中所有之景悉入目中，则有何趣。"众人道："极是。非胸中大有邱壑，焉想及此。"有此可见，山在园林建筑中起着重要作用，如果无山，那园林还有何趣！而这一山，在这里起的是分割园内外景色的作用，若没有此山作为屏障，进入园中，那一切景色均可一览无余，毫无余味。而山在园林中起分割作用的在《红楼梦》中也绝非仅此一处。

第十七回中，李纨住的稻香村也是大观园中的一个十分特殊的景点。此处的屏障用四个字来形容"青山斜阻"。它所依照的是普通农庄的风格。倏尔青山斜阻。转过山怀中，隐隐露出一带黄泥筑就矮墙，墙头皆用稻茎掩护。有几百株杏花，如喷火蒸霞一般。里面数盈茅屋。外面却是桑、榆、槿、柘，各色树稚新条，随其曲折，编就两溜青篱。篱外山坡之下，有一土井，旁着桔槔辘轳之属。下面分畦列亩，佳蔬菜花，漫然无际。按宝玉的说法，此山是"无脉"之山。水是"无脉"之水。同样还有薛宝钗住的蘅芜苑中的大玲珑石，林黛玉葬花处后面的大山等都起着大门分割的作用。

《红楼梦》中的山在大观园的九个园中都有出现，"山是园林的骨"，此话用在大观园的园林建筑中是再合适不过了。

在大观园中，重要的景点都是用水连接的，水，成了构成这些景点不可分割的一部分。其中，除了中央水景之外，由水作为主要构成部分的有这些景点：藕香榭，即蓼风轩，它是贾惜春的住所，完全被水包围。用凤姐的话说那是："看看水，眼也清亮。"沁芳溪。这是进入大观园后的第一处水景，是一条可行船的水道，贯穿了大半个园林。溪上有一座沁芳亭桥，风景怡然。还有就是那经典的与凸碧山庄相呼应的凹晶溪馆。因而在《红楼梦》第十七回，林黛玉与史湘云因赏月而有那"寒塘渡鹤影，冷月葬花魂"的千古名句。单凭这两句，我们就能体会到水与景的奇与巧，真是妙趣横生，风格迥异。除以上三处水景外，在大观园中的紫菱洲、滴翠亭、芦雪厅、蓼汀花溆、暖香坞、荇叶渚……等每个景点都有水的映衬，可谓"水是园之命脉"是大观园中不可缺少的重要一笔。它取之于自然的山与水，建出了高于自然的园林建筑。

思维想象

从思维想象的维度分析，北京大观园运用了文化的 36 种要素中的传说、故事、人物等要素。既然北京大观园的原型是《红楼梦》中的园林大观园，提起《红楼梦》，自然而然会想起曹雪芹。

传说曹雪芹晚年时，家境越发不济，乾隆十六年（1751 年）前后，他辞了瑟夫（教师）的职务，当时他每月只有四两银子的收入，一家人靠喝粥糊口。他在屋里挂了副对联，为好友鄂比所赠，上写："远富近贫，以礼相交天下有；疏亲漫友，因财绝交世间多。"

传说曹雪芹写《红楼梦》的办法很奇特。他把文房四宝用一块包袱包起，扎在腰间，只要文思一动，解开包袱伏地就写。

在正白旗的住房坍塌以后，他又到香山脚下的北营子找了两间东房，乾隆二十三年（1758 年）迁居白家疃，在山根下的水溪小石桥附近，盖了四间土房，一直住到去世。此时他的生活更窘迫，好友敦诚曾送他这样的诗句："满径蓬蒿老不华，举家食粥酒常赊。"乾隆二十八年（1763 年），他的独子因患白喉而死，对他打击很大，不久病故，葬于香山地藏沟的一块旗人义地里。传说他死后家人买不起纸钱，好心的邻居用他房里的纸，剪了许多奠祭的纸钱。送葬归来，忽然想起纸上有字，捡起一看，原来是《红楼梦》后四十回，可惜已烧掉不少。曹雪芹去世不久，宗室诗人永忠读《红楼梦》有感而赋《吊雪芹》诗曰："传神文笔足千秋，不是情人不泪流；可恨同时不相识，几回掩卷哭曹侯。"

曹雪芹的号是怎样得来的呢？据说，这里有一座名叫"退翁亭"的茶馆，兼卖点酒菜，曹雪芹生前常只身来到这里，敦诚的"举家食粥酒常赊"，那赊酒的地方就是指这个茶馆。退翁亭有一个30多岁的伙计，名叫马青，对曹雪芹的为人很是佩服。有时，曹雪芹登亭赊酒，他就自动捧出一盘小菜；每当曹雪芹食粥的日子，他就上门送去几个烧饼。有一次，马青病得很厉害，曹雪芹急忙到他家看病平脉。诊断后，又立即跑到村头，割了几把泛青的野芹菜，回家熬汤送去。不久，马青身体复原，人们都笑说："曹爷真是华佗转世了。"从此，他的医道闻名西郊，用中草药治好了不少病人。为了表达自己的志向，他特意起了个"雪芹"的号，意思是自己愿做一棵山乡的芹，为父老们做点好事。以后，又起了芹圃、芹溪的号，都和这点有关。

在香山一带还传诵着曹雪芹解人之难，"智献龙凤图"的故事，故事反映了人们对曹雪芹的怀念和赞扬。原来，乾隆为了炫耀征服大小金川的胜利，降旨在香山建立一支特种部队，命名"攻坚飞虎云梯健锐营"，全营共有3000名将士。要按八旗制度营建几千人的大营盘，确是一个浩大的工程。他派钦天监阴阳司察看风水，选择建房吉地。选来选去，选到了凤凰山，说是一块宝地，有龙有凤，正是"龙蟠凤翔"。当下就决定绘图定位，在凤凰山南北两侧营建"旗盘"，北侧建左翼四旗，南侧建右翼四旗。吉地已定，就得限期拆房搬迁，逾期不迁，按违旨论罪。

凤凰山的南北两侧全是汉族居民，告示一出，可把这些汉族居民急坏了，到哪里去找安身之地呀！有人说，曹雪芹主意多，于是就推举了一位德高望重的老人，到曹家登门请教。曹雪芹一向爱替老百姓打抱不平，他安抚老人先不要着急，总会想出办法来的。

第二天，曹雪芹一人来到香山楼门，四处仔细打量着远近山景。他心里明白了：原来皇家选定的吉地就是要借凤凰展翅，神龟长寿这个虚名儿。他从包袱中取出文房四宝，挥笔画了凤凰和神龟。画面上还有山下的营房和远处烟雾笼罩的紫禁城。最后还提笔书写了"龙凤图"三个字。

拿着"龙凤图"，曹雪芹直奔八旗印房，对总监老爷说："我是献八旗营建图来了"。"香山是块风水宝地，但五行缺水。山缺水则林不茂，林不茂则鸟不生，那凤凰又怎么能够展翅高飞呢？再则，山缺水龙必被困，这也是不吉之兆啊！"总监老爷听了这话，吓得脸色铁青，连忙请求曹雪芹指点。曹雪芹看他吓成这个模样，心里好笑，继续一本正经地说："汉民汉字的偏旁是三点水，如今勒令汉民搬迁，就是有意让香山之水外流，这是万万使不得的。依我之见，可将散居汉民并进各村，然后按照两满夹一汉的格局修建营房。满字、汉字都有三点水，这就成了九点水，九者多也。香山水足了，就能龙蟠凤翔，保住香山风水不被破坏"。说完，就把龙凤图献给了总监。

曹雪芹讲得头头是道，总监深信不疑，立即呈报工部。最后按照曹雪芹"龙凤图"中的设计格局修建了八旗营盘。左翼四旗是厢黄旗、正白旗、厢白旗、正兰旗，中间夹着铜峪村、四王府、小府三个汉民村；右翼四旗是正黄旗、正红旗、厢兰旗、厢红旗，中间夹着杰王府，弑子园、弹家坟三个汉民村。

社会习惯感知度

"红楼宴舞"是北京大观园 2001 年推出的以清为背景、以红学为题材、以民族艺术为形式、以梦幻般的大观园之夜为依托的集餐饮、舞蹈、影视为一体的综合休闲娱乐项目。"红楼文化艺术展"是北京大观园的常设展览，分"元妃省亲""红楼文物精品""红楼文化艺术""大观园""曹雪芹家世生平""红学学术研究"六部分，精品荟萃，内容丰富，品位高雅，使人更深地了解《红楼梦》的博大精深。

数据显示，20 多年里共有 110 多部电影、电视剧、专题片利用了"人间仙境大观园，梦幻红楼不夜天"的场景制作完成。

北京大观园内经常举办特色文化活动，例如，在每年农历春节初一至初六举办"红楼庙会"。庙会内容包括：文艺演出、民间花会、风味小吃、民俗活动等。其中"元妃省亲"古装巡游是大观园文化庙会的传统项目和独有的特色。每年农历八月十五期间举办"北京大观园'中秋之夜'"。活动以文艺演出、赏月团聚、观赏夜景为内容，每届举办三至四天，是京城中秋活动的传统品牌项目。

2008 年，北京大观园推出系列红楼文化活动。如：节日期间景点推介日，举办红楼故事会等。"五一""十一""黄金周"举办征集《红楼梦》书籍、书法、剪纸、服饰、剧照等展览活动。还有平时举办的百名老人地书表演、"老北京叫卖"、红楼古典婚礼等活动。

近年来大观园通过举办各种活动来提升大观园的名气，同时也给大观园带来了一定的经济效益，比如"三八"节，大观园门票女性半价。

此外，大观园还适时推出了红楼宴，北京红楼宴酒店位居于北京大观园风景区内，是一家融中国古典园林建筑与现代建筑、现代生活设施于一体的商务、旅游度假酒店。酒店有风味独特带有浓郁红楼文化的红楼菜系"红楼宴"。

万天世纪洞察 INSIGHT

大观园是为了拍摄 87 版《红楼梦》专门建设，大观园的成功，是基于《红楼梦》这部作品，然而作为一个独立的旅游景点而言，这也恰恰是其最大的短板。

第一，大观园的文化属性完全依附于《红楼梦》这部作品，景区本身没有自己独立的文化属性。

第二，大观园对于熟悉《红楼梦》这部作品的人来说，可能有很多看点，但是对于那些并不熟悉《红楼梦》的人来讲，进园之后可能找不到自己喜欢的点，或者没有足够可以吸引自己的点。《红楼梦》是一部包罗万象的作品，作品中展现给后世读者的，包括建筑文化、饮食文化、服饰文化、民俗文化等等多个方面，而大观园，对这些文化的挖掘显然不够，比如服饰文化方面，《红楼梦》对人物的服饰描述可谓五光十色，熠熠生辉。《红楼梦》是历史，是文学，同时也是服饰文化的缩影，它体现了当时的一种服饰文化，深入研究《红楼梦》中体现出来的服饰文化有助于我们更全面的了解作者所处的时代、当时的历史背景以及红楼服饰对现代传统服饰的借鉴意义。

第三，《红楼梦》中的故事没有直接体现，大观园中发生的读者熟稔的故事桥段有很多，比如探春倡导成立诗社、刘姥姥进大观园、凤姐庆生辰……景区中，可以将个别故事通过多种形式展现出来，比如静态的蜡像展示……

第四，景区的安排，没有突出主角，而且限于当年的拍摄需求，很多作品中的重要场馆并没有完全展示出来，不能完全还原作品中的描述，容易对红楼梦这部作品的读者造成误导，也会留下一些遗憾。

北京世界公园

北京世界公园由北京市政府与北京市丰台区花乡乡政府共同投资1.5亿元兴建，1991年破土动工，1993年10月1日正式向游人开放。自开业以来，累计接待游客2000多万人次，公园接待外国副总理级别的来宾共计50多批次。

北京世界公园汇集了世界40个国家119处人文自然景观的微缩景点。公园平面设计按五大洲版图设计，水路按四大洋版图设计。北京世界公园是集世界各国名胜古迹于一园、承载世界各民族文化为背景的大型主题公园。

北京世界公园先后被评为国家AAAA级景区，北京市一级一类公园，属于典型的整合景观、主题公园，门票价格100元/人。景区位于北京市丰台区花乡大葆台，距市中心16千米，距北京西客站8千米，紧邻北京花乡森林公园。乘北京地铁九号线、北京地铁房山线直达。京津塘高速、京津高速直达北京西南四环科丰桥出口南行五分钟。

接下来，我们将按照文化产业的基本价值，对这个项目从文化的六个维度入手进行分析和阐述。

背景来源

从背景来源的维度分析，北京世界公园是为了满足人民日益增长的精神生活的需求而诞生的。

1991年4月江泽民、李鹏等党和国家领导人亲临园址植树并审查了公园的沙盘模型，1992年4月正式破土动工兴建，1993年9月25日试营业，江泽民同志亲自题写了园名，1993年10月25日正式对游人开放。

五觉感受

从五觉感受的维度分析，世界公园运用了文化的 36 个要素中的地理、环境、建筑格局等要素。

世界公园整体布局按照五大洲版图划分景区，荟萃了世界上最著名的埃及金字塔、法国埃菲尔铁塔、巴黎圣母院、美国白宫、国会大厦、林肯纪念堂、澳大利亚悉尼歌剧院等建筑，以及意大利式、日本式花园等。

公园内设东欧、西欧、北欧、北美、南美、非洲、大洋洲、西亚、东亚、南亚等 17 个景区，水系分布按照四大洋的形状连通全园。园内的雕塑、雕刻有近百件，自由女神、尿童、丹麦美人鱼、大卫、维纳斯、肖邦、莫扎特等人物。

园内设有激光喷泉、植物迷宫、童话世界等娱乐场所。另外还建有集餐饮、购物、娱乐于一身的、体现异国情调的国际街及国际民俗村。国际街位于公园的东北角，长约 200 米，面积 1.5 万平方米，是具有欧美风格的建筑群体，其中有意大利名店街、德国歌德美食大楼、瑞士洛桑礼品街等，主要经营各国风味及旅游纪念品，开展富有异国特色的娱乐活动等。

步入公园大门，迎面便是宽阔壮丽的意大利台地园，然后顺时针方向进入亚洲景区，首先见到日本的桂离宫，依次是中国园林清音境、万里长城、莫高窟、应县木塔，还有波斯波利斯宫遗址（伊朗）、婆罗浮图（印度）、巴比伦门（伊拉克）、泰姬陵（印度）、仰光大金塔（缅甸）、吴哥寺（柬埔寨）、泰国大王宫；然后跨过悉尼铁桥进入"澳洲"，可以观赏毛利草屋（新西兰）、悉尼歌剧院（澳大利亚）；

接着进入"非洲"沙漠，巡看非洲部落、狮身人面像（埃及）、吉萨金字塔（埃及）、阿布·西姆贝尔神殿（埃及）、卡纳克神庙（埃及）和亚历山大灯塔（埃及）；

跨过博斯普鲁斯海峡大桥，就进入到"欧洲"，可以欣赏到特洛伊木马（土耳其）、圣·索菲亚大教堂（土耳其）、雅典卫城（希腊）、罗马竞技场（意大利）、比萨斜塔（意大利）、圣·彼得大教堂（梵蒂冈），便游到公园中心凯旋门（法国），依次游布鲁塞尔第一公民景点（比利时）、天鹅石城堡（德国）、埃菲尔铁塔（法国）、巴黎圣母院（法国）、大本钟（英国）；

漫步伦敦塔桥，便进入"美洲"，依次可以看到美国的宇航中心、林肯纪念堂、华盛顿纪念碑、白宫、国会大厦、纽约曼哈顿区和自由女神像，穿过科罗拉多大峡谷（美国），迈过金门大桥（美国），便到了十二生肖像，看到荷兰风车，又可瞻仰德国音乐家肖邦像和莫扎特像,还可看到"华沙美人鱼",最后到达"莫斯科红场"。

漫游"世界"一周后,再到"国际街"购物、小吃、休憩,不得不令人感叹不看不知道世界真奇妙。

世界公园内的微缩景观

社会习惯感知度

世界公园通过举办一系列的活动来扩大自身的社会影响力。如世界民俗大巡游、露天剧场上演外国风情舞蹈演出,"特别乐动感世界公园活动电影院"放映惊险刺激的动感电影。在泰国驯象乐园里,游客可以同泰国大象交朋友,看由大象的组合各种表演,以及数十只泰国鳄鱼的演出。每年公园还会邀请一些中国以外的文艺团体前来演出、助兴。每年"五一"和"十一"公园都要组织声势浩大的"环球风"大型歌舞游园活动,春节期间举办雅俗共赏的"亚洲民俗游园会"。

万天世纪洞察
INSIGHT

　　世界公园汇集了各国各地的名胜古迹、建筑等，该类古迹本身都蕴含了深厚的文化底蕴，游人在参观游览时，本可以感受到异域风情和各地的文化习俗。但是这些文化属性在世界公园并没有以合理的方式展现给游客。

　　我们以泰姬陵为例来分析。泰姬陵是莫卧儿王朝皇帝沙·贾汗为纪念他的第二任妻子泰姬·玛哈尔所造的陵墓。泰姬·玛哈尔可谓是三千宠爱在一身。可惜的是，自古红颜多薄命，1631年玛哈尔生第十四个孩子时不幸离世，时年39岁。沙·贾汗极度伤心，据说一夜间白了头发。

　　生前玛哈尔最后的愿望就是长眠在一座美丽的陵墓中，于是，悲痛的沙·贾汗动用了王室的特权，倾举国之力，耗无数钱财，用22年的时间为爱妻写下了一段瑰丽的绝响。正如美国著名作家马克·吐温所说，爱情的力量在这里震撼了所有的人。

　　沙·贾汗国王本原计划在河对面再为自己造一个一模一样的黑色陵墓，中间用半边白色、半边黑色的大理石桥连接，与爱妃相对而眠。可惜的是泰姬陵刚完工不久，其子奥朗则布（Aurangzeb）弑兄杀弟篡位成功，沙·贾汗国王本人也被囚禁在离泰姬陵不远的阿格拉堡的八角宫内。此后整整八年的时间，沙·贾汗每天只能透过小窗，凄然地遥望着远处河里浮动的泰姬陵倒影，后来视力恶化，仅借着一颗宝石的折射，来观看泰姬陵，直至最终忧郁而死。

　　泰姬陵是一座全部用白色大理石建成的宫殿式陵园，是一件集伊斯兰和印度建筑艺术于一体的古代经典作品。在世人眼中，泰姬陵就是印度的代名词。这座被誉为世界七大奇迹之一的宏伟陵墓，正如万里长城一样，浓缩着一个伟大民族和文明古国数千年的灿烂文化。

　　但是景区并没有通过有效合理的方式将这些文化传递给游客。很多游客由于缺乏对这些名胜古迹的了解，很容易使得旅游参观停留于表面形式。下面要讲的丹麦小美人鱼铜像建筑也是一样。

　　丹麦小美人鱼铜像是一座世界闻名的铜像，是丹麦雕刻家爱德华·艾瑞克森（Edvard Eriksen）根据安徒生童话《海的女儿》铸塑的。

　　故事里，海王较小的女儿爱上了人世间的一位王子，为了能与王子相爱并结为终身伴侣,她离开了自己的家庭和亲人,交出了自己优美动人的声音,每天忍受着无尽的痛苦。可是王子最终未能和她结婚,因为国王为王子选择了邻国的公主作为妻子。在王子成亲的第二天,随着太阳升起来,美人鱼变成了泡沫,最后乘云升天而去。铜像的神态表现了美人鱼思念着她眷恋的王子,也思念着她的亲人。她凝视着陆地上的人类,希望成为他们中的一员。但终未如愿以偿,因而由衷地感到忧伤和痛苦。美人鱼铜像已成为哥本哈根的标志。

从"小美人鱼"的身上,丹麦人看到了她的原型几乎就是安徒生自己。安徒生年轻时有过青梅竹马的初恋情人,他曾疯狂追求过邻家女孩福格特。但由于家庭条件相差悬殊,他们最终没能走到一起。在安徒生26岁那年,福格特嫁给了当地的一个富家子弟。从此安徒生对爱情心灰意冷,决心独守终身。

在安徒生去世那天,人们发现他的脖子上挂着一个小皮袋子,里面竟装着福格特当年写给他的信。

在世界公园的微缩建筑当中这样的例子还有好多,世界公园并没有通过文字信息介绍等手段去深入挖掘微缩建筑本身的文化属性。另外,从视觉感受的角度来讲,微缩后的景观已经失去了原有宏伟、壮观的气魄,游客并不能完全体会到建筑本身带来的震撼感,比如金字塔,埃菲尔铁塔等,已经违背了景区原有的初衷,并没能给游客还原景观的风采,更谈不上传播当地的文化。

北京古代钱币博物馆

　　北京古代钱币博物馆是一座以展示钱币为主要目的的专题博物馆，主要进行收藏、展览钱币和全国的钱币交易活动。

　　北京古代钱币博物馆坐落在北京东二环中路，德胜门箭楼下。由德胜门箭楼和真武庙两部分组成。是一座以展示钱币为主要目的的专题博物馆，主要进行收藏、展览和全国钱币交易活动，1993年10月建成开放。

古钱币图

　　古代钱币展览馆前身是德胜门箭楼文物保管所。1992年更名为北京古代钱币博物馆，它是华北地区惟一一家长年对外开放的钱币类专题性博物馆、为广大钱币爱好者们提供了一个观赏、交流、买卖的好场所。

接下来,我们将按照文化产业的基本价值,对这个项目从文化的六个维度入手进行分析和阐述。

背景来源

从背景来源的维度分析,北京古代钱币博物馆的馆址选在了具有一定历史文化的德胜门内。德胜门箭楼,是明清北京内城保存至今的两座箭楼之一。在历史上素有军门之称,是京师通往塞北的重要门户。明正统十四年(1449年)于谦保卫北京,德胜门外是主要战场;明崇祯十七年(1664年)李自成率领农民军由这里胜利进入北京城。德胜门箭楼雄踞于高大的城台之上,通高31.9米,面阔七间,重檐歇山顶,前楼后厦,上下四层,开箭窗82个,作为射击的窗孔。

1979年8月,德胜门箭楼被公布为北京市重点文物保护单位。并于1980年修葺一新,迎候广大来宾。

1993年,由国家出资,在德胜门瓮城内复建了真武庙,并在此成立了北京古代钱币博物馆。它是北京地区唯一一家对外开放的钱币类专业博物馆。长年展出中国历代货币,并配有临时性展览,是钱币界研究、收藏和交流的理想活动场所。

北京古代钱币博物馆内陈列的古钱币

五觉感受

从五觉感受的维度分析,北京古代钱币博物馆运用了36种要素中的大小、造型、文字等要素。

北京古代钱币博物馆展出的"中国历代货币系列",从最早的贝币、布币、鬼脸钱,到历代的铜币,清代的银票,民国的纸币等。古钱币种类繁多,形状有刀形、方形、圆形，质地有金、银、铜、陶、纸。

比如，原始贝币是一种由天然海贝加工而成的贝类货币。经过加工的天然贝币形体一面有槽齿，贝币光洁美观，小巧玲珑，坚固耐磨，便于携带。

西汉末年，王莽摄政和新朝统治时期铸造的"金错刀"，铸币工艺水平达到了空前的高度，因其造型别致，工艺精巧，自古为收藏者所喜爱。

唐初时铸的钱内外郭齐整，背面平坦光洁，开元钱和其他唐代钱的背部，有的有一个突出的圆点，有的有一条或几条弯曲的凸钱，有的甚至还有浮云的标记，这种圆点和凸钱，钱币学叫做星月纹。钱背星纹分穿上星纹，穿下星纹，月纹上弯叫仰月，下弯叫俯月，穿旁侧立称侧月。

开元钱不仅有使用价值，而有较高的观赏价值。开元通宝的钱文由当时著名的书法大家欧阳询所书，有八分及篆隶三体，"开元通宝"四字笔力苍劲，意态精密，端庄俊雅，凝重雄浑。大诗人杜甫诗云"囊空恐羞涩，留得一钱看"。

文明传承

从文明传承的维度分析，北京古代钱币博物馆展出的每一枚钱币都凝结着它本身所处时代的文化内涵，从侧面反映了当时的社会生活及政治变革。

以贝币为例，贝币是我国早期的实物货币之一。在我国远古时期，大约在四五千年前的原始社会，因为生产力低下物质极不丰富，所以一个部落或者一个家庭还没有多少剩余产品可以用来交换其他急需的用品，部落或家庭之间偶尔发生的交换活动也只是物易物，当时根本没有货币也不需要货币。随着生产力的发展和社会的进步，社会物质财富也相对丰富了，人们物质生活中的需求不断的扩大，以物易物交换的方式已经越来越不能适应社会生活的需要了，于是人们便把贝壳作为交换的中介物。

在新石器时代晚期和不知金属为何物的原始社会，贝壳是最珍贵的物资了。贝是生长于热带亚热带浅海的贝类，它小巧玲珑，色彩鲜艳，坚固耐用，故成为原始居民喜爱的一种装饰品，由于它大小适中、便于携带、便于计数等特点，随着社会经济的发展和商品社会的形成，贝作为交换的媒介就成为自然而然的事了，天然贝就逐渐充当商品交换的一般等价物的职能。贝币的计量单位是"朋"，"朋"的古字本义是指一串或两串相连的"贝"，后来逐渐演化成计量单位。一般多认为两串五个的贝或两串十个的贝为"一朋"。

中国原始贝币产生于距今三千年的商代，是钱币的始祖，是一种由天然海贝加工而成的贝类货币，出土于河南殷墟妇好墓等地，年代为公元前19至前16世纪，距今约3500年以上。经过加工的天然贝币形体一面有槽齿，贝币光洁美观，小巧玲珑，坚固耐磨，便于携带，这类海币主要出产于我国的东海、南海等地海域，反映了商代商业交流的情况。它的产生，标志着当时社会生产力的发展程度。在原始物物交换阶段之后，可交换的商品日益增多。此时贝币出现，成为商品交换过程的中介。

除商代原始贝币流通外，中国早期社会贝币也有不同程度的使用。在交通及经济欠发达的西南、西北少数民族地区，从商、春秋、西汉直至唐代均在使用贝壳。

比如，唐代的开元通宝是我国货币史上最成功的钱币之一，对后世影响极大。

李渊初入长安时，民间使用的是隋代的轻钱，积八九万枚才满米斛，乃于武德四年，一改历代以"铢""两"为钱名的货币制度，铸行成为"通宝"的钱币，取名为"开元通宝"，"通宝"也就是通行的货币。

开元通宝钱直径八分，重二铢，积十钱为一两，千钱重六斤四两。因为唐代一斤比西汉一斤重一倍多，故开元通宝比西汉五铢钱略重。开元通宝钱的创制与秦半两、汉五铢钱一样，是我国货币史上具有划时代意义的大事。至此，我国的金属铸币正式脱离了以重量为钱币名称的体系，而是改用两、钱、分、厘的十进位法，其中一钱为3.73克，即指开元通宝一枚钱的重量，十钱开元通宝等于一两。开元通宝还以其大小轻重适中、名称形制合宜等，而对我国币制的革新有深远的影响。它不仅是整个唐代的主要流通币，而且成为唐代以后一千多年的铜钱楷模。

　　从思维想象的维度来讲，北京古代钱币博物馆做的似乎还不够，比如开元钱上为何有月纹和浮云，史书上没有明确记载，以至于给人留下了无尽的遐想。有的说是唐高祖李渊时，下边进呈开元钱蜡样时，文德皇后不留意掐有一个指甲痕，人们认为是圣上的旨意，就依样鼓铸了。还有更荒谬地认为是明皇宠妃杨玉环的指甲痕，因为唐明皇用过开元年号，而杨贵妃又是深得宠信甚至代阅奏折，自然会过问铸币事，就断定指甲痕为杨妃所为。其实这些都是无稽之谈，因为钱上的"指甲痕"有粗有细，应是不同铸钱炉的标记，而浮云应是祥云的意思，代表人们的一种美好愿望。

　　又如唐末史思明所铸"得壹元宝"，该钱铸造于公元789年，第二年废弃而铸造"顺天元宝"。得壹元宝在很短的时间内铸而又废，这可能与晋武帝司马炎的问卜的故事有关。晋武帝登基时，曾求告上苍，以卜世数，结果不想简策上的数字竟是"一"字，意味着晋王朝只能一世而终。这时司马炎吓得浑身发抖，朝臣们面面相觑，只有大臣裴楷引经据典从容地说道，臣闻老子曰"天得一以清，地得一以宁，王侯得一以为天下贞"。他的这席话使司马炎和噤若寒蝉的群臣们像吃了一颗"定心丸"一样，顿时转忧为喜。但是裴楷的能言善辩毕竟掩饰不了严峻的事实，其时司马家王朝已危机四伏，险象环生了。到了司马炎的儿子晋惠帝手里，八王作乱，国家倾覆灭亡危在旦夕了。

　　史思明想当"始皇帝"，得一是为天下专，盼望着父传子，子而孙，子子孙孙，相传万代。但是他对"一"字也心有疑虑，故在铸钱时把"一"故意写成"壹"。

　　中国古代货币在形成和发展的过程中，先后经历了五次极为重大的演变：自然货币向人工货币的演变、由杂乱形状向统一形状的演变、由地方铸币向中央铸币的演变、由文书重量向通宝、元宝的演变、金属货币向纸币"交子"的演变。每一种货币，都是当时历史文化的一个缩影，北京古代钱币博物馆在这方面还可以有更深的挖掘。

天津滨海航母主题公园

　　天津滨海航母主题公园，位于天津市滨海新区汉沽汉北路269号，为国家AAAA级旅游景区。是以原"基辅号"航母的无形资产和社会效应，依托渤海湾的海域优势，滨海新区的经济优势和京津地区庞大的旅游人口优势，建成的一个以航母为核心，以军事文化与海洋生态为骨架的超大型休闲娱乐景区。是国内首家以航母这一军事题材为主题的游乐场。

　　天津滨海航母主题公园成立于2006年，属于人造景观。门票价格：220元/人（全票）。成立当年接待游客19万人次，年收入2000万元，公司账务处于亏损状态。伴随着园区建设速度的不断加快以及京津城际铁路的开通，2008年天津滨海航母主题公园全年接待游客58万人次，年收入5200万元。2014年，天津滨海航母主题公园年接待游客146万人次，旅游收入超1.5亿元，成为天津市首家年收入突破一个亿的单一景区。2016年"十一"旅游黄金周，日均接待游客数量高达三万人次。客源主要来源于环渤海区主要大中城市。

　　滨海航母主题公园所在的天津市交通十分发达，集铁路、公路、航空、内河航运、海港、管道运输为一体，是"24个全国性综合交通物流枢纽"之一。

　　天津属暖温带半湿润季风性气候。春末夏初和秋天是到天津旅游的最佳季节。同时，基于天津市优势显著的地理位置和京津冀地区庞大的人口基数，天津滨海航母主题公园有较大的提升空间。

　　接下来，我们将按照文化产业的基本价值，对这个项目从文化的六个维度入手进行分析和阐述。

背景来源

从背景来源的维度分析,天津滨海航母主题公园项目运用了文化的六个维度和 36 个要素中的故事、高科技等要素。

"基辅号"航母是前苏联太平洋舰队的旗舰。武器装备极其强大,集航空母舰、巡洋舰于一身,其威胁力相当于一支特混舰队。于 1975 年服役,1993 年退役。

2000 年,经过中国国务院的批准,天津市政府以收购废钢铁的名义从俄罗斯购入基辅号航空母舰,2000 年 8 月,"基辅号"航母抵达天津南疆码头,历时 102 天,航程 16850 海里,停靠在国际游乐港的港湾。

在国务院和天津市政府的支持下,相关部门于 2001 年 1 月为航母办理合法手续,将基辅号航空母舰改变为观光用途。

相关单位实行总体规划,以"基辅号"航母旅游资源为主体,以娱乐性军事活动为主题,将参与性娱乐与国防教育相结合,围绕军事主题将园区打造成为世界最大的军事主题公园。

聘请国际知名规划公司英国阿特金斯和国内旅游策划机构上海奇创联合进行主题公园的规划设计与项目策划,构建"一轴一心两区"的总体布局,即航母景观主轴、基辅航母核心、军事观光区、军事体验区。

对基辅号航空母舰进行恢复性改造,最大限度保持原舰风貌,重现水兵工作与生活的场景,围绕军事主题开发参与性娱乐项目,舰上开放面积八万余平米,设有作战指挥中心、情报舱、航母科技馆、舰船发展史、水兵倾斜舱、勇士走廊等几十个项目。舰下建设世博天津馆、码头广场、4D 影院、航母野战营等特色项目。

五觉感受

从五觉感受的维度分析,天津滨海航母主题公园运用了 36 种要素中的图文、大小、远近、造型等要素。

天津滨海航母主题公园为国家 AAAA 级旅游景区,总规划面积 22 万平方米,主要景点有"基辅号"航母、俄罗斯文化创意风情街等。其中"基辅号"航母全长 273.1 米,宽 52.8 米,全高 61 米,标准排水量 32000 吨,满载排水量 40500 吨。船体以甲板为界,舰岛上 8 层、甲板以下 9 层,全舰共 17 层。船舰上飞行甲板面积相当于三个足球场大,供战机垂直起降,"基辅号"舰母是世界上第一艘可以供战机垂直起降的航空母舰。

俄罗斯文化创意风情街是一条以俄罗斯文化为核心的综合型主题街区,游客在这里可以看到俄罗斯建筑、俄式商品,品尝俄式餐饮美食,体验俄罗斯休闲娱乐文化,感受俄罗斯风情。

天津滨海航母主题公园的王牌节目"航母风暴"以真实航母为题材的大型实景海战表演剧。该剧恢复并利用航母原有武备系统,整场表演使用跳船、风扇机船、海豚潜水艇、橡皮艇、水上飞行器等道具,通过潜水、跳水、滑绳、速降、爆破等特技特效表演,为游客带来震撼、刺激的"国际大片"。

天津滨海航母主题公园

文明传承

从文化属性的维度分析,我们可以了解一下航空母舰的发展历史及相关常识。

航空母舰是一个战斗群,一般包括一艘旗舰,两艘防空巡洋舰,4~6艘防空反潜驱逐舰,1~2艘攻击型核潜艇组成。依靠航空母舰,一个国家可以在远离其国土的地方、不依靠当地的机场情况施加军事压力和进行作战。航空母舰的主要任务是以其舰载机编队,夺取海战区的制空权和制海权。

航空母舰的发展阶段可以分为以下几个阶段:

1911年1月18日,美国飞行员尤金·伊利驾驶一架飞机在由"宾夕法尼亚"号巡洋舰改装而成的航空母舰上降落,预示了航空母舰时代的到来。最初的航空母舰都是由巡洋舰装上木质飞行甲板改装而成。1918年改装的英国"阿尔戈斯"号航空母舰已经拥有像现代航空母舰一样的甲板。英国在航空母舰的设计和建造思想方面总是处于领先的地位。1921年他们就开始拥有三艘真正的航空母舰。像倾斜式飞行甲板、蒸汽动力飞机弹射器、飞机降落指挥系统，还有现代飞机的垂直/短距起落技术都是英国人首创的。

第二次世界大战以前航空母舰并不是海军的主要作战武器。那时的海战还是其他战舰唱主角，航空母舰只不过是待在它们一边的飞机平台。第二次世界大战爆发以后，航空母舰立刻显示出它的强大威力。理由很简单，当时普通战舰的火炮射程只有37千米，而航空母舰的飞机活动范围已经可以达到480千米。从此以后，在航空母舰战斗群中，普通战舰只能待在航空母舰的一边，充当火力支援的角色。

第二次世界大战期间美国一共建造和改装了100艘航空母舰。在大西洋，盟军的航空母舰负责攻击德国的潜水艇，为向欧洲战场运输兵力和物资的船队提供空中保护。在太平洋，美国航空母舰舰队和日本航空母舰舰队进行了几次大规模的较量，如珊瑚海海战、中途岛海战和菲律宾海战，彻底摧毁了日本的海上军事力量。在攻占日本占领的许多海岛的战斗中，航空母舰为登陆部队提供了有力的空中支援。

航空母舰是一支强大的具有高度机动性的国防和军事力量。它的存在和出现本身就是一种威慑。由于全世界大面积的海洋都属于公海，因此给航空母舰很大的活动天地。由航空母舰和其他舰船组成的舰队可以在全世界的公海上游弋。

第二次世界大战以后航空母舰一直在发挥着它的威力。1951年朝鲜战争爆发，航空母舰是美国最早投入战争的军事力量。在1959～1975年的越南战争，1990～1991年的海湾战争，以及1999年的科索沃战争中，航母都起着举足轻重的作用。

社会习惯感知度

天津滨海航母主题公园通过策划一系列的活动来扩大自身的社会影响力。

2010年，天津滨海航母主题公园推出好莱坞大型实景海战表演剧"航母风暴"，2011年10月25日，该项目登上央视"焦点访谈"，进一步扩大了知名度。表演剧利用航母、大海为实景构造元素，配合现代3D投影技术、大型动漫技术与好莱坞电影特技特效。带领观众领略大海的咆哮、战争的硝烟、舰船的撞击、大炮的轰鸣、飞机编队偷袭航母等等各种惊险、震撼的战争场面。并借助神话故事、大沽炮台海战等题材展现津沽大地上悠久的历史文化。

"航母风暴"项目的成功让天津滨海航母主题公园萌生了打造实景海战表演

剧的想法。

2011年，天津滨海航母主题公园收入突破一亿元，成为天津市首个收入过亿的单一景点，2014年全年旅客接待量达146万人次，旅游收入超过1.5亿元人民币。滨海航母主题公园已经成为一张天津市的"旅游"名片。

2011年12月29日，天津滨海航母旅游集团正式挂牌成立。成立后的集团以"演艺为核心、旅游为主导、航母为载体"，整合泰达控股及滨海新区的旅游资源，形成主题公园、演艺、酒店、餐饮、旅行社、旅游地产、旅游纪念品等相关产业链条纵向延伸；同时通过整合极地海洋世界、北塘小镇、东疆港、中心渔港等形成的精品旅游轴，实现横向拓展，打造能够持续两天以上的特色突出、设施高档、服务一流的滨海旅游圈。

清明节期间，天津滨海航母主题公园举办航母风筝节，风筝节还设置"赛风筝，赢绿卡"的比赛环节，游客将有机会赢取三年畅游滨海航母的旅游绿卡。

航母集团以演艺为核心、旅游为主导、航母为载体，整合滨海新区的旅游资源，形成主题公园、演艺、酒店、餐饮、旅行社、旅游地产、旅游纪念品等相关产业链条延伸的滨海旅游圈。

"世博天津馆"永久落户滨海航母主题公园并于2011年"十一"正式对外开放，重建的世博天津馆建筑规模为4000平米，比原世博天津馆面积扩大近七倍，是见证和永久纪念世博会天津风采的重要载体，也是更好宣传、展示、推广天津，"让世界了解天津，让天津走向世界"的重要窗口。

在景区人气大幅提升的同时，滨海航母也在进一步挖掘航母军事特色资源，提升配套服务，对现有舰上空间资源进行整合利用，打造世界首家舰上酒店。该次改造总面积6000平方米，将航母舰岛部分02甲以上作为一个整体进行改造，使其华丽转身为一个集私密性、娱乐性、观光性为一体的顶级会所，一个融合休闲娱乐、餐饮住宿的全功能高档服务区。经过精心打造的航母舰上西餐厅位于"基辅号"航母舰岛上的03甲舱室内，是目前世界上唯一一家开在航空母舰上的西餐厅。在享用专属特色美食的同时，可以透过餐厅的舷窗一览飞行甲板，领略航母的威武雄姿，想象着这艘海上"巨无霸"的昔日风采，真正体验一把航空母舰舰长的凛凛威风，这是在世界上任何餐厅都感受不到的独家体验。

航空母舰是一个国家海军力量的集中体现。以一艘退役的航空母舰为载体，"基辅号"项目除了满足普通民众对于航空母舰这一庞然大物的好奇心之外，还可以更可深入地挖掘舰船背后蕴含的中外军事历史、政治历史和科技文化，提炼每一件重要展品所隐含的知识价值和教育价值，而不应仅仅停留在浅层的参观阶段。

比如背景来源的挖掘上，不论是从军事角度分析，还是从文化价值角度分析，"基辅号"无疑都是最珍贵、独特的资源。然而，"基辅号"来中国的路途，却历经艰辛。2000年5月21日，"基辅号"从俄罗斯维加耶夫军港起航，由于"基辅号"上的武器、动力、通信、武器装备及生活设施系统全部被拆除，要让这个庞然大物到达中国，只能通过拖船牵引。这次单航由北冰洋途径大西洋，绕过好望角横渡印度洋，穿过马六甲海峡驶入太平洋，进入南中国海台湾海峡北上，进入天津港。航程经历了100个昼夜，一路风险不断，钢缆断裂船横在了海峡，船在进入汕头险些与"碧利斯"台风照面，驶入马六甲海峡时，躲过油轮相撞等。然而，当其成功抵达中国天津南疆油港码头后，却又命运叵测。国家环保局责令必须以废钢铁名目监拆。国家经贸部机电司明确表态："基辅号"既然已从环保局按废钢铁登记，现在再改成旧船进口不受理。国家海关总署督促限期通关。国家工商行政管理局打招呼，废钢如果按旧船买卖，超出营业范围，属非法所得。俄罗斯军方也趁火打劫，如果改为其他用途，除补偿一倍船体费用外，还需经俄罗斯军方同意才能修改合同。围绕着如何保留航母不被拆解，变更购买协议合同等问题，天津方面积极争取国家有关部门的支持，并最终将航母永久保留下来。这些历史都是非常吸引人的素材。

虽然我国处于稳定、和平的发展时期，但是培养公民正确的战争观、国防安全观、利益观以及国防知识，却是国家"居安思危"重要的、必不可少的环节。而天津滨海航母主题公园在这方面还可以做得更好。

此外，滨海航母主题公园的周边体验形式单一，相关衍生品存在品质低劣、缺乏时代特色、缺少纪念性等问题，需要更加统一、科学、合理的构思和建设。

常州中华恐龙园

　　常州中华恐龙园，是一座将博物、高科技声光电、影视特效与多媒体网络等完美结合，融展示、科普、娱乐、休闲及参与性表演于一体的以恐龙为主题的综合性主题游乐园。是中国目前最大的恐龙博物馆和最大的生态主题公园。

　　常州中华恐龙园于1997年开始筹备，2000年9月20日正式对外开放。属于典型的人造旅游景观，主题公园。自2000年9月对外开放以来，累计接待游客4000多万人，日均进园游客在2800人次左右，在"十一"旅游黄金周，日均接待游客数量高达1.2万人次，最高时每天游客达2万多人。其中外地游客所占比例近70%。

　　数据显示，2014年常州中华恐龙园客流量排名全球主题乐园入园人数的第13位，年营业额超过5亿元，盈利几千万元，是国内少有的可以盈利的主题乐园。在在中华恐龙园的收入结构中，门票收入占比为68%，其他收入的占比为32%。据了解，恐龙园的成人门票价格在230元左右。

　　常州中华恐龙园位于江苏省常州新区的现代旅游休闲区内，距离常州市区约4.1千米。常州是江苏省地级市，地处长江之南、太湖之滨，处于长江三角洲中心地带，西面毗邻南京，与苏州、无锡联袂成片，构成"苏锡常"都市圈，距上海也只有三个小时的车程，在高铁、动车发达的长三角地区，交通上有着得天独厚的优势，水、陆、空交通十分便捷。

　　同时，基于长三角地区庞大的人口基数，常州恐龙园的在游客基础上也有着优于国内其他同类主题乐园的优势。

　　接下来，我们将按照文化产业的基本价值，对常州中华恐龙园项目从文化的六个维度入手进行分析和阐述。

背景来源

从背景来源的维度来分析，常州中华恐龙园项目很好地利用了文化的六个维度和 36 个要素中的造势、流行趋势、高技术等要素，为自己的来源找到了传承的嫁接点和故事背景。

1993 年，大导演史蒂文·斯皮尔伯格执导的《侏罗纪公园》横空出世，一时成为全世界的热点，不但在全球范围内席卷了九亿美元的票房，更掀起了恐龙文化的热潮。

史蒂文·斯皮尔伯格再现了一个极为逼真的恐龙世界，电影工业的发展首次如此震撼的将已然灭绝了数千万年的恐龙在银幕中变的仿若触手可及，而随之而来的，是全世界多地开始兴建的以恐龙为主题的乐园以及大量相关产业。

常州市当时抓住了一个机遇，利用恐龙热，打造了这样一个爆款旅游项目。1996 年，某地一个存放恐龙化石的仓库需要搬迁，原国家地矿部为保护珍贵的远古动植物化石，请国务院考虑拨款在北京建一个中华恐龙馆。但北京博物旅游资源过于密集，收益可能入不敷出。

常州考虑到《侏罗纪公园》的火爆效应，决定搞一个以恐龙为主题的乐园，填补华东在这一方面的空缺。另一方面，通过调查研究，专家和建设者认识到，仅有一个体量庞大的博物馆还不足于支撑主题公园的发展，形成旅游市场消费的热点。最后，经专家论证，形成了以中华恐龙馆为核心的一馆一园的规模。

品质内涵

从品质内涵的维度分析，第一，常州中华恐龙园的定位比较清晰明确。中华恐龙园利用在世界范围内掀起的"恐龙热"这一卖点，结合常州原先拥有的"龙城"称谓，建设了以史前物种"恐龙"为主题的游乐空间。这既突出了园区主题定位的形象化取向，又满足了人们猎奇的心态需求。同时将园区建设延伸至生态、环保、地球保护、可持续发展等领域，拓展了科普教育及现代旅游景观发展的新思路。

第二，常州中华恐龙园的文化传播形式多样。中华恐龙馆在外观建筑上注重运用仿生语言，呈现恐龙大写意造型。馆内则陈列着 306 件极具科普研究价值和观赏价值的珍贵化石珍品。其 10 个展厅通过逻辑路线相互关联，大量运用声、光、电、影视成像、卡通动画、网络游戏等高新技术，并以现代置景手段，营造出瀑

万天世纪国际文化传播（北京）有限公司，是一家集文化项目策划、互联网文化传播、国学智慧培训、图书出版发行等为一体的综合性文化传播公司。

万天世纪以"智周万物，道济天下"为企业文化，力求学术理想和社会责任的统一，追求大智慧，践行大道德。凭借独创的中国文化"6+36"商业发展模式和实践运行经验，在全世界传播中国文化中蕴含的伟大智慧和商业智慧，打造中国文化传播的全球第一品牌。

万天世纪文化服务项目涵盖旅游、娱乐、餐饮、房地产、艺术收藏品等诸多领域，可以为客户提供文化增值服务，通过多方位的文化包装手段，将文化内涵注入相关项目或产品，帮助企业或项目增加创收。

万天世纪力争促进中华民族的伟大复兴和中华文明的辉煌重现，开启中国文化的新纪元！

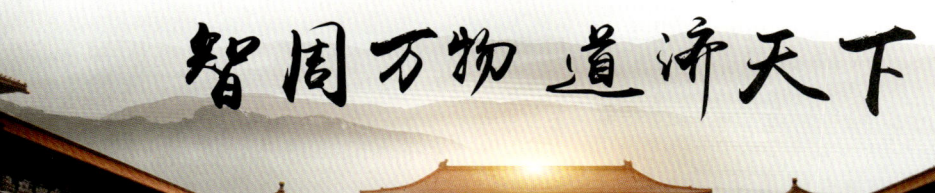

咨询热线：010-53686785

文化项目
服务范围

文化咨询顾问

根据客户的疑问和需求,提供文化方面的建议与指导,在现有商业模式上加注文化属性,通过特有的文化包装手段,实现文化增值,为客户创造收益。具体业务包括项目开发咨询、项目设计策划、旅游格局研究、地形水系分析、交通格局分析等。

文化项目策划

根据项目的具体情况,有针对性地做项目开发总体策划、项目升级策划、主题定位策划、盈利模式策划、文化项目经营管理、运营管理策划、市场营销策划以及用地空间规划、布局结构规划、功能分区规划、产品规划、配套设施规划等,为客户提供详细的可实施性全案策划。

文化项目指导

根据客户的需求,派驻专家驻地辅导,现场组织、实施、监督整个项目的进度,以保证项目的顺利进行。具体业务包括运营体系导入、招商方案策划、信息化系统搭建、宣传推广、品牌建设等。

机构人员培训

为当地文化机构或企业提供文化培训,分享成功经验,培养优秀的文化技术人才。具体包括教案导入、员工培训、智能管理建设等。

文化衍生品设计

以文化背景为基准,为项目提供文化周边衍生品的创意、设计、包装,以及销售渠道的拓展。

WWW.WANTIANSHIJI.COM

布、山岩、丛林、海洋等场景，再现了古地质年代特有的生态环境，构筑出独特、神秘的文化氛围和丰富的科学内涵。

第三，常州中华恐龙园将旅游与科普相结合。恐龙园在发展旅游的同时，注重将科技融入旅游的推广和发展，以科普"文脉"凸显"形象"特色，涵盖"游乐"要素。2002年，恐龙园被授予全国青少年科技教育基地称号。

第四，将文化因素植入旅游活动。恐龙园致力于从旅游活动中寻找文化特色，在旅游诸要素的碰撞中营造文化产品，先后成功举办了"世纪震撼——恐龙园之春""同一首歌·走进常州"等大型文艺晚会，使恐龙园景区成为上演文化精品的大舞台，恐龙园的商业感召力和市场竞争力因此而提升。

常州中华恐龙园内景图

五觉感受

从五觉感受的维度分析，常州中华恐龙园通过声光影电各种技术手段，以及大量实景演出，为游客们打造了视觉、听觉的盛宴，从多个维度去吸引游客。

比如雷龙过山车是一种刺激性较强的项目，40个座椅的平台在90米的轨道上运行，最大速度可达70千米/小时，最大运行高度15米，给予游客强烈的超重和失重感。

疯狂火龙钻设备采用悬挂式，游客面朝外座舱，最大可以摆到 44.5 米的高空，旋转、滑行、失重三者同时具备，游客可以体验强烈的超重和失重以及飞入云霄的刺激。

通天塔设备高达 60 米，每次容纳乘客 16 人，游客坐于塔身四面，设备启动后，将乘客于几秒钟内抬升至 60 米的高处，然后再加速自由下落，同样在几秒后落回原处。该项目被誉为常州恐龙园最恐怖的项目。

思维想象

从思维想象的维度分析，中华恐龙园打造了包含了重返侏罗纪的概念，让游客有设身于恐龙时代的真实感，通过游乐项目、实景演出等，充分利用游客的想象空间，全方位多层次给予游客快乐的感受。比如重返侏罗纪单元的中华恐龙馆、穿越侏罗纪、蛋蛋的魔法屋等，以及库克苏克的暴风眼、龙神古塔、水火动力、通天塔、迷幻魔窟、四维特效影院；嘻哈恐龙城的摇滚恐龙蛋、桑巴气球、跳跳龙、动漫体验馆、翼龙骑士、炫彩风车；还有雨林冒险中打造的热带雨林、鸽子广场、冒险恐龙岛等几大项目。

社会习惯感知度

从社会习惯感知度的维度分析，常州中华恐龙园集科普、游乐、演艺等于一体，园区现有七大主题区域、50 多个极限游乐项目，每天十多场各种风格的主题演出。此外，还不断完善新的配套设施，目的就是保持创新，持续地吸引客流，保持主题公园的新鲜和活力。

除了上述这些项目外，常州中华恐龙园还在其他方面利用各种形式来做全方位的推广。常州中华恐龙园以游客需求为核心，为游客提供全天候、全季节、全年龄的文化旅游产品。比如，以主题商业和文化衍生品开发拓展品牌，以主题公园和中华文化的卡通形象，利用旅游纪念品，网络游戏等形式全面打造品牌形象，通过品牌授权等模式将主题公园衍生品拓展到消费品的各个行业。通过舞台剧巡演的方式将品牌文化输出到世界。

2006 年，中华恐龙园与合作方制作了中国第一部全三维恐龙大片《奇奇颗颗历险记》，开创了动画产业与主题公园的良性互动，形成了"动画生产、传播 + 衍生产品 + 主题公园 + 旅游社区综合开发"的发展新路。

2007年，中华恐龙园组建文化创意公司，创造了恐龙宝贝的卡通形象。并为他们量身定做了动画片《恐龙宝宝之龙神博士》。

2010年，常州促成了创意产业基地与中华恐龙园的联姻。2011年初，常州中华恐龙园和近400家动漫、网络游戏、软件企业共同组建恐龙创意产业联盟，相继推出了动画电影、大型网游等一大批作品。

在下游，常州中华恐龙园开发了恐龙主题剧场、恐龙主题温泉、主题酒店和高尔夫球场。2014年，常州中华恐龙园五期项目梦幻庄园、冒险港也相继开放，打造了包括中华恐龙园、迪诺水镇、恐龙谷温泉、恐龙城大剧场、香树湾花园酒店、维景国际大酒店、恐龙主题度假酒店、三河三园亲水之旅等旅游项目，是一座集主题公园、游憩型商业、文化演艺、温泉休闲、动漫创意于一体的一站式恐龙主题综合度假区，综合性旅游区规模显现。

借助红极一时的文化现象，加注耳熟能详的文化属性，通过全方位多维度的技术手段，深挖文化属性的品质内涵，满足游客视觉、听觉、触觉等多方面的感受需求，同时充分发挥游客们在游玩过程中的想象空间，提高游玩的满足感，将文化潜移默化地传递给每一位参与其中的人。同时，借助各方面资源，打造集衍生品、周边产业、餐饮、住宿等多方为一体的旅游基地。常州中华恐龙园是一个比较成功的文化旅游项目典型，对我们打造主题旅游项目有着很好的借鉴意义。

从社会感知度的维度分析，常州中华恐龙园是一个比较成功的旅游项目。常州中华恐龙园围绕恐龙主题，拍摄了一系列动画片，并开发了恐龙主题的剧场、温泉、酒店、高尔夫球场等，试图将恐龙园打造成一个从上游的体验研发到下游的衍生品开发为一体的完整产业链。

从文化属性的维度分析，常州中华恐龙园做的并不是非常完善。

第一，常州中华恐龙园内的其中一个场馆恐龙馆内陈列了马门溪龙、山东龙、霸王龙等36个恐龙化石，但是，游客对它们的了解仅限于产品简介，恐龙馆并没有通过更好的途径将这些恐龙化石的文化价值传播出去，很多慕名前来参观的人们对这些恐龙的了解并不是很深，对这些恐龙化石的研究价值也并不是很了解。

第二，常州中华恐龙园基于影视文化打造，但IP的利用价值是有限度的，没有持续的开发，没有更多新鲜的吸引游客的点。《侏罗纪公园》是西方文化氛围下的美国大片，电影所传递的理念更多是根植于美国观众的知识结构和观影需求，虽然在全世界范围内打造了恐龙热，但明显带有西方标签的项目文化属性，在中国文化背景下的本土化移植，面临着水土不服的窘境。中国观众对于恐龙的热情并没有太高。

第三，从"化"的角度来讲，常州中华恐龙园的文化植入比较生硬，仅停留在表面没有让观众对娱乐的同时对恐龙文化有更深入的了解。

第二篇
餐饮文化篇

雕爷牛腩

雕爷牛腩餐厅，是中国一家"轻奢餐"餐饮品牌。公司开始对外营业时间为2013年5月20日。雕爷牛腩在北京一共开了7家店。2015年9月，雕爷牛腩的营业额突破6000万元，最高翻台率达到8.68桌。

接下来，我们将按照文化产业的基本价值，对雕爷牛腩项目从文化的六个维度入手进行分析和阐述。

背景来源

任何一个品牌，一定要有一个故事，甚至是传说，才能使其内涵丰富，具有传播性，雕爷牛腩也不例外。

雕爷，原名孟醒。雕爷准备做牛腩的时候，已经是淘宝精油第一品牌阿芙的董事长，漂网董事长。和所有借中国自由市场之力崛起的商人一样，雕爷在找到了生意模式，确定市场地位，拥有稳定现金流和发展速度之后，陷入了迷茫之中。

雕爷十分喜欢吃牛腩，有一次去香港，跑去一个知名的小馆子"九记牛腩"吃牛腩，觉得很好吃。他礼貌地询问店家是否考虑到大陆开一家店，老板拿出计算器敲了一个数字，10亿元。老板说，"你给我这个数字，我就去开"。雕爷说到这一段的时候情绪激昂，若是1000万元，说明对方还有诚意，10亿元分明是在耍人。

回到酒店，雕爷立刻打电话要求注册"雕记牛腩"，后来发现该商标已经被人注册，于是改为"雕爷牛腩"。

接下来就是正常的逻辑：哪里的牛腩最好吃？牛腩这个字都来自粤语区，自然是香港。香港烧咖喱牛腩的师傅里谁最牛？自然是厨神戴龙。一提到戴龙，大家自然会想到，被香港媒体多次报道的澳门赌王何鸿燊花 5000 港币吃了一碗戴龙亲手做的"皇帝炒饭"。大部分人不知道的是戴龙一生，两道菜最为得意："皇帝炒饭"与"食神牛腩"。这两道菜，除何鸿燊外，李嘉诚、霍英东等港岛巨贾名流都深深钟爱，多次请戴龙到府上亲做——就连 1997 年香港回归当晚的国宴，因为戴龙是首席行政总厨，这两道菜也出现在当时国家领导人的面前。

雕爷找到了食神戴龙，询问对方，"我们怎么才能开一家超过'九记牛腩'的餐馆"？戴龙哈哈大笑，说"这也太简单了吧"。于是雕爷连店面都没看，就从周星驰的电影《食神》中的原型人物，香港食神戴龙先生手中以"一张中奖后的彩票"——500 万元的价格买断了其牛腩秘方。

在发布会上，戴龙亲自烧掉了自己留存的牛腩秘方，表示从此世间拥有秘方的只有一人。不论真假，话题性十足。

试想一下，有几个人吃过用 500 万元的秘方做的饭？在我们的身边，有无数的餐厅，但是花 500 万元的价格购买一个秘方的餐厅鲜有所闻。此时的雕爷牛腩拥有了一个大话题。

美食界的人士认为雕爷牛腩是找死，雕爷力排众议，坚持自己的主张。制造了很强的舆论效应。

雕爷牛腩经典名菜"食神牛腩"饭

品质内涵

从品质内涵的维度分析，雕爷牛腩在原料的选择上相对比较严格。比如咖喱，通常市面所见的咖喱，为成本考量，不过是最基础的五六种香料，而"食神牛腩"

所做咖喱，则是21种香料所配，其中不乏来自斯里兰卡、巴基斯坦等国的珍贵香料，有些香料一克就近百元。

鲍鱼牛骨汤中所配的面，舍弃了香港人最喜的伊面，而选用手工现拉的拉面，但又不是传统兰州拉面的面。因为面粉选用了加拿大进口Ancient boat小麦芯粉，更顺滑、更弹牙基础上，揉面抻面手法亦随之改变。

牛魔王重回火焰山这道菜，原料舍弃了本土牛肉，而采用了澳洲和牛肉。与普通牛肉比起来，澳洲和牛有三个最突出的特点：首先是和牛有一股甜香的牛油味道，比本土牛肉更有牛肉味道；第二个感觉就是口感嫩滑，这是因为雪花牛肉结构肥瘦相间，没有筋膜，入口即化，像雪花落入口中；第三是拥有充足的汁水，简单的煎烤之后，在肉中均匀分布的大理石油脂开始融化，所以咬下去，就会在嘴里溢出香浓的汁水。

雕爷牛腩所配的米饭有三种，分别为：日本越光米（号称"世界米王"，由于日本并不对外出口，所以雕爷牛腩选用了在丹东移植的越光米，口感柔滑细嫩）；蟹田糙米（糙米不深度加工，保留了更多营养物质，口感粗糙）；泰国香米（有特殊的茉莉清香）。

雕爷牛腩"蛋蛋的忧伤"菜品食材——帕尔玛火腿

文化属性

除了其烹饪牛腩的秘方是向周星驰电影《食神》中的原型人物——香港食神戴龙——以500万元购买而得。雕爷牛腩切牛腩的刀也大有学问，外观采用中国数百年来古法半月刀型，而钢则是由古波斯"乌兹钢锭"千锤百炼后拥有"穆罕默德纹"的大马士革钢。

印度乌兹钢坩埚冶炼超高碳钢（含碳1.5～2%），在公元前6至5世纪时，由位于印度西北角的Hyderabad（翻译作：海得拉巴，现属于巴基斯坦）的冶炼工人制成的，后来被售到"安息"（波斯）、条支甚或是埃及等，它们的冶炼方法是：将黑锰矿、竹炭及某些植物叶子密封在一个陶炉里燃烧加热，当这些东西熔化后，其渣滓形成一团金属，然后将此金属反复熔化、冷却四五次，最后炼成直径为5英寸，厚度为0.5英寸，重约2英镑的金属块。

在印度被制成的金属块，不能直接被命名为大马士革钢。它们之所以被叫做大马士革钢，是因为这些金属被贩卖到大马士革（位于今天的叙利亚境内）这个城市后，用来炼制成武器，即大马士革剑（或大马士革刃）之后才得名的。

中世纪欧洲入侵耶路撒冷（即十字军东征）时期，伊斯兰世界最伟大的君主萨拉丁，亲手挥舞大马士革钢刀，斩断空中漂浮的纱巾，而令当时英格兰国王——狮心王查理，大为震惊，由此大马士革钢刀威名传遍世界。

这种由"乌兹钢锭"锻造后的大马士革钢刀的刀身，拥有海涛般美丽纹理——古称"穆罕默德纹"，为什么相比所有吹毛断发的好刀，大马士革钢刀具更适合切牛腩呢？答案就在纹理：肉眼看不见，在显微镜下，它的纹理居然是由无数小锯齿组成的。所以在切割生牛腩时，行云流水，得心应手。

雕爷牛腩炖牛腩的锅是雕爷自己发明的，因市场上没有专为炖牛腩设计的锅，并给此锅取了个外号：铁扇公主。因为牛魔王最怕的人就是她。

社会推广度

从社会推广度的维度来分析，雕爷牛腩的营销手段无疑是成功的。

雕爷牛腩餐厅在开业前进行了半年的"封测期"，封测期间极具神秘感，不让普通人入内。邀请各界数百位美食达人、影视明星前来试菜，陈乔恩、蒋欣、陈伟霆、李晨、范冰冰、郑恺等明星纷纷光顾，甚至奥黛丽·赫本长子Sean Hepburn Ferrer也不远万里慕名而来。一时间，圈内明星皆以获得雕爷牛腩"封测邀请码"为荣。据说作家韩寒携老婆去吃雕爷牛腩因没有提前预约被拒之门外，当然韩寒立即电话托了有分量的朋友，最终还是进来吃了。话题感十足。

吃饭关键在于好的体验，顾客吃完就会在微博上发图赞叹，但雕爷牛腩却迟迟不对外营业，利用"饥饿营销"把吃货们的胃口吊得很高。

在开业前夕，雕爷牛腩又玩起了微博营销，比如邀请苍井空到店，被微博大号留几手"偶遇"并发微博，苍井空在自己的微博上证实之后又引发了网友4.5万多次的转发，成了当天微博的热门话题。但在微博炒作过程中，雕爷牛腩也没少挨骂，比如店里规定不让12岁以下儿童进入，就引来了极大的争议。不管怎么说，雕爷牛腩在各方的争议中，知名度得到了迅速的提升。

类似的营销话题还有"比特币支付"。2013年11月底，雕爷牛腩开始接受比特币支付。消费者在用餐结束后，把一定数量的比特币转账到雕爷牛腩的账户，即可完成支付，整个过程类似于银行转账。该餐厅的一笔比特币支付订单显示，近650元的消费以0.13个比特币的价格进行了结算。有媒体对该店进行了采访，不少顾客表示不知道比特币支付，"用网络货币吃饭，还真是头一回听说"。

"打造米其林合作餐厅""京东众筹"等营销活动足以说明雕爷牛腩的互联网思维在餐饮界独树一帜。

"互联网最有意思的是粉丝文化，往往某个产品做的不错时就会形成'死忠'，一个产品越有人骂，'死忠'就越坚强。"雕爷指出，小米手机从诞生第一天就不停有人骂，而米粉们总是奋起反击。一旦有了一定量的粉丝，那些提出批评的人就容易与粉丝形成骂战，骂战的结果就是流量的大涨，产品大卖。苹果、小米手机已经证明了这一点。雕爷牛腩在微博传播过程中也培养了一些忠实的粉丝。

一方面是微博高关注度，另一方面封测期不让普通用户进入。这种神秘感引发的消费欲望便会在开业后爆发。"吃雕爷牛腩需要排队三四个小时"甚至"提前一天预约"，雕爷牛腩开业后出现这样的火爆场面便不足为奇了。

万天世纪 INSIGHT 洞察

　　从文化的六个维度来分析，雕爷牛腩对文化属性的挖掘似乎还可以更加深入一些。深究起来，雕爷牛腩的很多菜品都大有来历，但雕爷牛腩可将其更深地挖出来。比如"蛋蛋的忧伤"是雕爷牛腩的一道小菜，原料是帕尔玛火腿配温泉蛋。

　　帕尔玛火腿是全世界最著名的生火腿，产自意大利帕尔玛省内的南部山区。上好的帕尔玛火腿至少有九千克以上，切片后有透视感，带云石纹理的脂肪，嗅起来有陈年的肉香及烟熏的气味，入口味道咸香，脂肪能在口中溶解，有回味。在意大利，是否能够提供优质的帕尔玛火腿，成为评价餐厅素质好坏的标准。

　　在意大利的传统餐厅，桌子上总会用木架子架着一只泛着油黄的帕尔玛火腿，由厨师用细长的刀将火腿切成薄片。切出来的火腿薄而透明、完整、不断裂、表面稍有凹凸，吃起来有质感。许多意大利餐厅把切火腿作为一种精彩的表演。

　　龙虾麻婆豆腐是雕爷牛腩的另一道特色菜。麻婆豆腐本是巴蜀名菜，雕爷牛腩又创造性地在其中加入了波士顿龙虾与鲍鱼，使其变得更具风味。

　　波士顿龙虾生活在寒冷海域，肉质比较嫩滑细致，高蛋白、低脂肪，含有维生素A、C、D及钙、钠、钾、镁、磷、铁、硫、铜等微量元素丰富，味道鲜美。

　　据记载，17世纪的英国殖民者，穿越大西洋抵达新大陆，常常为当地的食物匮乏而抓狂，为了挺过寒冬，只能被迫吃一些海鲜，尤其是美洲螯龙虾。因为带刺的鱼类和带壳的龙虾并不是当年英国人习惯的食物。

　　那时北美东岸的龙虾极多，一位名叫William Wood的英国历史学家描述：在盛产龙虾的季节里，偶有巨浪，被冲到岸边的龙虾可以堆到2英尺高，犹如海里的蟑螂……

　　随着殖民者在新大陆势力的扩张，龙虾变成了囚犯和穷人被迫的选择，那些被逼着天天吃龙虾的契约工人们，终于通过罢工和这种惨无人道的行径抗争到底。于是，他们要求在合约里注明，一周吃龙虾的次数，绝对不能超过三次。

　　后来美国人懂得吃龙虾了，量多物贱，龙虾被称为"穷人的鸡"。到了19世纪中叶，龙虾已由穷人的廉价食料变为一般人的美食。

　　所以，雕爷牛腩还可以在文化属性上面有更多的挖掘，在现有的特色之上，挖掘一些更深度的文化素材，从而吸引更多的人。

茅台酒

茅台酒独产于中国贵州省遵义市仁怀市茅台镇，是中国的传统特产酒。1915年，茅台酒荣获巴拿马万国博览会金奖，同英国的威士忌、法国的白兰地一起被誉为世界三大（蒸馏）名酒。茅台酒先后14次荣获国际金奖，并蝉联国家名酒之冠，畅销100多个国家和地区。

其生产企业中国贵州茅台酒厂有限责任公司的前身是中国贵州茅台酒厂，1997年成功改制为有限责任公司（以下简称集团公司），1999年由有限责任公司联合中国食品发酵研究所发起的贵州茅台酒股份有限公司正式成立，2001年8月，贵州茅台股票在上交所挂牌上市。

2015年贵州茅台酒年生产量为2.97万吨，销售量为2.75万吨。贵州茅台酒股份有限公司2015年度实现营业收入326.60亿元。

接下来，我们将按照文化产业的基本价值，对茅台酒项目从文化的六个维度入手进行分析和阐述。

背景来源

茅台酒很好地利用了文化的六个维度和36个要素中的传说、故事、人物等要素，为自己的来源找到了传承的嫁接点和故事背景。

据传远古大禹时代，赤水河的土著居民濮人，已善酿酒。公元前135年，汉武帝令唐蒙出使南越，唐蒙饮到南越国（今茅台镇所在的仁怀县一带）所产的构酱酒后，将此酒带回长安，受到汉武帝的称赞，并留了"唐蒙饮构酱而使夜郎"的传说。

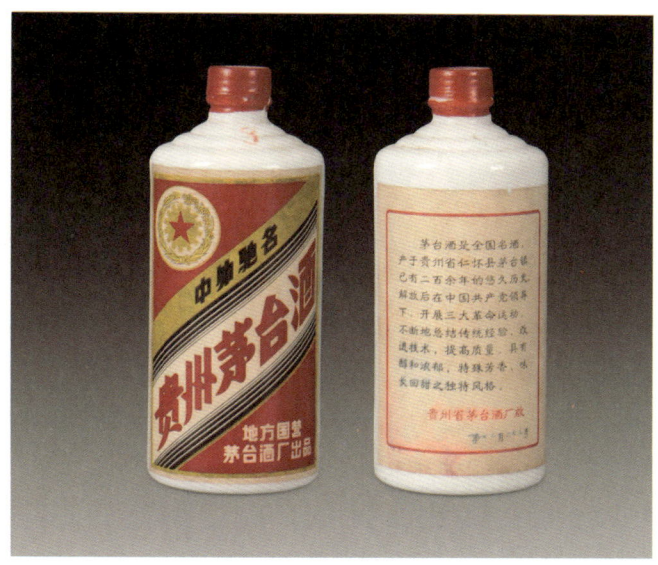

贵州茅台酒

唐宋以后，逐渐成为历代王朝的贡酒，通过南丝绸之路传播到海外。据清代《旧遵义府志》所载，道光年间，"茅台烧房不下二十家，所费山粮不下二万石"。1843 年，清代诗人郑珍咏赞茅台"酒冠黔人国"。

到了清同治八年（1869 年），盐商华联锋在茅台镇建立了贵州成义茅台酒厂，在成义酒厂创建十年后，茅台镇又出现第二家酒厂——荣合酒厂，该厂的创办人是盐商王立夫。经过长期发展，荣合酒厂的规模以和成义酒厂不分上下。后来茅台镇又出现了另一家具有一定竞争力的酒厂，赖永初巨额投资建立了恒兴酒厂，至此，茅台镇形成了三大巨头酒厂，王立夫荣和酒厂的"王茅牌"，华联锋成义酒厂的"华茅牌"，赖永初恒兴酒厂的"赖茅牌"。

1951 年，政府通过赎买、没收、接管的方式将成义（华茅）、荣和（王茅）、恒兴（赖茅）三家私营酿酒作坊合并，实施三茅合一政策，1953 年国营茅台酒厂成立，"贵州茅台"新商标至此诞生。

品质内涵

从品质内涵的维度分析，茅台酒质量与其产地密切相关，这是茅台酒不可克隆的主要原因，也是茅台酒区别于中国其他白酒的关键原因之一。

茅台酒产地茅台镇地域海拔高度 420～550 米，年平均气温 18.5℃，年平均相对湿度78%，年平均降雨量1088毫米左右。由于茅台镇地处河谷，风速小，十分有利于酿造茅台酒所需要的微生物的栖息和繁殖。茅台镇独特的地理地貌、优良的水质、特殊的土壤及亚热带气候是茅台酒酿造的天然屏障，一定程度上也可说茅台是大自然赐与人类的杰作。

20世纪六七十年代全国有关专家曾用茅台酒工艺及原料、窖泥，乃至工人、技术人员进行异地生产，所出产品均不能达到异曲同工之妙，这也充分证明了茅台酒与产地的关系密不可分和茅台酒的不可克隆。

茅台酒生产所用高粱为糯性高粱，当地俗称红缨子高粱。此高粱主要产于贵州仁怀境内及相邻川南地区。该山地海拔高度为700～1000米，属中亚热带湿润季风气候，土壤为紫色土、石灰土、黄壤，肥力中等，适宜此高粱的种植。本高粱与东北及其他地区高粱不同的是，颗粒坚实、饱满、均匀，粒小皮厚，支链淀粉含量达88%以上，其截面呈玻璃质地状，十分有利于茅台酒工艺的多轮次翻烤，使茅台酒每一轮的营养消耗有一合理范围。

1955年产的五星牌茅台酒

茅台酒用高粱皮厚，并富含单宁，通过茅台工艺发酵使其在发酵过程中形成儿茶酸、香草醛、阿魏酸等茅台酒香味的前体物质，最后形成茅台酒特殊的芳香化合物和多酚类物质等。这些有机物的形成与茅台酒高粱及地域微生物群系密切相关，也是茅台酒幽雅细腻、酒体丰满醇厚、回味悠长的重要因素。

如果说茅台酒具有独特的地域和特殊的原料是自然天成之作，那么茅台酒独特的酿造工艺就是能工巧匠之妙。

茅台酒的生产工艺有"三高",这"三高"不同于我们常说的"三高",是指茅台酒生产工艺的高温制曲、高温堆积发酵、高温馏酒。茅台酒大曲在发酵过程中温度高达63℃,比其他任何名白酒的制曲发酵温度都高10~15℃;在整个大曲发酵过程中可优选环境微生物种类,最后形成微生物体系,在制曲过程中首先做到了趋利避害之功效。

高温堆积发酵是中国白酒生产敞开式发酵最为经典和独创之作,也是其他名白酒工艺所不具有的。茅台酒高温堆积发酵是茅台酒利用自然微生物,进行自然发酵生香的过程,也是形成茅台酒主要香味物质的过程,其堆积发酵温度高达53℃。通过高温堆积发酵,形成茅台酒特殊芳香物,也通过微生物细胞蛋白产生氨基酸等营养物质。

蒸馏工艺本身是固液分离的技术,但茅台酒生产工艺的蒸馏与其他白酒完全不同。茅台酒的蒸馏馏酒温度高达40℃以上,比其他白酒高10℃~20℃,主要目的一是分离茅台酒经发酵的有效成分;二是去除发酵过程中的副产物、不利物质和低沸点物质,是茅台酒饮用不口干、不上头的一个重要原因。

酿制茅台酒的用水主要是赤水河的水,赤水河水质好,用这种入口微甜、无溶解杂质的水经过蒸馏酿出的酒特别甘美。故清代诗人曾有"集灵泉于一身,汇秀水东下"的咏句赞美赤水河。酿造茅台酒用的高粱和水都是茅台镇独有的,可以说,如果离开这里,酒中的有些香气成分就根本无法产生,酒的味道也就欠缺了。这就是为什么长期以来,茅台镇周围地区或全国部分酱香型酒的厂家极力仿制茅台酒,而不得成功的道理。

茅台酒的酒窖建设也颇有讲究。从窖址选地、窖区走向、空间高度,到窖内温湿度控制、透气性能,以及酒瓮的形式、容量、瓮口泥封的技术等,都极为严格。这些都是关系到成品酒的再熟化、香气纯度再提高的关键。酒窖里每天要有人检查,开关透气孔,控制温湿度。据说连看守酒窖的人也必须衣着洁净,人品端正,不得在窖内污言秽语,起哄打闹,否则将影响酒的质量。当然,人的一般衣着言行与酒的质量无必然联系,这只不过反映了人们对茅台酒的敬重、崇尚之情和鼓励做好人、制好酒的良好愿望罢了。

广大群众、港澳同胞和旅居海外的侨胞把茅台酒作为馈赠亲友的佳品,将它视为"国酒""外交酒"和礼品酒。茅台酒的酿制技术被称作"千古一绝"。茅台酒有不同于其他酒的整个生产工艺,生产周期7个月。蒸出的酒入库贮存4年以上，再与贮存20年、10年、8年、5年、30年、40年的陈酿酒混合勾兑，最后经过化验、品尝，再装瓶出厂销售。

装茅台酒用的酒瓶，最初是用本地生产的缸瓮，从清朝咸丰年间起，改用底小、口小、肚大的陶质坛形酒瓶，后曾一度改为微扁长方形酒瓶。1915年以后，改用圆柱形、体小嘴长的黄色陶质釉瓶。1949年后，才改为白色陶瓷瓶和人们见到的乳白色避光玻璃瓶，古色古香，朴实大方。

茅台酒的商标，最初用木刻印刷，只是在一个花瓣形的图案内，书写"贵州省茅台酒"几个楷书字样而已。后来才改为连史纸铅印。商标定名：成义酒房为"双德牌"，荣和酒房为"麦穗牌"，恒实酒房为"山鹰牌"。1952年统改为"工农牌"。1954年后，分为内销和外销两种商标：内销为"金轮牌"（又名"工农牌"），外销为"飞仙牌"。文革时期曾一度改为"葵花牌"，旋又恢复"金轮牌""飞仙牌"，一直沿用至今。

五觉感受

从五觉感受的维度分析，茅台酒注重的自然是味觉和嗅觉。茅台酒是酱香型酒的鼻祖，素以酱香突出、酒体醇厚、清亮透明、回味悠长、纯正舒适、口感协调丰满、香而不艳、空杯留香、饮后不上头等特点而名闻天下，所以才被称为中国的"国酒"。

全国评酒会对贵州茅台酒的风格作了"酱香突出，幽雅细腻，酒体醇厚，回味悠长"的概括。它的香气成分达110多种，饮后的空杯，长时间余香不散。

有人赞美它有"风味隔壁三家醉，雨后开瓶十里芳"的魅力。茅台酒香而不艳，它在酿制过程中从不加半点香料，香气成分全是在反复发酵的过程中自然形成的。它的酒度一直稳定在52°～54°之间，曾长期是全国名白酒中度数最低的。具有"喉咙不痛、也不上头、能消除疲劳、安定精神"等特点。

文化属性

在新中国成立伊始，茅台酒在我国的政治、外交生活中发挥了特殊的作用。可以说，茅台酒的每一个细小的侧面都有一段历史故事。所以茅台在文化属性这个维度，具有先天的优势，以及极其深远广阔的口碑传播。

1915年，北洋政府以"茅台公司"名义，将土瓦罐包装的茅台酒送到巴拿马万国博览会参展，外人对之不屑一顾。一名中国官员情急之中将瓦罐掷碎于地，顿时，酒香扑鼻，惊倒四座，茅台酒终于一举夺冠。

然而，对于当时的红军队伍来说，茅台酒恢复疲劳的功能和治病疗伤作用更是终生难忘。据参加过长征的第一位女将军后来回忆："1935年3月，我们长征到贵州仁怀县茅台镇。由于长途劳累和暂时甩掉敌军的围追堵截，大家都希望能轻松一下。当时听说当地酒好，芳香味美，大家很高兴。有的用酒揉揉手脚，擦擦脸，擦过之后，真有舒筋活血的作用，浑身感到痛快。同志们喝了酒后，长途行军的疲乏全消失了，因风寒而引起泻肚子的同志喝了酒也好了。"

著名作家成仿吾在其《长征回忆录》中写道："因军情紧急，不敢多饮，主要用来擦脚，恢复行路的疲劳。而茅台酒擦脚确有奇效，大家莫不称赞。"

抗战末期，周恩来在重庆曾经对作家姚雪垠说："1935年，我们长征到茅台时，当地群众捧出茅台酒来欢迎，战士们用茅台酒擦洗脚腿伤口，止痛消炎，喝了可以治疗泻肚子，暂时解决了我们当时缺医少药的一大困难。红军长征胜利了，也有茅台酒的一大功劳。"

新中国成立后，茅台酒成为国宴酒，外交礼仪酒。开国大典、中苏结盟、抗美援朝、中美建交、中英联合声明等重大历史事件中，茅台酒都发挥了"国礼"和"国使"的作用。历届党和国家领导人都曾亲自关心茅台酒的生产与发展，常用茅台酒宴请中外友人。

毛泽东第一次赴苏联赠送给斯大林的礼品之一就是茅台酒；日内瓦会议，新中国外交战线取得的第一次胜利，周总理说茅台酒功不可没；尼克松首次访华，打破中美关系坚冰后，与周恩来开怀畅饮的是茅台酒；中日邦交正常化之后，田中首相回国带给女儿的贵重礼物是周恩来送的茅台酒；中英香港问题谈判结束后，邓小平与撒切尔夫人共同举杯相庆的是茅台酒……可以这样说，用茅台酒来招待国家贵宾几乎已成惯例。茅台酒，作为中国的国酒，对外交往的国礼酒，它代表着中华民族的悠久的历史和深厚的文化。

　　茅台酒的文化塑造，在诸多品牌中，属于成功的典型。这自然与其在特殊历史时期的特定表现息息相关，某种角度上讲，是历史机遇造就了如今的茅台品牌。

　　以我们的视角，将茅台酒看做一个项目，从背景来源、五觉感受、品质内涵、文化属性几个维度去看，茅台品牌做的都很成功，符合成功的文化塑造的标准。

　　酒在中国人的生活里，是一个特殊的物品。几千年来各地酒文化在中国源远流长，不少文人学士写下了品评鉴赏美酒佳酿的著述，留下了斗酒、写诗、作画、养生、宴会、饯行等酒神佳话。酒作为一种特殊的文化载体，在人类交往中占有独特的地位。酒文化已经渗透到人类社会生活中的各个领域。

　　茅台酒，因为在特殊的历史时期，扮演的特别的角色，出现在诸多重大历史事件的舞台上，见证了新中国的建立和发展，所以中国人的心目中，拥有独一无二的特殊地位，这是茅台酒与其他品牌相比独有的优势，茅台本身已经形成一种文化，这个品牌就是一种好酒的象征。

　　当然，任何一件事物都不可能是完美的，我们也能看得到茅台存在的一些问题。比如，长期以来，茅台酒作为公务用餐的配酒，在大众的认知里，是奢华和公务的代名词，在相当一部分程度上，茅台的品牌就是公款吃喝，就是脱离大众百姓，甚至是腐败堕落的标志。这对品牌形象而言，其实是一种不小的破坏。茅台应该致力于改变公众认知中的这种形象，让茅台酒重回百姓的餐桌，这样才不负"国酒"的称号。

汾酒

汾酒，中国传统名酒，属于清香型白酒的典型代表。因产于山西省汾阳市杏花村，又称"杏花村酒"。

其生产企业山西杏花村汾酒集团有限责任公司成立于 2002 年 3 月，注册资本 9 亿元人民币，是在原山西杏花村汾酒（集团）公司基础上改制成立的国有独资公司。公司以生产经营汾酒、竹叶青酒为主营业务，年产名优白酒 5 万吨，是全国最大的名优白酒生产基地之一，现由山西省人民政府国有资产监督管理委员会直接监管。

1979 年，汾酒厂年产量突破 3000 吨，1986 年突破 1 万吨，1994 年突破 3 万吨。1988 年，汾酒在全国酿酒行业中晋升为国家大型一档企业；从 1988 年起，汾酒厂连续六年的销售收入和经济效益位居全国食品饮料企业之首；1988 年至 2002 年，汾酒企业连续十多年被评为全国 500 家最佳经济效益企业。

数据显示，2012 年，山西汾酒的营业收入 64.79 亿元，占汾酒集团营业额的 60.53%，2013 年，山西汾酒的营业收入 60.87 亿元，占汾酒集团营业额的 50.08%。

接下来，我们将按照文化产业的基本价值，对汾酒项目从文化的六个维度入手进行分析和阐述。

背景来源

从背景来源的维度分析，汾酒很好地利用了文化的六个维度和 36 个要素中的故事、人物、情怀等要素，为自己的来源找到了传承的嫁接点和故事背景。

杏花村遗址出土了仰韶文化中晚期的酿酒发酵容器小口尖底瓮，表明杏花村酿酒业在 6000 多年前就已出现。

公元 561 年至 564 年，北齐武成帝隆重推荐汾州美酒"汾清"，此事被载入二十四史之一的《北齐书》十一卷，是迄今发现的关于汾阳（古汾州）杏花村美酒的早期最重要的文字记载，表明 1500 年前汾酒的前身——汾清已经成为宫廷贡酒。从此，一个历史文化脉络清晰、传承有序、影响深远的名酒开始了它的辉煌史。

公元 830 年左右，唐代诗人杜牧于春天由并州南返，路过汾州杏花村，写下了"清明时节雨纷纷，路上行人欲断魂。借问酒家何处有？牧童遥指杏花村。"的著名诗句，使得杏花村名满天下。

然后经唐宋元明清，汾酒工艺日趋精美，名声越来越大。1644 年，李自成率军路过杏花村时，畅饮美酒，倚马立书"尽善尽美"四个大字，杏花村因此一度改名尽善村。明末清初的爱国诗人傅山改进竹叶青酒配方，并为杏花村汾酒题词"得造花香"（镌刻于古井亭中）；清时李汝珍著的《镜花缘》一书，其中有描写淮南酉水关外一酒肆，外面粉牌书列全国 55 种名酒，第一就是山西汾酒。

汾酒集团生产的汾酒系列产品

杏花村汾酒经过几千年的经营，更由于明清时随着晋商的脚步远行俄罗斯、西欧各国，散布于汾阳境内大大小小的几百家作坊纵有三头六臂，也再难满足市场需求。于是，王家兄弟（王协舒、王协卿）出面了。

王家是当地富户，在汾阳县、北京、天津经营多处商号、银号，盈利甚丰。他知道汾酒竹叶青供不应求，十分担心汾阳和周边各地酒坊见利忘义、乱酿杂酒，坏了杏花村几千年的根基。1875年，王协舒的宝泉益酒坊开张，由于资金雄厚、兵强马壮，不消三五年，名气大振，挤垮了不少小作坊，将汾竹二酒一下子拉到中国近代工业的行列中。民国四年（1915年），宝泉益酒坊转由其三弟王协卿接管，改名为"义泉泳"。王协卿对酒坊最大的贡献，是他聘请了孝义人杨德龄为经理。杨德龄建立了中国白酒业第一个品牌体系。

"义泉泳"的产品主要分为两类，一类是汾酒，以老白汾酒为代表；一类是以老白汾酒为基酒的果露、配制酒，以白玉露、玫瑰露、状元红和竹叶露为代表。

自1904年起，"义泉泳"大规模研制配制药酒、果露酒。他们以老白汾酒为基酒，先后试制成功"葡萄""黄汾""茵陈""五加皮""木瓜""佛手""玫瑰""桂花""白玉""状元红""三甲屠苏"等十余种低度配制汾酒露，加上清初大学者傅山先生配方的竹叶青生产工艺，形成了中国白酒业第一个以白酒为主、配制酒为辅的完整的品牌体系。其中"白玉、竹叶青、状元红、玫瑰"与"老白汾酒"并驾齐驱，成为杏花村五大名酒。

1915年汾酒在巴拿马赛会一举夺魁，引起了山西督军阎锡山的高度关注，决定对汾酒进行推广，遂指定专人与杨德龄协商合营，但由于双方意见不统一，合营之事便搁浅了。阎锡山的副官张汝萍见公商两家合议不成，便打算私人集股办理。他联络了一些朋友共同商议，拟集股开设推销酒的商店。他们又把杨德龄请来商议，最终决定共同成立晋裕汾酒有限公司。1919年1月，晋裕汾酒有限公司在太原正式成立。经营方式为由"义泉泳"供酒，晋裕公司经销。经理均由杨德龄担任。

杨德龄在以往经营"义泉泳"的基础上，结合当时"有限公司"的一般章程，形成了晋裕汾酒有限公司经营管理的四项基本制度，即资金股份制、管理分权制、薪俸三三制、人事避亲制。杨德龄为公司制定的颇具现代性质的规程，标志着汾酒事业告别了当时中国酒业普遍的旧的管理模式，彻底进入公司化的经营时代。

1923年5月4日，北洋政府颁布了我国商标史上第一部《商标法》。1924年，杨德龄高瞻远瞩，率先注册了中国白酒业的第一枚商标——高粱穗汾酒商标。该商标上印有汾酒荣获巴拿马赛会甲等金质奖章图案、山西展览会最优等奖章图案，商标图案由一株高粱穗和23颗饱满的高粱组成。并注明"总酿造场山西汾阳县杏花村义泉泳记""总发行所山西太原省桥头街晋裕公司启"等字样，商标四角印有"环球驰名"四字。同时还有一段文字说明："此杏花村汾酒前在美洲巴拿马万国博览会经世界化学、医学名家确实化验，共称品质纯粹，香味郁馥，酒精虽多，确于卫生有益。本公司为保持名誉、便利顾客起见，特设总发行所于山西省城，凡大雅客商须认明本公司高粱穗商标，惠顾是荷。"

1949年6月，杏花村仅存的两家酿造厂——晋裕公司杏花村酿造厂和德厚成酿造厂被收购，成立了山西省地方国营杏花村汾酒厂，专营杏花村汾酒系列产品，从此山西杏花村汾酒厂成为杏花村传统酿酒业的唯一继承者。

品质内涵

从品质内涵的维度分析，汾酒享誉千载而盛名不衰，是与造酒的水纯、工艺巧分不开的。

现代科学揭示了杏花村汾酒"古井亭"和1991年新打的井深840米的"5号井"水的奥妙：地下水源丰富；水质优良，其含水层为第四系松散岩类孔隙水，地层中锶、钙、钼、镁、锌、碘、铁、镁元素含量高，不仅利于酿酒，而且本来就是对人体有益的天然优质矿泉水，对人体有较好的医疗保健作用，这样的优质水，自然会酿出好汾酒。

杏花村汾酒用的是晋中地区、吕梁地区特产的优质高粱、大麦、豌豆，采用"清蒸二次清，固态地缸分离发酵，清字当头，一清到底"的独特酿造工艺。酿出的酒液晶亮、清香幽雅、醇净柔和、回甜爽口。历史学家吴晗访问杏花村汾酒厂后赋诗："汾酒世所珍，芳香扑鼻闻。水纯工艺巧，争说杏花村。"

杏花村汾酒以精湛的质量和独特的风格夺魁。著名生物学家、白酒专家秦含章曾到杏花村汾酒厂蹲点进行长期、全面的科学研究，得出构成汾酒独特风格的关键所在，在于杏花村地区的绿色酿酒生态，它的空气和土壤中含有多种极有利于汾酒微生物生长，经过一千多年的选择、淘汰、优化、繁衍，上百种微生物在这里"安家落户"，形成一个偷不走、搬不掉的唯一适合汾酒生产中含微生物生长的独特的"汾酒微生物体系"。

秦含章的一首七绝：万里银装缀早春，四方结队学汾珍，三杯竹叶驰名久，五好杏花天下闻。诗中"五好"的内容包括：工厂环境好、生产管理好、传统工艺好、产品质量好、经济效益好。其中工厂环境、传统工艺和产品质量都是汾酒品质内涵的体现。

工厂环境好：酿酒工艺属于"生物工程"的范畴，也就是说，它是高科技，要和微生物打交道。酿酒要用酒曲。酒曲是粗酶制剂，就是利用淀粉酶，蛋白酶，酒化酶等等酶学反应使酿酒原料逐步变为酒精及有关发酵产物。杏花村是农业大平原上的一个村落，北有青山、南有汾河、空气好、绿化好、水源好，正是酿酒微生物的理想栖息地。

传统工艺好：汾酒酿造，历来选用优质高粱为原料，以当地优良古井水和地下水为酿造用水。以大麦，豌豆为制曲原料，接种天然微生物群落，分别制曲，混合使用。成品曲有典型的清香和曲香原料粉碎后，晾堂堆积润糁，发酵（繁殖酵母），然后进入地缸发酵，这是汾酒的典型工艺特点。原料清蒸，辅料清蒸，清茬发酵，清蒸流酒。如此一清到底，所以产品是清香型，略似苹果香。在酿造过程中，卫生条件要求严格。大茬、二茬的酒醅发酵周期各为28天。酒经过缓火蒸馏得大，二茬汾酒，分别储存老熟三年以上（老白汾酒为十年以上）典型的汾酒，是根据大，二茬汾酒不同的质量特点，取其"特香"，"特绵"，"特甜"，"特爽"的成份酒，与另一批合格酒的成份酒，相互勾兑而成产品酒或上市酒。

产品质量好：每升酒甲醇含量国家规定不得超过0.4克，汾酒却只有0.064克；铅含量国家规定不得超过0.001克，汾酒却只有0.000043克，达到国际先进水平；酒中有益物质总脂含量，国家标准中每升含量不得少于2克，而汾酒达到4.4克，难怪杏花村汾酒飘洋过海远销70多个国家和地区。

1987年第三世界广告大会开幕式上一对居住在巴基坦的夫妇说："我们第一次尝到这么好的中国杏花村汾酒。"许多回大陆探亲的台胞把能够喝到汾酒，竹叶青酒看作是非常荣耀的事，总要设法带一两瓶回台湾。1988年美国朋友史文思参观汾酒厂说："非常愉快地看到这么好的工厂，你们有资格感到骄傲。"佛教协会赵朴初会长陪同日本客人访问杏花村汾酒厂题诗："和风华雨正纷纷，举盏欲招前古魂。般若汤兮长寿水，不妨畅饮杏花村。"前国家最高人民法院院长谢觉哉参观杏花村汾酒厂后题诗："逢人便说杏花村，汾酒名牌天下闻，草长莺飞春已暮，我来仍是雨纷纷。"表达了对杏花村汾酒、竹叶青酒的赞颂。

五觉感受

从五觉感受的维度分析，汾酒素以色，香、味三绝著称于世。汾酒以工艺精湛，源远流长，素以入口绵、落口甜、饮后余香、回味悠长特色而著称，在国内外消费者中享有较高的知名度、美誉度和忠诚度。

文化属性

从文化属性的维度分析，汾酒源于殷商而盛于北齐，历史悠久，文化底蕴深厚。

据说郭沫若是唐代山西汾阳王郭子仪的后代，四川省乐山市沙湾镇郭沫若旧居里，至今还挂着"汾阳世第"的黑底金字牌匾。他本人少年时代也曾在课本上自署"汾阳主人"。

1965年12月4日，郭沫若先生作为"汾阳主人"，第一次踏上汾阳的土地。当他来到汾酒厂时，早已被久远就闻到的酒香所吸引，他兴致勃勃地观赏了汾酒、竹叶青酒生产流程的全过程。家乡人民淳朴好客的性格深深打动了他，在包装车间，他一定要亲手参加劳动，包装汾酒。一个老师傅细心给他讲解后，他便认真地铺平第一张包装纸，包好了，但不理想；又包了一个，稍好点；第三个，完全符合要求。他一口气包了八个才罢手。郭沫若对大家说："喝酒人要想到做酒人的辛苦。"

中午，酒厂摆宴为郭沫若接风。当大家正要举杯痛饮时，随行医生表示郭沫若的身体不能多喝酒，郭沫若幽默地说："到了家乡不喝酒，真是枉有此行，今天我就不听你的了。"

一直喝到半醉，郭沫若才停斟。当主客都以为他要休息时，郭沫若却突然诗兴大发，为了感谢杏花村人的盛情，他挥毫写下了"杏花村里酒如泉，解放以来别有天，白玉含香甜蜜蜜，红霞成阵软绵绵。折冲樽俎传千里，缔结盟书定万年，相共举杯醉汾水，腾为霖雨润林田"的千古名篇。

1905年6月，海外飘泊多时的孙中山为了延揽人才，从法国马赛港乘船于7月底抵达日本，日本好友向孙中山推荐了黄兴。不久，孙中山终于见到黄兴。黄兴聚众豪杰，在东京著名的中国餐馆凤乐园为孙中山先生洗尘。黄兴点了几道湘菜和两道广东名菜"龙凤呈祥"和"满天飞"，最后，黄兴又特意点了孙先生最喜欢喝的山西杏花村汾酒。这是黄兴特意为孙中山点的家乡名菜和名酒，一来表示相会的敬意，二来象征中国革命有如龙腾中华、凤翔宇宙的气势。大家推杯换盏，边吃边谈，真有诉不完的革命豪情，讲不尽的天下大事。

席间正值中午时刻，孙中山高举汾酒慷慨激昂："今天我们用祖国的名酒共同举杯，誓死推翻满清腐朽帝制，为驱除鞑虏，恢复中华，建立民国，平均地权而奋斗不息。"

同桌围坐的都是黄兴领导下的华兴会成员，他们纷纷抒发推翻帝制的革命豪情，并表示要追随孙中山先生不惜抛头颅洒热血。

几天以后，孙中山、黄兴、宋教仁等在东京赤坂区灵南坡金弥宅举行了中国同盟会成立大会。其间，孙中山再次用汾酒举杯明志，宣布兴中会联合华兴会和光复会组成中国同盟会。会上，孙中山还被推举为总理。

除了国人熟知的典故外，汾酒在国际上也受到很多名人的赞赏。美国前总统罗斯福在参观中国政府馆的时候。当他看到透明清亮的汾酒时，不由得拿起酒瓶端详起来。一位中国参展人员见罗斯福喜欢汾酒，急忙上前打开瓶盖，谁知瓶盖刚松动，一股清香就飘溢出来，霎时满馆皆香。罗斯福连说："好酒！好酒！"他闻了又闻，看了又看，恋恋不舍地离开柜台。

据说罗斯福走后，中国参展人员通过一名美国官员赠给罗斯福一瓶汾酒。罗斯福一直舍不得喝，直到过圣诞节和家人团聚时，才把酒瓶打开，让全家人共同品尝中国的美酒。

万天世纪洞察
INSIGHT

与茅台酒相同，汾酒虽然在知名度上略逊一筹，但从我们的背景来源、五觉感受、品质内涵、文化属性等几个维度去看，汾酒的文化运作也相当成功。

汾酒所在的山西，是中国历史文化最悠久的地域。中国人流传着一句话，百年中国看上海，千年中国看北京，五千年中国看山西。为什么五千年看山西，因为尧王立都平阳（今山西临汾）是在公元前4700年发生的事情，尧在这里划分九州，建立了我国历史上第一个统一的国家体制。尧制定法典——《尧典》也是在这里。而且，敬敷五教是中国最早的教育制度，大禹治水开创了我国历史上兴修水利的先河，仓颉造字开创了中国文字纪事的先河，由后稷稼穑、神农氏教人种地，中国从此进入农耕时代……所有这些事情都发生在山西境内，说中华文明的曙光出现在三晋大地，这并不是夸张。

山西，是中华文明绵延五千年的一张名片，而如今汾酒已经是晋文化的一张名片，古今以来，见证了山西文化的历史变迁。历朝历代的文人，关于汾酒的诗词和文学作品层出不穷，也侧面带动了这个品牌的知名度，汾酒在中国代表了一种特别的文化。

中国酒文化的一大特点，是各地区有各自不同的酒，从原料，到酿制工艺，再到度数、口感，各地都有不同的理念和习性。而汾酒与其他各地方的酒文化自然也有独特的一面。长久以来的历史积淀，让汾酒在中国诸多名酒的行列中，一直是一面高大的旗帜。

同样，汾酒也并非是完美无缺的品牌。我们关注这样一点，据权威统计，汾酒在出口量、名酒率等方面独占鳌头，然而在大众心目中，其品牌影响力，品牌形象及号召力，都没有做到最好，在公众的认知里，汾酒比之茅台、五粮液总是略逊一筹。这里面自然有特定的历史因素的作用，但在品牌影响力的打造上，汾酒还有空间可以挖掘。

依托深厚的历史文化底蕴，借助现代化的科学推广手段，汾酒可以进一步挖掘酒中蕴藏的文化，将"化"字做到极致，提炼五千年晋文化的精髓，从文化的深度和厚度上提炼自身的优势，争取更好的口碑和影响力。

大清花酒楼

大清花是一家经营传统正宗满族特色菜的酒楼,始创于清朝乾隆年间,以大清花饺子著称。目前,大清花酒楼在全国已有 60 多家连锁店。

大清花酒楼有许多菜品都出自于满族宫廷名宴——满汉全席。酒楼的名酒"胡家老酒"相传由摄政王多尔衮命名。

接下来,我们将按照文化产业的基本价值,对大清花项目从文化的六个维度入手进行分析和阐述。

背景来源

从背景来源的维度分析,大清花项目很好地利用了文化的六个维度和 36 个要素中的传说、故事、风俗、人物等要素,为自己的来源找到了传承的嫁接点和故事背景。

大清花饺子由沙河胡大民(满族库雅拉将军后裔,正黄旗)始创于清乾隆 38 年。"满汉全席"菜单中出现的三鲜饺子、鸡馅饺子、满洲蒸饺等筵席点心,便是胡大民所创。

大清花的名酒"胡家老酒"据说是由摄政王多尔衮所命名。相传 1644 年,清世祖顺治刚进入北京时,摄政王多尔衮劳累成疾,库雅拉将军献酒于帐前,多尔衮饮后,顿觉心旷神怡,方知此酒乃将军家酿之珍品,多尔衮当即赐名同盛金,并下令开酒坊于盛京鞍山沙河镇,定为清官御酒,民间誉为大清花酒。清世祖顺治皇帝将其视为"大清花宫廷御酒"。

在大清花的菜谱中,既有当时盛行的民间风味小吃,又有深藏于宫中的秘方美食，还有历代皇帝南下时收集的江南地方名吃。

大清花酒楼特色菜之一是满族风味烤全羊。关于这道菜的来历有这样一个故事：史书记载，尚武的铁木真每每攻城略地之后，必用烤全羊宴请战将，能吃到烤全羊是身份的和地位的象征，元朝建国后成为宫廷御宴中最为隆重的菜肴。

蒙古王公府第也都用烤全羊招待贵宾，成为蒙古民族高规格的礼遇。延及清代，烤全羊颇受满族皇帝的青睐，称之为"诈马宴"，并以此招待蒙古王公，以示尊宠。

内蒙古烤全羊要选择膘肥体壮的1~2周岁的杂交绵羊作原料，肉质肥瘦适中、细嫩可口，入口留香，肥而不腻，用较老的羊做材料显然是不适合的，老羊经过烤制，肉质往往发柴，失去了羊肉的鲜香。

原始的烤全羊，是将开膛去皮的整羊架于火上烘烤。烧烤时要把杏木木炭烧旺，至火旺无烟方可。不时将白条羊在火上左右翻转，一直烤到表面金红油亮，香味喷发，外焦里嫩为止。烤熟后将羊从架子上卸下，用刀割而食之，不加油盐，不加任何作料，却有纯朴天然的香味。

大清花酒楼的另一道特色菜是三鲜饺子、鸡馅饺子、满洲蒸饺。

提起饺子，也许很多人对饺子背后的知识并不了解。饺子相传是我国医圣张仲景首先发明的，原称"娇耳"，他的"祛寒娇耳汤"的故事在民间流传至今。

张仲景的药名叫"祛寒娇耳汤"，是总结汉代300多年临床实践而成的，其做法是用羊肉和一些祛寒药材在锅里煮熬，煮好后再把这些东西捞出来切碎，用面皮包成耳朵状的"娇耳"，下锅煮熟后分给乞药的病人。每人两只娇耳、一碗汤。人们吃下祛寒汤后浑身发热，血液通畅，两耳变暖。老百姓从冬至吃到除夕，抵御了伤寒，治好了冻耳。

三国时期，饺子已经成为一种食品，被称为"月牙馄饨"。据三国时期魏人张揖著的《广雅》记载那时已有形如月牙称为"馄饨"的食品，和饺子形状基本类似。

到南北朝时，馄饨"形如偃月，天下通食"。据推测，那时的饺子煮熟以后，不是捞出来单独吃，而是和汤一起盛在碗里混着吃，所以当时的人们把饺子叫"馄饨"。大约到了唐代，饺子已经变得和同今的饺子一样。

宋代称饺子为"角儿"，它是后世"饺子"一词的词源。南宋初年孟元老《东京梦华录》追忆北宋汴京的繁盛，其卷二曾提到市场上有水晶角儿、煎角子、驼峰角子。南宋词人周密《武林旧事》卷六提到，临安的市场上有市罗角儿、诸色角儿。这种写法，在其后的元、明、清及民国间仍可见到。南宋时叫做燥肉双下角子。

饺子在宋代的时候，传入蒙古。饺子传到了蒙古，饺子在蒙古语中读音类似于"匾食"。随着蒙古帝国的征伐，扁食也传到了世界各地。出现了俄罗斯饺子、哈萨克斯坦饺子、朝鲜饺子等多个变种。

品质内涵

从品质内涵的维度分析，出现在"满汉全席"菜单中的三鲜饺子、鸡馅饺子、满洲蒸饺等筵席点心，在今天已经演化出了多种类型。

三鲜饺子分为素三鲜和肉三鲜两大类，其中素三鲜的馅料一般为韭菜、鸡蛋、虾皮，肉三鲜的馅料一般为虾仁、猪肉、韭菜。还有一种三鲜是：猪肉、虾仁、鸡蛋。

三鲜饺子中最常用的食材猪肉营养价值丰富，富含铜，对于血液、中枢神经和免疫系统，肾等内脏的发育和功能有重要影响。富含脂肪，维持体温和保护内脏，提供脂肪酸，促进这些脂溶性维生素的吸收，增加饱腹感。含有丰富的优质蛋白质。提供血红素（有机铁）和促进铁吸收的半胱氨酸，能改善缺铁性贫血。

中国是世界上猪种资源最丰富的国家，占全球猪种的34%。地方品种数量较多，为我国猪肉生产提供了宝贵丰富的遗传基础和材料资源。我国学者认为，我国有地方猪品种68个，培育品种12个，引进后在我国经长期风土驯化的有6个。

大清花三鲜饺子的常用食材猪肉取自满洲猪。满洲猪属于通古斯猪的分支。是古代人类捕捉了通古斯野猪之后，驯化后培育出来的新品种。原产于西伯利亚高寒地区。后传播到外东北地区（被清朝割让给俄罗斯），大约明朝时期传入我国东北地区。后来明朝末年满洲猪又蔓延到辽宁，大约清朝初年满洲猪被引进关内。清末由于英国白猪大量出口中国，挤占了满洲猪的市场。满洲猪开始衰落。解放后，由于偏向性保护政策，中国的满洲猪数量急剧膨胀。而在满洲猪的原产地俄罗斯的西伯利亚、外东北（被清朝割让的领土）的满洲猪由于经常糟蹋庄稼，被俄罗斯人消灭的几乎灭绝。满洲猪属于杂食类哺乳动物，身体肥壮，四肢短小，肉质比普通大白猪肉的口感要糙一些。

三鲜饺子的另一种食材韭菜，关于它的种植栽培还有一个传说。

据民间流传，西汉末年，王莽篡位，杀了汉平帝。当时汉平帝有一个年约16岁的儿子刘秀，王莽为斩草除根决心杀掉刘秀。危急时刻，在一个忠臣的帮助下，刘秀连夜逃出京城长安，隐名埋姓，受尽风霜饥寒，辗转潜逃到安徽亳州一带，求贤访士，积蓄力量，准备起兵讨伐王莽。

据说，后来在一次王、刘大战中，刘秀兵败，军队溃散，官兵死伤大半，纷纷四处逃亡。逃跑中的刘秀慌不择路，只顾策马狂奔，跑了一天一夜，来到一处村寨即亳州泥店村。他饥渴难耐，寸步难行，便爬向一家茅庵，伸手叩门，说明来意。茅庵主人夏氏老汉闻声相迎，见刘秀银盔银甲，相貌堂堂，觉得此人非同一般，就把刘秀扶进庵中，可因家中贫穷，少饭无菜，夏老汉便到庵外割野菜烹调让刘秀充饥。饥不择食的刘秀一连吃了三碗野菜，方缓过神来询问他吃的菜是什么菜，夏老汉如实回答，刘秀便说："既然是无名野菜，它救了我的命，就叫它'救菜'吧。"

后来刘秀称帝，天下太平，一日他忽想起泥店"救菜"，便命人前去采割，并命御厨煎炸烹炒，觉得味道更加可口，便封夏氏老汉为百户，封地千亩，专门种植"救菜"，送皇宫食用。后来经御医反复研究，发现泥店"救菜"具有清热、解毒、滋阴、壮阳和增进食欲等多种功效。刘秀得知救菜具有这些营养成分和功效后，更加爱吃救菜，但又觉得救菜作为菜名不合适，便专门为"救菜"的"救"造了一个字"韮"，于是"救菜"就更名为"韮菜"（"韮"被后人简化为"韭"），从此，韭菜便成了帝王御用菜名。

满汉全席效果图

精神想象空间

根据文献记载,春节时候吃饺子这种习俗最迟在明代已经出现。《酌中志》详细地记述皇帝、后妃及内侍的饮食、服饰等。

清朝时,饺子一般要在年三十晚上子时(现晚上 23 点)以前包好,待到半夜子时吃,吃饺子取更岁交子之意,"子"为"子时","交"与"饺"谐音,有喜庆团圆和吉祥如意的意思。清朝有关史料记载说:"元旦子时,盛馔同离,如食扁食,名角子,取其更岁交子之义。"又说:"每年初一,无论贫富贵贱,皆以白面做饺食之,谓之煮饽饽,举国皆然,无不同也。富贵之家,暗以金银小锞藏之饽饽中,以卜顺利,家人食得者,则终岁大吉。"

在包饺子时,人们常常将金如意、糖、花生、枣和栗子等包进馅里。吃到如意、吃到糖的人,来年的日子更甜美,吃到花生的人将健康长寿,吃到枣和栗子的人将早生贵子。有些地区的人家在吃饺子的同时,还要配些副食以示吉利。比如吃豆腐,象征全家幸福;吃柿饼,象征事事如意;吃三鲜菜,象征三阳开泰。南方有些地方过年时也会做蛋饺。寓意吉利,以示辞旧迎新。

按照民俗的解释,除夕这一天是人、鬼、神交战之日,因此,必须要人人参与,才能获得来年的吉祥平安。在除夕的交子时分,人吃了饺子会通身添力,然后,男女老幼齐鸣鞭炮,帮助天神除掉厉鬼,再虔诚地贴上新的灶王爷画像,并在财神爷和灶王爷的画像前供奉上以饺子为主的美食,取意来年平安吉祥财源滚滚之意。这就是"爆竹声声除旧岁(祟)"这一习俗的由来。

饺子,早已不仅仅是一种美食,它的每一个部分,无不蕴涵着中华民族的文化,表达着人们对美好生活的向往与诉求。

　　大清花酒楼的文化，主要是满族饮食文化的一个缩影，大清花酒楼的菜品，装饰，均以满族文化为特色，这打造了大清花品牌的独特性。然而，我们仔细观察后可以得知，这些文化只在表面上传递给食客，而装饰、服饰及菜品背后蕴含的大量具有深厚底蕴的故事传奇，均未能通过有效的方式展示出来。如果挖掘历史，应该向客人们传递更多的满族文化，通过声光影像等多种手段和方式，向客人展示全面而具有深度的文化，比如以满汉全席为代表的满族的其他饮食文化等。

　　满族的饮食习俗是随着满族历史年代、社会生产、经济条件的变化而形成和发展的。满族先民们长期生活在东北地区的白山黑水之间。除了"多畜猪，食其肉"外，捕鱼、狩猎、采集是他们的主要的生产方式，鱼类、兽肉及野生植物、菌类则是他们的食物来源。猪肉在满族的食物构成中，是和鱼、鹿肉等不相上下的肉食。

　　吃祭神肉是满族的一项具有原始宗教色彩的食俗。在民间，新年祭索罗杆（神杆）时，都要做血肠（即后来的白肉血肠）；昏夜祭七星时的祭品，后来则演化成七星羊肉。在满族的祭祀中，多以猪为牺牲，称猪肉为"福肉""神肉"，祭祀后众人分食。

　　满族喜爱粘食，喜食蜂蜜，爱喝糊米茶等习俗，也是他们在长期从事狩猎、采集、饲养、农种、养蜂等经济生产的影响下，并通过祭祀活动的祭品被习惯地认定下来。满族由于生活环境的不同以及与汉族频繁交流，饮食习惯一方面与汉族有相似之处，如吃大米、小米、面食等。另一方面仍有自己的特点，如喜吃甜食、过节时吃"艾吉格饽"（即饺子）等。还保留了饽饽、酸汤子、萨其玛、火锅等有民族特色的食品。

　　而这些富有特色的饮食，皆与满族历史上特有的生活条件、习俗、民族文化等息息相关，如果将这些饮食背后的故事挖掘出来，是肯定可以增加客人们对菜品的喜爱的。

　　我们以满汉全席为例，简单阐述一下。

　　大清花饺子由沙河胡家先人（正黄旗满洲）始创于清乾隆38年，早年著名的"满汉全席"菜单中出现的三鲜饺子、鸡馅饺子、满洲蒸饺等筵席点心便是胡家先人所创。满汉全席，清朝时期宫廷盛宴，既有宫廷菜肴之特色，又有地方风味之精华，既突出满族菜点的特殊风味同时又展示了汉族烹调特色,实乃中华菜系文化的瑰宝和最高境界。

满汉全席原是清代宫廷中举办宴会时满人和汉人合做的一种全席。满汉全席上菜一般起码一百零八种(南菜54道和北菜54道),分三天吃完。满汉全席菜式有咸有甜,有荤有素,取材广泛,用料精细,山珍海味无所不包。

满汉全席菜点精美,礼仪讲究,形成了引人注目的独特风格。入席前,先上二对香,茶水和手碟;台面上有四鲜果、四干果、四看果和四蜜饯;入席后先上冷盘然后热炒菜、大菜,甜菜依次上桌。满汉全席,分为六宴,均以清宫著名大宴命名。汇集满汉众多名馔,择取时鲜海味,搜寻山珍异兽。全席计有冷荤热肴 196 品,点心茶食 124 品,计肴馔 320 品。合用全套粉彩万寿餐具,配以银器,富贵华丽,用餐环境古雅庄重。席间专请名师奏古乐伴宴,沿典雅遗风,礼仪严谨庄重,承传统美德,侍膳奉敬校宫廷之周,令客人流连忘返。全席食毕,可使您领略中华烹饪之博精,饮食文化之渊源,尽享万物之灵之至尊。

宁波状元楼酒店

宁波状元楼酒店创建于清朝，原名三江酒楼，历史上几经变迁，现店址位于宁波市海曙区和义大道，酒店营业面积3000多平方米，包厢全部采用红木家具，店内挂有宁波历史上13位状元的画像。

"题状元楼"的匾文由著名学者余秋雨创作并题写，开篇道："天下口味因地而异，而味中之味必在物阜市通之处，吾乡宁波正适其选，选中之选则为状元楼也！"

宁波状元楼酒店内景

"状元在此"的匾额由著名学者冯骥才手书。匾额下方的金榜粘贴有历朝历代的654名状元的名字，大堂中央放着古时状元的官轿以及考生赶考用的食盒、状元篮等，一进店堂，顾客便感觉一股浓郁的状元文化扑面而来。

第二篇　餐饮文化篇

接下来，我们将按照文化产业的基本价值，对宁波状元楼酒店项目从文化的六个维度入手进行分析和阐述。

背景来源

从背景来源的维度分析，宁波状元楼酒店项目很好地利用了文化的六个维度和36个要素中的故事、人物、情怀等要素，为自己的来源找到了传承的嫁接点和故事背景。

状元楼创始于哪一年，没有确切的记载。一般说是始于清乾隆年间，距今已有200多年历史。初址在江北岸三江口，以烹制正宗甬帮菜著名。

关于宁波状元楼酒店名称的来源有一个传说，宁波历史上的最后一位状元章鋆，在咸丰二年（1852年），赴京赶考，书生们在为他们饯行。跑堂送上一盘"冰糖甲鱼"。章鋆与张氏兄弟看去盘中青黄相映，油汁紧裹鱼块，入口绵糯，香、甜、酸、咸各味俱全，禁不住绝口称妙。问跑堂：此系何菜？跑堂看他俩一身读书人打扮，一副赶考行头，就随机应变，暗送吉利说："此乃'独占鳌头'也！"

殿试后章鋆得中状元，这一年，章鋆才29岁，可谓是少年得志。在衣锦还乡途中特地重登此楼，提笔挥毫，写了"状元楼"三字，让店家作招牌。从此，楼以菜扬名，菜为楼增色，生意更加兴隆，光顾者多为仕宦缙绅。"甬江楼"从此也改名为"状元楼"，"冰糖甲鱼"也因此别称为"独占鳌头"。

上世纪30年代，状元楼掌勺大厨应阿品烹制的冰糖甲鱼，被业界公认是拿手好菜。他首创冰糖甲鱼烹制新技术获得成功，被状元楼立为冰糖甲鱼正宗烧法。

1956年，宁波第一届饮食业展销会上，独家展销的冰糖甲鱼，不少老宁波至今还津津乐道。那时由时任总厨的吴常友师傅领衔操作，现烧现卖，半小盆起售，两口大锅轮番出菜，供不应求，食客们排队等候，"状元楼冰糖甲鱼呱呱叫"的赞声不断。

历史上，状元楼历经"三起三落，六迁店址"。

1850年，时逢宁波开埠，商贾云集，商机暗伏。状元楼不失时机，从江北岸搬到城中心寻求发展，在日新街合伙建店开业，其地位与鸿运楼（宁波另一著名老字号酒楼）并列。

1946年，状元楼告别古老的日新街，搬迁到江厦街黄金地段，重新开业。开业后，宾客满坐，生意兴隆，状元楼进入鼎盛时期。

1949年秋，宁波遭遇敌机空袭，百年老店状元楼被燃烧弹击中，葬身火海。

状元楼破产关闭。

新中国成立后，十位鄞州人筹集资金500元，租赁日新街口的三楼小店铺(不足百平方米)作为经营场地。1950年冬天，状元楼菜社开张营业，俗称"小状元楼"。

1955年，状元楼扩店，搬迁至江厦街5号，即老店废墟对面。

1958年，状元楼再次搬迁，从新江桥南堍到北堍，冠名"甬江状元楼"，重登行业龙头地位，成为甬城最高档次的甲级酒楼。

1971年，新江桥拆迁，状元楼成为"孤岛"，被迫暂停营业，1973年关闭歇业。

在宁波帮人士的鼎力相助下，1985年10月1日，中外合资状元楼隆重开业。状元楼复出，轰动各路食客，并深受海内外"宁波帮"欢迎，他们纷纷光临状元楼，品尝家乡菜，找回思旧怀故的美好记忆。

1985年10月，由宁波市政府和香港甬港联谊会牵头，宁波市饮食服务公司与港方合资在中山东路和义路口重建落成，定名"宁波状元楼股份有限公司"。

1992年，状元楼股份有限公司改由市饮服公司(市东亚集团公司)独资经营，并兼并了毗邻的明州大旅社，再度投入巨资，扩建、装修，更名为"状元楼宾馆"。1995年国家内贸部授予"中华老字号"金匾。五年后，状元楼宾馆在旧城改造中被拆除，再度对外停业。

2009年7月8日，甬菜新字号——宁波石浦酒店管理发展公司董事长陈苏林，获得了状元楼字号使用权，并隆重重新开业。

五觉感受

从五觉感受的维度分析，宁波状元楼酒店运用了文化的六个维度和36个元素中的环境、建筑格局、大小等因素。

状元楼酒店使用面积近3300平方米，共设厢房17间，状元厅一个，厢房和厅堂更是有名而来，以代表中国悠久历史文化的"琴棋书画"为状元楼二楼的部分厢房名称，分别为天籁厅、天元厅、天一厅、天香厅、文华厅、文津厅、文渊厅、文汇厅、文昌厅。三楼厢房凸显王家风范和状元文化气息，分别有代表状元楼酒店的状元府，代表宁波城市的明州府。再者为中国自科举制度开立以来，以最有代表性的朝代为名设有隋王府、唐王府、宋王府、元王府、明王府、清王府。一楼宴会厅命名为状元厅其取名时充分考虑到中华民族对于状元成功文化的情结，是"风、雅、颂"的结合体，也是诗人孜孜不倦的追求和向往。

文化属性

从文化属性的维度分析,"状元"是中国科举制度诸多名词中最为炫耀的。科举制选拔状元,肇基于隋,确立于唐,完备于宋。从唐高祖武德五年(622年)科举考试开始,至清光绪三十年(1904年)最后一次科考,在1282年间历代王朝共选拔了文状元654名,武状元185名(有姓名记载的)。

状元是类似今天高考的榜首,中状元成为"大魁天下"。唐代的贺知章、王维、柳公权,宋代的张孝祥、文天祥,明代的胡广、杨慎,清代的翁同龢、张謇等人都是状元。

我们先来讲一讲状元文化,古代科举考试以名列第一者为"元",乡试第一称解元,会试第一称会元,殿试第一称状元。

唐朝举人赴京应礼部试者皆须投状,因称居首者为状头,故有状元之称。从隋朝开始实行科举制以来,从中经历唐、宋、元、明、清各代,直到清光绪三十一年(1905年)废除,历经近1300年。封建社会的文人都把考状元作为跻身仕途的唯一途径。"十年寒窗无人问,一举成名天下知""书中自有颜如玉,书中自有黄金屋"……这些千古名言不知激励多少学子卧薪尝胆、悬梁刺股、死钻八股、勇跳龙门。

古代凡是习举业的读书人,不管年龄大小,未考取生员(秀才)资格之前,经过第一次童子试后都称为童生或儒童。之后以童生身份参加第二次考试——院试,通过院试的童生都被称为生员,俗称秀才,算是有了功名,进入士大夫阶层;有免除差徭,见知县不跪、不能随便使用刑等特权。秀才分三等,成绩最好的称廪生,由公家按月发给粮食,其次称增生,不供给粮食,廪生和增生是有一定名额的;最后是附生,即才入学的附学生员。第三次考试叫乡试,只有获得秀才资格才可以参加,所有通过乡试的叫举人,被荐举之人。其中乡试里边的第一名叫解元,第二名称为亚元,第三、四、五名称为经魁,第六名称为亚魁。第四次考试叫会试,由有举人功名的人参加,通过会试的称为贡士,进贡给天子的士子,贡生里边的第一名叫会元。到皇帝那儿的考试叫殿试,通过殿试的叫进士,进士里边的第三名探花,第二名榜眼,第一名状元。

科举考试是封建统治者为国家选拔官吏的一条重要途径。当年,唐太宗李世民看见新科进士从考场中鱼贯而出时,高兴地说:"天下英雄尽入吾彀中矣!"一千多年来,科举制度选拔了一大批优秀的有真才实学的治国安邦人才,构成了统治集团从中央到地方官僚队伍的中坚支柱。但随之而来的则是一种历史奇观:

状元们以文得名，而在文学艺术上有较高成就者寥寥无几。他们身为状元，诗赋词文，无所不通，往往都有诗书传世。然而，其中的绝大多数人自高中之后，从此潜心仕途，无意文字，热衷于官场得意，专注于富贵得失，已经无心无力对文学艺术加以执著探索。700多位状元中，除杨慎、柳公权等几位获得较高的成就外，大多数人都成绩平平，难传千秋。状元难入大家之列，而大家又很难高中状元。这一极为独特的历史文化现象，至今仍是困惑人们的古代文化之谜。

万天世纪洞察
INSIGHT

  状元楼，从中国历史上独有的科举文化出发，以"状元"为吸引点，打造独特的"状元"文化，并顺势推出相关的菜品与服务，从店面装潢到餐饮文化传递等各方面，做出了不错的成绩，不仅深受本地宁波人的喜爱，也受到各地来宁波旅游的游客们的推崇。可以说，以状元食盒等为代表的餐饮菜品，比较成功的挖掘了科举制度及状元文化。

  然而，以我们的标准评判，从文化项目打造的角度上看，宁波状元楼在某些方面还有待挖掘。

  比如，在衍生品的开发上面。酒店的餐饮文化，一定不是全部体现在菜品上，也不只是在服装、装饰几方面下功夫，在"软文化"上同样可以做出名堂。以状元楼来说，可以增加一些和科举有关系的衍生品，比如餐具的打造，服务人员语言和称谓的改变，或者组织表演等相关活动，在保证菜品精美的前提下，增加食客的参与度，提高食客们的热情，都可以提高顾客们的回头率。

  此外，宁波状元楼的菜品以宁波本帮菜系——甬帮菜为特色，在口味上以宁波本地人的喜好为标准。然而，随着宁波城市经济的发展和知名度的提高，外来人口逐渐增多，外地游客逐年增加，许多外地游客会在状元楼的状元文化的感召下慕名而来。宁波本地方言比较晦涩难懂，本地特色文化，受到语言等因素的制约，不能很好的传播，而状元楼这种人群聚集的地方，恰恰是个很好的传播文化的媒介，而酒楼本身，可以打造成一个不错的文化载体。

  我们建议可以考虑外地游客对甬帮菜口味上面的感受，通过菜品以及这家酒楼的所有因素，向所有外地游客展现宁波甬帮菜的特色，进而更好地将宁波文化，通过饮食和酒楼的环境、服务等手段，推广出去。

第三篇
娱乐文化篇

横店影视城

横店影视城，由浙江横店影视城有限公司开发经营，是一个集影视旅游、休闲度假、观光娱乐为一体的大型综合性娱乐旅游区。

横店影视城是我国经营成功的影视城之一，曾被评选为全国十大影视城，以其厚重的文化底蕴和独特的历史场景而被评为国家 AAAAA 级旅游区。2004 年被确立为中国唯一的"国家级影视产业实验区"，被美国《好莱坞》杂志称为"中国好莱坞"。

经过多年的经营，现在的横店影视城已经成为亚洲最大的影视拍设基地。这些年来，共有 1300 多部影视剧在此拍摄，其中有代表性的影视剧作品包括《鸦片战争》《英雄》《无极》《雍正王朝》《汉武大帝》《龙虎门》《满城尽带黄金甲》《画皮》《木乃伊3》《投名状》《黄石的孩子》《狄仁杰之通天帝国》《甄嬛传》《宫》《步步惊心》等。

自 1996 年以来，横店集团累计投入数十亿资金兴建跨越几千年历史时空，汇聚南北地域特色的多个影视拍摄基地和两座超大型的现代化摄影棚。横店集团同时还兴建酒店、餐饮、影视服务等其他旅游影视相关产业。贵宾楼大酒店、国贸大厦、影星酒店等三至四星级的酒店，影视管理服务公司、制景公司、旅游商品公司、餐饮管理公司、产品管理开发中心等众多的子公司，横店集团都投入了大量的财力和物力，其直接从事影视和旅游服务的员工有 4600 多人。

从提供影视拍摄基地起步走向影视文化娱乐各个方面全面发展，横店影视城现主要由三个组成部分，影视旅游公司、影视制作公司和分布在全国各地的 101 家的横店院线。这些产业已经形成了一个完整的产业链。

横店影视城入选世界纪录协会中国最大影视城，打破了中国世界纪录协会多项纪录，创造了多项世界之最。2002年横店影视城接待游客128万人次，2011年到横店旅游的人数超过1200万，实现收入60亿元。横店文化产业增加值占GDP的比重达28%，相当于全国平均水平2.78%的10倍多。

接下来，我们按照文化产业的基本价值，对横店影视城这个项目从文化的六个维度入手进行分析和阐述。

背景来源

从背景来源的维度进行分析，横店影视城最初是为拍摄《鸦片战争》而兴建的。1996年，为配合《鸦片战争》的拍摄，横店建造了其第一个拍摄地——广州街区并对社会开放，随着影片获得成功，"横店"也开始被人知晓。之后为了拍摄的需要，横店集团累计投入30亿元的资金兴建广州街、香港街、明清宫苑、秦王宫、清明上河图、华夏文化园、明清民居博览城、梦幻谷、屏岩洞府、大智禅寺等拍摄基地和两座超大型的现代化摄影棚，最终形成了如今的"影视城"。

影视城宏大的规模吸引了海内外的导演、剧组来此拍摄，由此产生了为影视拍摄提供各类服务的行业。2000年横店影视城成为全国首批AAAA级旅游区的时候，已经拥有了星级宾馆10余家，桑拿中心、健身中心、演艺中心、游乐园、保龄球馆等相关娱乐休闲设施齐全。

横店影视旅游初见成效之后成立了影视管理中心，统一管理制景、道具、服装、化妆、车辆、设备租赁、演员队伍等影视拍摄配套服务，是国内影视拍摄基地中管理和服务最规范者之一。

横店集团整合下属所有影视拍摄基地、星级宾馆和影视拍摄、旅游接待服务相关的20余家企业，成立横店集团浙江影视旅业有限公司。2003年横店集团浙江影视旅业有限公司正式更名为浙江横店影视城有限公司，演员公会成立，为业余演员提供大量演出机会。注册演员达数千名，当年出镜群众演员和特约演员即达近70000人次。

品质内涵

从品质内涵的维度进行分析，横店影视城在发展过程中，以影视拍摄基地为依托，影视文化为内涵，旅游观光为业态，休闲娱乐为目的，将影视旅游作为一个新兴的产业发展，探索出了一条符合国情的影视旅游发展之路。

横店影视城位于浙江省金华市东阳横店镇，影视城距离东阳市中心18千米，距离杭州、温州两地各180千米，处于江、浙、沪、闽、赣四小时交通旅游经济圈内，乘飞机、火车或走高速公路都可以直达。影视城总面积30多平方千米，其核心景区面积20多平方千米。

2012年6月底，横店集团投资3500万元的大型全息多媒体真人秀节目《游龙戏凤》，在清明上河图景区亮相。2012年7月21日，经过精心策划的第六版《梦幻太极》在横店景区推出。2013年4月，秦王宫景区4D乘骑体验项目《龙帝惊临》和明清宫苑景区大型歌舞秀《紫禁大典》演出同时推出。除此之外，梦幻谷景区新的游乐设施——摩天轮等相继亮相。

横店影视城整合利用现有的自然、人文资源，按照休闲产业的要求，进行科学合理的规划开发，全力提升休闲娱乐品位，打造国际化观光与休闲的"梦幻之城、快乐之都"，积极谋划"休闲横店"的项目。

横店，这个曾名不见经传的小镇，随着横店影视城影视文化、旅游产品的不断升级开发，开始从单一"影视基地"向影视主题旅游公园转变。

五觉感受

从五觉感受的维度分析，横店影视城通过景区和美食充分调动了人们五觉感受中的视觉、听觉、味觉、嗅觉几种感受。

横店影视城的大多数景区都有自己特色的演艺活动，种类多样，丰富有趣。像梦幻谷景区的梦幻太极剧场、暴雨山洪剧场、海豚湾剧场（海豚表演），明清宫苑景区的紫禁大典演出、清宫秘戏，秦王宫景区的龙帝惊临、英雄比剑、梦回秦汉、秦王迎宾、始皇登基，清明上河图的汴梁一梦、游龙戏凤、笑破天门阵、聊斋惊梦，广州街香港景区的大话飞鸿、怒海争风、魔幻风情等表演。这些演艺活动都是盛大的视听表演，让人们极尽视听娱乐。

在横店的各个景区中，以表演著称的景区之一是梦幻谷景区。梦幻谷景区包括梦文化村、横店老街、江南水乡、水世界四大区域，是一个以火山爆发、暴雨山洪等各种自然现象及自然风貌展示为主的大型夜间影视体验主题公园。景区以"灾难性震撼"体验和"纵横博彩"参与游戏为主题，依托影视和科技表现手法，配以各种游乐设施和演艺活动，是横店影视城告别静态观赏性旅游的标志性景区。在这里你可以欣赏灾难性实景演绎节目《暴雨山洪》，零距离体验电闪雷鸣、暴雨如注、山洪翻滚，二道百吨洪水瞬间袭来的震撼场面。

除梦幻谷之外的其他景区演艺活动也是备受欢迎，有些演员在横店拍摄电影的时候十分喜欢节目里的景区演艺活动。

横店影视城八旗战马表演

如果说景区的演艺活动是横店带给人们视觉和听觉的享受，那么横店美食就是味觉和嗅觉的享受。横店美食应有尽有，色香味俱全，尤其是其中的万盛美食街，汇集了各色风味的美食。胖仔火锅店、重庆风味的奇奇火锅、横店老北京餐馆的北京涮羊肉、横店大西北食府的西北风味大盘鸡、横店金华堡庄的"胴骨煲""牛杂煲""酸菜黑鱼煲"还有万盛街金华酥饼店的金华酥饼、东阳拉面馆的东阳拉面、潜力飘香餐馆典型东北风味的熏肉大饼都深受明星和游客的青睐。

横店的美食一般都会有很多明星光顾，有的明星还会为其喜欢的美食倾情代言。像横店的特色菜南马肉饼，在医学西路上有好几家，演员何润东在横店拍戏的时候就爱吃。

思维想象

从思维想象的维度进行分析，现在的电影电视作品内容越来越丰富，更多的人对于电影电视的拍摄制作过程很好奇，横店影视城满足了人们的好奇心。

除此之外，横店影视城的景区建设跨越数千年历史时空，给人们充足的想象空间，其中的实景表演更是带人在传统文化中遨游。全球最大火山实景演出《梦幻太极》，以"太极"为元素，着力表现《易经》中的"和"文化，阐释人与自然、人与万物之间相斥相融的关系，具象地演绎了"和则两利，斥则相残""和生万物"

的理念。演出的过程中充分运用了多媒体、激光、LED 等科技手段,用舞蹈、杂技、魔术、影视特技等表现形式,以炫目的服装、优美的舞姿、震撼的音乐、惊险的奇技、梦幻的色彩,呈献出一台精彩绝伦的艺盛,在惊喜欢乐的氛围中领略博大精深的中国易经文化。

文明传承

从文明传承的维度进行分析,横店影视城以影视拍摄为依托,以影视文化为内涵。在影视城发展的过程中运用了很多影视文化,这种运用首先表现在景区的建设上。影视城的发祥地广州街景区,为配合谢晋导演拍摄历史巨片《鸦片战争》而兴建,可以说横店影视城的发源从根本上就是根植于影视文化。1997 年兴建的秦王宫景区是为拍摄历史片《荆柯刺秦王》,该景区也是《英雄》《功夫之王》等大片的诞生地。

秦王宫宫门图

从历史文化的角度来分析,横店影视城的景区建设和演艺活动,跨越几千年历史时空和南北方的地域差异,汇聚中华民族的千年历史文化和南北地域的特色文化。像秦王宫景区、明清宫苑景区、清明上河图景区等本身就取材于历史文化,致力于还原历史文化的场景,而屏岩洞府景区、大智禅寺景区则和宗教文化有千丝万缕的联系。

秦王宫景区仿建的原型就是秦王朝的主要宫殿咸阳宫,设计师们花费了四年的时间才设计出该景区的设计蓝图。该景区的建设以规模巨大、形体复杂、布局严谨著称，各类宫殿，五步一楼，十步一阁。主宫"四海归一殿"威严矗立，表现出秦始皇并吞六国，一统天下的磅礴恢宏气势。景区中的"汉街"展示了秦汉时期的街肆风貌。黄尘古道，金戈铁马，燕赵建筑，秦汉文化，都在秦王宫景区得以真实的再现。

明清宫苑景区是以"故宫"为模板1:1复制的，景区参照明清时期宫廷建筑手法，仿效唐、宋、元等朝代的礼制，融入民国年间的建筑风格，汇集了京城宫殿、皇家园林、王府衙门、胡同民宅四大建筑系列，真实再现了多个历史时期北京的官府民居、街市店铺和宫殿风貌。棋盘街、千步廊、文武台、金水河、玉带桥等历史景观也在这里得到了完美的复制。该景区自开园以来，一直是以文化内涵吸引着来自全国各地的剧组。

以明清时期文化为主题的景区，还有明清民居博览城景区。该景区占地面积60余万平方米，分为"桃花源"和"淮河"两大景系。

"桃花源"景系是从江南各地拆迁的明清民居异地重建而成，已被命名为"中国文物保护基金会示范基地"和"中国古民居保护基地"。这里有粉墙黛瓦、砖石木雕、斗拱琴坊等工艺精品，戏院祠堂、府第民宅、屯溪老街等千年历史文化的民俗画卷，东阳木雕馆、徐氏精品馆等极具观赏性和知识性的艺术藏品展馆。

"秦淮河"景区以十里秦淮为蓝本，集中再建了江南贡院、八艳坊、桃叶渡等建筑，还原了以夫子庙为中心的繁华古都风貌。景区中安排了中国曲艺、影视片断、民俗节目供游客观赏和参与。

最初的广州街后来又扩建了香港街，最终形成横店的广州街香港街景区，该景区古道纵横交错，珠江穿城而过，还原了19世纪的广州、香港的街市风情。广州、香港相偎相依、接壤而处。广州街艺术地重建的"十九世纪南粤广州城市街景"，重现了当年的"十三夷馆"和"天字码头"等景观。生动形象地将鸦片战争前后广州的市井风貌再现。香港街的布局则分布着19世纪香港中心城区的众多街景，其中包括皇后大道、香港总督府、维多利亚兵营、汇丰银行、上海公馆、和翰园等，30多座象征英国殖民统治的欧式建筑，构成了当时香港政治、经济、文化中心的"维多利亚城"。该景区独特的文化让游客奔走相告、纷至沓来。

除此之外，影视城的一些建筑含有民俗和宗教文化的色彩，本身就是以文化为蓝本。

清明上河图景区以北宋画家张择端的巨作《清明上河图》为蓝本，取画作的神韵，结合北宋时期的社会背景、民俗、古建特色，按影视拍摄的需要建造而成。登上景门城楼，近可俯瞰景区全貌，远可眺望整个横店城。一处处建筑，四角高挑，飞阁流檐，色彩浓丽，亭台楼阁、轩廊水榭装点其中，再现了北宋东京汴河漕运的繁华景象及市井生活、民俗风情。既是长卷的再现，也是北宋京都的缩影。

另外，屏岩洞府景区是浙江省省级自然风景名胜区，素有"江南第一洞天"的美誉，为道家修行之福地，同时也是古战场拍摄基地和枪战片拍摄基地。沿着陡壁建有三清殿、玉帝、黄大仙、八仙、天师等道家祠观。在山中有一个深不可测的"斤丝涧"，岩石历经日积月累的风雨侵蚀，显得石呈千态、怪模怪样，在大小不一的山洞里嵌入一尊尊佛像。

社会习惯感知度

从社会习惯感知度的维度进行分析，横店影视城的娱乐衍生品繁多，影视城依托各个景区的建设为游客提供了许多舒适、惬意、畅快、欢乐的美妙体验。去横店老街品尝风味美食，去花木山庄垂钓烧烤，去屏岩洞府健身养生，去广州街、香港街酒店 K 歌，去华夏文化园竞技搏击，去江南水乡的民宿过夜、去度假村别墅做 SPA 等，这些都是可选的横店休闲娱乐项目。

除了影视城的娱乐休闲项目，浙江省邮票局、浙江省电影家协会、横店影视城在 2012 年联合推出了个性化纪念邮票《中国电影诞生一百周年》。纪念邮票包括小版票以及横店影视城邮资明信片、首日纪念封等，其中小版票每版 8 枚，邮资明信片每套 12 张。小版票与邮资明信片的图案选取的是横店影视城富有代表性的景点。

除此之外，横店影视城已经形成了影视生产的产业链，"拿着本子来，带着片子回"是影视城根本宗旨。整个影视生产过程中所有的生产要素在横店都可以找到，像道具、戏服、发电车、运输车辆、烟花、化妆、群众演员、特约演员等。一个剧组到横店拍戏，只需要导演带几个主演到横店就可以，其他全可以在横店找到。据统计，横店影视城的影视道具库里有一百多万件道具。如今在横店连影片的审查环节都可以实现，广电总局把审片的权限委托给浙江省广电局，由浙江省广电局组建成立的影视审查机构可以在横店就地审片。

万天世纪洞察
INSIGHT

　　从文明传承的角度来看，建设横店影视城的初衷是服务于影视拍摄，其本身不具有自身文化底蕴。为了把横店古城建为影视城，破坏了横店古城清代以来保存完好的城池，有的老宅原来构造风貌受到破坏，使整个建筑变了味道，古城遗貌受损较重，失去了其独有的文化内涵。

　　横店影视城旅游项目对影视的依附决定了它的文化性，而文化旅游其过程就是一个享受、购买和消费影视文化的过程，如果缺少对影视文化的开发，影视城就成了一个内涵匮乏的人造景点，这种景点的模拟性很强，非常容易造成同质化的竞争。

　　横店影视城旅游产品单一，内涵不足。拍摄景点只有简单地立牌和有限的图片展示，表明此地拍摄剧目、参演明星等情况，游客对此并没有特别的感受和体悟；影视衍生品和影视缺少必要的联系，与旅游组合在一起链接略显生硬。

　　影视城的出现是"现代快餐文化"的产物之一。随着社会节奏的加快，影视文化也必须紧跟时代潮流，不断的更新换代，这样的节奏、特点会导致横店影视城成为中国社会文化浮躁的一个缩影，违背了文化旅游陶冶情操的初衷，带给游客的价值观，不利于社会长期的精神文明建设。

水浒影视基地

《水浒传》在中国可谓家喻户晓，水浒相关的故事尽人皆知，这次我们来聊一聊"八百里水泊"唯一遗存水域——山东东平湖畔的东平水浒影视城。这座2009年才开始投建，2010年才正式运营的新城在全国众多的影视城中脱颖而出，被评为2010山东旅游最震撼旅游演艺、山东旅游年度十佳景区。东平水浒影视城迅速成为年内接拍20余部大戏的影视城，齐鲁文化特色新地标。

水浒古镇

据悉，东平当地打造的巨型宋代战船达15艘之多。山东东平是新《水浒》的拍摄地，在完成张涵予新版《水浒》的拍摄之后，又吸引了《剑侠情缘》《楚留香新传》《卜案》《四手妙弹》《麻辣白玉堂》《刑名师爷》等20余部影视剧的签约入驻。影视城内精心编排的宋江迎宾、燕青打擂、审武松等 30 多项水浒演艺节目为游客活读水浒故事，体验水浒文化提供了便利条件。

水浒影视城是国家 AAAA 级景区，占地 60000 多平方米、投资 1.1 亿元的水浒度假酒店，是按照国际五星级标准打造的一家以水浒文化为主体的度假酒店。东平县水浒影视基地全部建成运营后，将成为集文化体验、风情展示、休闲度假、影视拍摄、游客集散、景观地产于一体的综合性旅游服务区。

接下来，我们按照文化产业的基本价值，对水浒影视基地这个项目从文化的六个维度入手进行分析和阐述。

背景来源

东平是水浒故事的发源地，有其本身自有的文化色彩和故事背景。因为浓郁的水浒文化，独一无二的自然优势，东平县当仁不让地挑起了新版《水浒传》拍摄的重担。水浒影视城就是在这样的背景下开始投入建设的。新版《水浒传》的开拍成为东平做大水浒文化旅游，起步影视产业的良机。

不论是东平水浒影视基地，还是新版《水浒传》，究其根源还是来源于中国四大名著之一的《水浒传》，依托的是原著中的水浒故事。《水浒传》是一部以描写古代农民起义为题材的长篇小说，讲的是北宋末年以宋江为首的 108 位好汉在梁山聚义，之后接受招安、四处征战的故事。书中形象描绘了农民起义发生、发展到失败的过程，揭示了起义的社会根源，歌颂了起义英雄的反抗斗争和他们的社会理想。该书是汉语文学中最具备史诗特征的作品之一，版本众多，流传极广，对中国乃至东亚的叙事文学都有极其深远的影响。

水浒故事发生在宋朝，自南宋一直到元中叶在东平大地至黄河流域再到运河两岸，流传了很多民间艺人创作的关于水浒英雄人物的故事。这些故事成了人们茶余饭后街谈巷议的趣闻轶事，有些剧作家依此整理创作出 20 余种水浒戏，这些剧目流传到民间后，又经民间艺人的口头加工繁衍出很多枝枝叶叶，这些素材又被剧作家再整理创作，由此形成了文艺创作的良性循环。

水浒人物和故事大都出在东平、梁山和郓城三地，梁山在梁山县，水泊在东平县，所以也可说东平县是水浒故里，再者据考证《水浒传》的作者罗贯中也是东平人，所以东平县旅游宣传的口号就是"贯中故里，水浒东平"。

品质内涵

从品质内涵的维度进行分析,东平水浒影视城是一个基于水浒文化建设起来的影视基地,目前已形成了"以东平湖景区为核心,以水浒影视城为主体,以周边景区为依托"的影视拍摄空间布局。业界人士认为,"山东戏,山东人、山东景,山东造"是水浒影视城发展的最有力的优势。

水浒影视基地位于山东东平县境内,北接济南,西连黄河,东依泰山,南望曲阜。该影视城占地600平方千米,包括东平湖、东平湖湿地、水浒影视城、六工山水浒大寨、聚义岛、文秀大剧院《水浒天风》演艺项目、东平古城、昆山景区、罗贯中纪念馆等多处拍摄景区,水浒度假酒店和东平影视拍摄服务中心两处综合性服务场所。

水浒影视基地古场景图

水浒古镇是水浒影视基地的龙头项目,位于东平湖东岸,东起255省道,西至东平湖湖岸线,南起大清河,北至老湖镇朱桥村,总规划面积约5平方千米。主要建设有引景大道、水浒广场、水浒影视城、替天行道坊、东京汴梁御道、聚星楼、伏魔殿等景点。其中影视城的建筑以唐宋时期建筑为主,规模宏大、场景群集。在水浒影视城内主要有府邸衙门、英雄府院、王爷府、太师府、太尉府、街区铺面、市井商家、酒楼茶肆、青楼、御龙坊等仿宋建筑,古风浓郁,工艺精湛,细致逼真。

东平县是《水浒传》作者罗贯中的故乡,山水俱佳,人文丰厚,有各类自然人文景观 400 余处。东平县内东平湖三面环山，景色优美，素有"小洞庭"之称。东平湖和其自身悠久的历史一样，富有神奇的色彩。东平湖是"八百里梁山水泊"唯一遗存水域，东平湖及周边地区是当年水浒英雄主要活动区域，传承着尚武重义、扶危济困的水浒遗风，东平历来就是山东省水浒文化游的核心地域。昔日的梁山泊是水浒传中的古战场，也是文诗意盎然的泛舟之地。北宋文学家苏辙在游东平湖的时候，曾留下过"更须月出波光净，卧听渔家荡桨声"的诗句。

五觉感受

从五觉感受的维度进行分析，水浒影视基地主要运用的五觉感受是视觉感受和听觉感受。

首先，水浒影视基地不仅有为了拍摄影视剧而建设的人工影视城，还有景色怡然的自然景观。其中东平湖风光秀丽、景色宜人，芡菱茂盛、芦苇丛生、鱼跃鸟鸣，俨然就是一幅水上江南的秀美画卷。电视剧《剑侠情缘》的导演向记者描述第一次来东平时的感觉时说："跟以往其他我们拍摄过的那些景区、影视基地相比，整体上东平什么都有。可能有一些东西我们还没发觉的，比如说自然景观，相比可能比较多，选择比较丰富。"

六工山水浒大寨气势雄伟，蔚为壮观，建有三关、忠义堂、瓮城、点将台等。水寨周围有万亩天然湿地，山水相连，浑然一体，是当年阮氏三雄操练水军，奇袭官兵之处。聚义岛上有七星潭、藏宝洞、藏梅寺、洄源亭等景点。岛之周边水连蓝天，山接白云，若值秋夜，皎月如镜，细浪耀金，渔火闪烁，远山如黛，听鱼嬉水波，轻涛拍岸，宛若世外桃源。岛上藏梅寺隐约可见，佛音袅袅，香火缭绕，南北香客，纷至沓来，游仙境求佛缘，悠悠古今情，都在一览中。唐代诗人东平郡太守苏源明游览后，赞美道："小洞庭兮牵方舟，风袅袅兮离平流；牵方舟兮小洞庭，云微微兮连绝径。"

在水浒影视基地游客不但可以欣赏到精美的古建筑，还可以看到"古人"表演。影视城内精心编排的宋江迎宾、东平府审案、李员外招亲、鲁智深现场表演、燕青打擂等多项水浒演艺节目为游客活读水浒故事，从视觉、听觉方面充分挖掘水浒故事的文化内涵。

"好汉齐聚闯天下，武动全城谱传奇"，水浒影视城的"功夫文化节"已经先后举办了三届。影视城在元宵节、国庆节等节日，还会根据节日特色举办不同的主题活动。印象水浒、功夫绝活、世界功夫、水浒武艺等文艺节目，为水浒影视基地增添了更多的视听娱乐元素。

水浒武艺、传统演艺、宋城博艺、精美工艺、民俗游艺……应有尽有。在水浒影视城,既能欣赏"宋江迎宾""宫廷舞""大地英雄"等精彩的文艺表演,又能领略戏曲、琴书的奥秘,还能现场观看捏面塑、吹糖塑、剪纸等民俗手艺的表演,更能体验钓福禄、蹴鞠、射箭等传统游艺,再加上古城特定的历史氛围,漫步城中,如同穿越千年。

除了视觉和听觉感受之外,影视城给人留下深刻的还有色香味俱全的美食。东平湖水质肥沃,湖产丰富,生长着鲤鱼、鳜鱼、甲鱼、鲫鱼、鲶鱼、大青虾等名贵鱼类贝类,菱角、鸡斗米、莲藕等水生植物。东平湖的麻鸭蛋、松花蛋、菱米、芡实等水产品畅销国内外市场,各种鱼类也是餐桌上美味可口的佳肴。味道鲜美的全鱼宴、全湖宴是东平湖最具特色的地方名吃。

思维想象

从思维想象的维度进行分析,走进水浒影视城恍若穿越时空。水浒大寨是游客体验水浒文化、休闲度假的理想目的地。站在水浒大寨的点将台上,眺望昔日八百里水泊,颇有指点江山的壮志豪情。除此之外,影视城聘请专门团队,推出"今天我有戏"影视体验游。游客换上古人的衣服,挑选简单的剧本,就可以主演一场情景剧,玩一次"穿越",体验一番影视拍摄的感觉,过一把明星瘾。

文明传承

从文明传承进行分析,水浒影视城的文化底蕴十分丰富,影视城内每个精美建筑都蕴含着《水浒传》的故事。水浒影视城的主打亮点不仅是新版《水浒传》,更重要的是能诠释水浒文化的内涵和精髓。

水浒影视城以《水浒传》中描述的人物故事为背景,在建设的过程中充分展现了水浒故里的历史风貌和民俗人情,王爷府、太师府、太尉府、青楼、樊楼、瓮城、御龙坊、东京汴梁御道、紫石街等仿宋代建筑,工艺精湛,细致逼真,是宋代建筑、民俗、民生等多种文化的真实还原。水浒大寨、东平古城、聚义岛、孙二娘酒店、朱贵酒店、宋家庄、祝家庄、桃花山寨、二龙山寨、石碣村等与水浒故事相关的景区真实还原了《水浒传》中描写的场景和氛围。

东平湖沿湖文物古迹遍布。其中座落在东平湖之中的聚义岛被称为东平湖璀璨明珠,关于聚义岛有太多的历史文化传说,据说聚义岛历史上曾经是九省御道,有重兵把守。相传水浒英雄晁盖、吴用、公孙胜、刘唐、阮氏三雄七个好汉智取生辰纲后,为躲避官府缉拿,来到此岛聚会起义,所以称作聚义岛。

东平是水浒文化的发祥地,也是《水浒传》作者罗贯中和水浒英雄阮氏三兄弟的故乡,武术文化在东平源远流长。影视城在做大水浒影视产业的同时,多方位、广角度、多渠道全面挖掘水浒文化。为扩大东平旅游知名度和品牌影响力,弘扬东平文化,东平县景区管委举办"水浒影视城功夫文化节",集全国各地功夫绝活于一体,充分让游客在游览东平美景的同时体验博大精深的功夫文化。

除此之外,来东平旅游的游客还可以领取到英雄证书和水浒英雄牌,换上水浒好汉的衣服在水浒大寨议事,感受"大碗喝酒、大块吃肉"的水浒遗风。到东平水浒影视城,处处都可以感受到浓郁的水浒文化氛围,在水浒影视城的紫石街上,可以看到武大郎挑着担子在卖炊饼,在水浒度假酒店,可以品尝到味道鲜美的水浒宴和孙二娘的"人肉包"。水浒影视基地为广大游客和水浒爱好者活读水浒故事,体验水浒文化提供了特定的氛围。

社会习惯感知度

从社会习惯感知度的维度进行分析,作为影视基地必须有相应的影视剧拍摄配套设施,早在拍摄新版《水浒传》的时候,东平就建造了两座大型摄影棚,安装了高端的声、光、电设备,圆满完成了各部影视剧内景的拍摄。《剑侠情缘》中网络游戏中的戏份内景布置的更是亦真亦幻,颇有好莱坞的视觉效果。聚义影视公司的成立,则弥补了演员培训、招募、设备租赁、剪辑、杀青等新兴影视城常有的后续不足,服务于在东平拍戏的各大剧组。

  《水浒传》作为我国的四大名著之一，其影响力和价值不言而喻。但是随着影视作品、游戏等不同项目的无穷尽地开发，其中不乏一些粗制滥造的作品，这些都造成了 IP 被挖掘过度的恶果。这种现象产生，不仅降低了原作品对大众保有一种新奇感、新鲜感，而且降低了原作品文化的传播质量，不利于吸引更多的人体会这部作品优秀的内在价值。

  其次，《水浒传》通过生动的艺术描写，反映了我国历史上农民起义发生、发展直至失败的整个过程。它深刻地挖掘了起义的社会根源，成功地塑造了起义英雄的群像，并通过他们不同的反抗道路展现了起义如何由零散的复仇火星发展到燎原大火的斗争过程。但是水浒文化中传递了大量"梁山好汉杀人放火、打家劫舍"的信息，而这些传递出来的价值观与现代所倡导的文明、法制观念相冲突，或者说这个问题本身就存在不小争议。

  此外，《水浒传》用洋洋百万言、千军万马的规模来"演义"宋江起义，将各地的"义军"故事浓缩在一起并定位在梁山为大本营，是有其深刻文化渊源的，那就是"齐鲁文化"。

  梁山所在的山东省为古齐国和鲁国所在，以泰山为界，山北为齐国，山南为鲁国，所以，山东素称齐鲁。梁山地处古齐、鲁西陲，西周分封诸侯，属须句国，春秋时属鲁国，战国时属齐国。

  山东的人文历史悠久、影响深远。考古学上的一些重要时期的发现都是以山东地名来命名的，如5000年前的大汶口文化、4000年前的龙山文化等，都出在山东。中华民族的创始人黄帝、炎帝和伏羲，后来的尧、舜、禹夏、商、周，他们的活动范围相当多的都在山东一带。

  西周初建时，东部沿海地区殷人和东夷人的势力强大，不服统治，屡次发生反周叛乱。周公东征，平定武庚和商奄叛乱之后，周王便将两个最得力的人物分封到商奄和薄姑旧地，一个是他的弟弟周公旦，建立鲁国，一个是最有功的大臣姜子牙，建立了齐国，在东方代行西周统治权，以镇抚东方殷人和夷人。鲁都曲阜，齐始都临淄。齐、鲁始封时，地方各百里，至春秋战国时期，经过数百年的兼并战争，两国疆域不断拓展扩大，基本控制了今山东地区。

随着齐、鲁两国政治、经济、文化的发展，内部联系加强，民族融合，人文同化、交流，到了战国末期，便初步形成有别于中原、燕、赵、秦、晋、吴越、荆楚等的齐鲁文化圈，同时，作为地域概念也趋明朗，"齐鲁"成为天下向慕的"礼义之邦"了。

然而，齐、鲁两国地域特征和气候条件不同，周公和姜太公又一文一武，各有过人的建树，各有特点，对当地的影响也不尽相同。鲁国出了孔子、孟子、颜子、曾子等，以思想道德建设为主，以实现周礼为己任的一批文化圣人。齐国受姜太公的影响较大，姜太公是武将，思想比较解放，不因循守旧，敢于大胆创新，强调治国治军方略，出现了孙子、管子等以实践于国家社稷为根本的一批文化圣人。

所以，齐、鲁文化在"忠义"这一总特征下又所侧重。如鲁人多文质彬彬，而齐人给人们的印象则是粗犷刚烈，他们可杀而不可辱，面对挑战，置生死于度外，全力施为，一决雌雄。而梁山一带作为齐、鲁西陲结合部，则兼具之。这就为《水浒传》在梁山的落植提供了条件，成为水浒文化的渊源和内涵所在。

直到今天，这种打有鲜明齐鲁文化烙印的水浒文化，并未因时代的变迁而削弱，其影响经久不息，日久弥新，以致走出梁山在四方各行业为社会建功立业的梁山人，仍被称之为"梁山好汉"而倍受青睐。

《中华好诗词》

《中华好诗词》是一档以弘扬中国传统诗词文化为宗旨的季播节目，主要考验人们对于传统诗词的记忆能力，由河北电视台自主研发，2013年10月19日在河北卫视首播。该节目集娱乐性和知识性于一体，通过闯关、益智、综艺等电视包装手法，寓教于乐。

《中华好诗词》录制现场

节目最开始的形式是遴选出多位诗词记忆达人作为选手，集合六位有文化的各界明星代表作为守关者，通过抢答、对战、终极挑战等一系列紧张而又充满乐趣的环节，决出优胜者。节目形式没有故步自封，每一季的节目环节和内容品质都在不断的升级和完善。从第四季开始，节目将网络文学与传统诗词文学相融合，着力发展互联网领域和新媒体市场。

自开播以来，《中华好诗词》在社会各界引起强烈反响，备受好评的同时也掀起了诗词学习、吟诵、记忆的文化热潮。来自五湖四海的诗词爱好者报名参加节目，希望通过开放的平台展现自己的诗词素养。河北电视台因节目的热播赢得了广泛关注和良好口碑。据统计，节目首播当晚推出的"诗词接龙"微信互动，官方接收微信10746条，官方微博的关注、阅读、转发也很火热，微话题的数量在首播次日已接近200万。

除此之外，《中华好诗词》的节目视频还被一些学校选作教学课件，点燃了民间诗词高手的创作热情。在江苏常熟经商的诗词爱好者魏义钗，看了《中华好诗词》之后一夜难眠，奋笔书就长诗《我的中国梦》。这首诗经主持人王凯朗诵，荡气回肠，催人泪下，一举获奖。

接下来，我们按照文化产业的基本价值，对《中华好诗词》这个项目从文化的六个维度入手进行分析和阐述。

背景来源

从背景来源的维度来分析，以诗词为代表的中国古典文学，是华夏文明璀璨的文化遗产。诗词是中华传统文化的瑰宝，社会各界一直致力于诗词的普及和传播。如成立了中华诗词研究院、举办高规格的诗词大赛等。但借助电视媒体传播传统诗词文化，除了朗诵，罕有其他先例。

电视媒体作为当下主流媒体之一，理应承担起文化传播使者的角色。然而在"娱乐至死"的时代，我们的电视媒体中，充斥着各种各样的娱乐节目。搞怪的消遣娱乐等电视节目并不能满足观众的心灵需求，观众在喧嚣狂欢之后，心灵依然冷清空虚。

在这种大背景下，河北卫视创办节目把传统诗词作为目标，《中华好诗词》应运而生。

内涵品质

从内涵品质的维度进行分析，《中华好诗词》是一档以传统诗词文化为内容的竞技类节目。《人民日报》的专版文章《2014，中国文化精彩百分百》中，《中华好诗词》被定性为2014年现象级文化类节目。《中华好诗词》以其独特的节目定位和文化品位，将生涩的诗词以通俗的方式传播。

该节目以弘扬传统诗词文化为宗旨，集知识性和娱乐性于一体，运用闯关、益智、综艺等多种电视化包装手段，通过寓教于乐的轻松形式普及诗词文化。节目通过挑战、对战、抢答、闯关、落坑等环节，营造浓郁的文化氛围，呈现出诗词的美学趣味。

节目结合讲堂和交互问答两种模式的特点，最大限度地展现主持人、选手、嘉宾、观众之间的思维互动，充分挖掘现场每种角色的价值。节目凭借适当的赛事规则，吸引社会各界广泛参与关注，避免了曲高和寡的情况。节目中设置的环节精彩活泼、丰富多样，使得整期节目节奏感强，趣味性浓，既不失文化传播的严肃性，也不缺乏娱乐意义。

《中华好诗词》的节目主持人和嘉宾都具有良好的文化素养，他们深厚的文化知识底蕴为节目增光添彩。节目主持人王凯是文化界的名人，他以机智、幽默的风格和专业、独特的素养，把控整场节目的节奏，推进其顺利进行。同时，节目组广邀各路文化名人作为点评嘉宾，为节目添彩助兴。主持人赵忠祥、中南大学教授杨雨、书画大师范曾等文化名人即兴为现场作精彩的点评，经常起到画龙点睛的作用。守关明星嘉宾由喻恩泰、李彬、田源、左岩、张杨果而、程诚、曹云金、宁桓宇、白举纲等演艺明星倾力加盟，可谓群星灿烂，精彩纷呈。

五觉感受

从五觉感受的维度进行分析，《中华好诗词》是以视听娱乐为主要展现手段的电视节目，从环节设置到灯光舞美，从主持点评到守关明星，从音乐音效到后期制作，各个环节相辅相成，呈现给观众一个视听结合的诗词文化盛宴。

从舞美设计来看，《中华好诗词》的舞美尽显文化风度又不简朴，灯光美丽而不奢侈。不论是第一季的旋转型卷轴造型还是第二季环绕全场的LED文化墙，都赏心悦目尽显中国风，为节目营造了浓郁的文化氛围。古典曲风的背景音乐配合竹简式字幕条、诗书文字背景屏幕，更加到位的营造了古典诗词的情和境。从第三季节目开始，舞台设计在中国风的基础上，增加了更多的现代科技感。舞台由五个单面组成，每个单面都由多个LED立方体构建，展示效果变幻莫测，可以大气磅礴，也可以唯美清新，开始从时尚角度演绎不一样的中国风。

从节目的环节设置来看，《中华好诗词》的流程设置精彩生动、紧张有序。节目包括"百家争鸣、金榜题名、挑兵选将、龙争虎斗"等不同环节。节目的出题方式丰富多样、新颖有趣，其中不仅有接龙、问答题、选择题等传统的诗词题目，还有沙画题、歌曲题、影视题、书画题、表演题等和电视娱乐紧密融合的诗词题目。另外，节目组还会根据特殊节日精心设计节目主题和节目环节，比如清明节专场就将传统节日的主题渲染得亲切动人，节目组邀请歌手于文华唯美献唱"清明"，节目现场还深情演绎了"唱诗经"。儿童节专场上演了"少年振兴文化"，倒背如流的记忆力，实力不凡的诗词童子功，一次次把节目推向高潮。即使不是特殊节日，节目组也充分利用现场契机和结合具体条件，灵活变通地突出和强化节目亮点。在 2014 年 6 月 20 日的一期节目中，来自台湾的国文教师张楚实力雄厚，接连击败六位守关嘉宾后决定不挑战上期擂主。如果按照节目的规则比赛应该就此结束，然而主持人提议让张楚和自己现场助阵的儿子一决高下，"龙争虎斗"的环节摇身一变为"父争子斗"，父子二人呈现给观众一场精彩激烈的巅峰对决。

除此之外，守关明星有大量的俊男美女，诗词女神左岩、常胜将军喻恩泰、逆袭天王刘刚、张杨果而、白举纲等守关明星的颜值一直在线，俊男美女给人的视觉效果十分突出。由于节目中诗词比赛的热烈紧张，选手的状态和表现也多种多样，或口若悬河、才情斐然，或不疾不徐、淡定从容，这些都成为节目的一大看点。选手和守关嘉宾雄心勃勃、踌躇满志的迎战宣言，依依不舍、忐忑不安的"落坑"告白，也为节目增添了不少看点和趣味。

思维想象

从思维想象的维度来分析，《中华好诗词》第二季节目增加了"神秘嘉宾"助阵的环节，每期节目都会邀请一位高人气神秘嘉宾。这个环节的设置在为节目锦上添花，增加了新鲜活力和感染力的同时，也给予观众一定的想象空间。

文明传承

从文明传承的维度进行分析，《中华好诗词》坚持"以文化为内核，以综艺为外壳"的理念，运用现代电视综艺化、娱乐化手段将晦涩难懂的传统诗词文化以趣味化、易理解和可互动的方式呈现在观众面前，让艰深隐晦的古典诗词文化在走下了象牙塔，使观众在轻松愉快的氛围中感受诗词文化的熏陶。诵诗词，讲背景，品典故，《中华好诗词》带给观众的是传统诗词文化的清幽之风。

在节目中，主持人王凯一出场就咏出"胸怀文墨虚若谷，腹有诗书气自华"的开场白，每个守关擂主在出场的时候都会有一句根据古诗词改编的守擂口号，点评嘉宾被称为大学士，仅仅是大学士这个名字就为节目增添了不少文化色彩，再加上他们在节目中妙语连珠，讲解古诗词的蕴意和典故，更是从品质上提升了节目的内涵。在诗词题目的选择上，节目组努力处理好普及与提高的关系，在难度上兼顾大众品鉴能力和小众审美需求。节目涉及的古典诗词既有大家耳熟能详的名篇，也有富有生活和人文趣味的佳句好词。

《中华好诗词》曾经推出的特别节目每期都走进一个城市，结合当地历史文化，由诗词扩展到时代背景和相关的历史事件。通过特别节目的方式，把中华文化与历史进程紧密相联，帮助观众深入的了解历史和文化知识。比如《中华好诗词》的特别节目"走进北戴河"，2014年是毛泽东《浪淘沙·北戴河》创作60周年，特别节目以毛泽东的这首著名词为主线，汇集历代诗词名家和历史人物所写的与北戴河、山海关相关的诗词名句，展示了秦皇岛、北戴河丰厚的历史文化底蕴。

《中华好诗词》的传播策略同样也是别具匠心，在传播的过程中既蕴涵了深刻典雅的文化，又绽放着先锋时尚的媒体特质。节目深入挖掘中华文明的精神资源，通过一点触发、一网打尽、温故知新等方式，围绕诗词这一核心文化内容，辐射出常识、成语、故事、传奇等多姿多彩的内容。同时节目以寓教于乐的方式充分发挥"以诗为教"的功用，为提高祖国的文化软实力做出了自己的贡献。

社会习惯感知度

从社会习惯感知度的维度进行分析，《中华好诗词》充分利用新媒体增强节目的传播效果。节目着眼于电视媒体与新媒体、新技术的融合，综合运用微博、微信、线下游戏等方式，扩大了节目的影响力。比如节目播出当晚通过微信互动词语接龙的游戏形式，启动线上线下同步互动，独创"边看边玩"的电视新体验。河北网络电视台实现网络直播，策划推出原创网络文化活动"好诗词征集令"。

在衍生品方面，《中华好诗词》节目组举办新书签售活动，节目同名图书签售会上，大学士赵忠祥、主持人王凯及节目主创人员在签售会现场签名售书。

从第二季节目开播开始，《中华好诗词》也开始了造星计划，比如八期擂主畅欣成了很多大妈嘴里津津乐道的"别人家的孩子"，才华横溢、英俊不凡的台湾小伙张仲宇被封为"诗词男神"，在台湾当地张仲宇俨然已经是明星，到处都可以看到他的广告。

《中华好诗词》作为一档以弘扬中国传统诗词文化为宗旨的季播节目，在门类繁多、样式各异的综艺节目中成为了屈指可数的几档底蕴内涵与娱乐性兼备的节目。可谓是综艺节目中的一股"清流"。

诗词是阐述心灵的文学艺术，而诗人、词人则需要掌握成熟的艺术技巧，并按照严格韵律要求，用凝练的语言、缜密的章法、充沛的情感以及丰富的意象来高度集中地表现社会生活和人类精神世界。习近平总书记也在许多场合多次强调传承中华传统文化的重要性，并将弘扬中华优秀传统文化同"中国梦"紧密结合起来。作为我国优秀传统文化的璀璨明珠，古典诗词包含了我国历史、人文、地理、哲学等方面的内涵，把握好传承能在当今浮躁的社会中保持定力，保持民族的文化与特性。而《中华好诗词》以弘扬传统诗词文化为宗旨，集知识性和娱乐性于一体，采用电视化包装手段，通过寓教于乐的轻松形式，普及具有优秀内涵的诗词文化，巧妙地将"传承"与娱乐结合起来，不可谓不智。

然而，古诗词是聚集古代人民智慧于一身的产物，具有十分厚重的文化价值、历史价值、审美价值。而这些属性决定了它很难由一档综艺节目全部承载出来，全部体现出来。采用电视综艺节目的形式吸引普通大众的关注，引起大众对古诗词的兴趣，只能在一时之间掀起"诗词热"，但是对于古诗词挖掘程度依然还未完全到位，忽视了诗句蕴含的真正意义与内涵。有些环节仅仅是为了增强节目播出效果，而特别设计的，甚至有些选手是为了参加比赛，不得不生硬地背诵诗词等。这些都是选择这种综艺形式弘扬中国传统诗词文化而暴露出来的问题。也就是说，这种形式并不能将让人们自发地对古诗词产生热爱之情，产生传播的动力和创作冲动。

当然，我们不能将弘扬中国传统诗词的重任，仅仅担负在一档综艺节目上。鲁迅曾经说："惟有民魂是值得宝贵的，惟有他发扬起来，中国才有真进步。"但是，我们相信随着社会文明的不断发展和进步，炎黄子孙在完善自身人格修养、提升文化品位的同时，必将会自觉承担起中华文明、弘扬民族精神、推动社会进步的历史重任。

《咱们穿越吧》

《咱们穿越吧》是一档历史体验类的真人秀节目。节目开创了国内综艺节目中前所未有的"穿越"模式,将真人秀做到了实处,让现代人和历史生活进行融合,通过现代人在高度还原的历史生活环境中的真实、自然的反应和理解,重新体会和感受中国历史的趣味和魅力。一群"城市主人公"穿越到各个历史时期,用亲身实地体验的方式去感知那个遥远时代的生活状态的同时反馈给观众大量的历史知识和常识。节目通过时空冲突这一矛盾点,来打造节目故事逻辑,在真人秀泛滥时代,这可以看作是一次另类创新。

《咱们穿越吧》官方剧照

从某种意义上来讲，《咱们穿越吧》是一部兼具历史教育性和趣味性的中国传统教育大片，节目的穿越题材迎合了流行的穿越概念，但却区别于戏剧形式的穿越，对于历史文化知识重考证，不戏说。人民日报评价其基于中国历史社会形态和影视作品创意的综艺化创新，站在了真人秀的高原上。

从播出后的社会影响力来看，线上的播放量大，微博话题的讨论活跃。据相关统计，爱奇艺、搜狐、腾讯和乐视四家视频网站的所有播放量累计 2000 万左右，只腾讯视频一家网站的播放量就超过了 1000 万，《咱们穿越吧》话题也在上线第二天破亿。

背景来源

近年来持续"高热"的电视综艺大战进入"明星真人秀"时代，各种各样的"明星真人秀"节目应运而生。大多数节目和之前的综艺节目类似，极尽所能地克隆与模仿英美、日韩。

真人秀节目的活跃带来了年轻观众的回归，在一定程度上给电视带来了生机，其中"现象级""话题级"节目更是引人注目。另一方面，在真人秀节目活跃发展的同时，也存在着节目缺少文化内涵，没有积极的文化意义和价值的现象。

为了引导真人秀节目的发展，广电总局发通知，要求真人秀节目努力转型升级、丰富内涵，实现积极的教育作用和社会意义。广电总局提出明确要求，希望真人秀节目摒弃讲排场、拼明星的做法。《咱们穿越吧》的推出正好与广电总局的"限真令"迎面相撞，却有预见性的处处走在政策的前面，化解了几乎所有"限令"带来的不必要的困扰：先利用高度的本土化来化解"限引进"，再用丰富节目的文化性和知识性来化解"限穿越"。

《咱们穿越吧》引进的是韩国"时间探险队"的版权，虽然在节目的制作过程中借鉴了"时间探险队"的节目内容，但具体的节目策划由中方的历史学家和电视团队进行了再改造。节目的立足点是其所承载的文化与内涵，基于本土文化的再次创造才是节目的核心价值。从这个角度上看，《咱们穿越吧》更像是一个全新的模式。

《咱们穿越吧》把人文、历史内涵与趣味性相结合，无疑是文化真人秀节目的一次有益的探索。

品质内涵

《咱们穿越吧》选取穿越角度,以真人秀方式为观众打开源远流长的中国历史的大门,让真人秀节目多了历史文化的价值感。

节目中常驻明星嘉宾被分成两队,穿越回到古代中国四到六个历史时期,完成考古任务与生存挑战,节目以综艺娱乐方式让明星体验各时代的典型生活,同时展现给观众各种有趣的历史知识,让观众可以通过电视节目有重历历史的机会。

《咱们穿越吧》没有传统的娱乐真人秀节目的轻浮,也不像历史说教片一样枯燥,它更像是有着欧美大片的质感,体现中华人文历史的综艺大片。它由世熙传媒和韩国CJE&M集团联合研发,四川卫视联合世熙传媒、华谊常升、阿里影业、耀莱影视多家影视公司共同投资,节目的制作则由世熙传媒负责。

《咱们穿越吧》的制作单位世熙传媒是以湖南电视系统的电视人为骨干创立的电视节目制作公司,该传媒公司曾制作过湖南卫视的《舞动奇迹》《挑战麦克风》《最高档》,浙江卫视的《中国梦想秀》等原创性较高的电视节目。

五觉感受

《咱们穿越吧》是以视听娱乐为主要展现手段的真人秀节目,节目本身精彩的剧情设定、出彩的人物表现以及优良的后期制作,包含了丰富的视听娱乐元素。

作为真人秀节目《咱们穿越吧》自然有较强的娱乐性,它顺应了"穿越热"的大潮,引起观众强烈的共鸣。节目嘉宾的挑选具有多面性,容易在节目中形成碰撞和笑点,节目环节的设置趣味性强,和节目环境融合性高。

《咱们穿越吧》节目给观众留下了很多记忆点,欢喜、严肃、冲突等多种情绪因素交织在一起,杂而不乱,信息量丰富,笑点十足,节目中甚至还会出现非常漫画卡通式的场景。

节目的情景设置堪比电视剧,NPC(Non-Player Character 缩写,一般指"非玩家角色")个个认真入戏,演技爆棚,道具严谨,细节还原,尽量呈现给观众一个原汁原味的古代世界。在复原的古代世界中,有着当时真实的生存规则和生活状态,节目的剧情推动着节目发展,激发嘉宾的反应,让嘉宾和观众都能快速入戏。在节目的拍摄过程中,明星嘉宾最大限度的表现出本我的部分,用真实的反应去诠释真人秀的核心。节目呈现出来的整体节奏非常流畅,给人的感觉就是一部轻松的古装喜剧,嘉宾的话语像台词一样令人回味。《咱们穿越吧》的每期节目都很完整，真的就像电视剧一样把情绪完整的传递了下来。

除此之外，节目的后期制作在各类综艺节目中比较出彩，各种小曲库、情绪配乐、花式字幕穿插的恰到好处。节目组擅长抓住嘉宾的情绪，配合各种应景音乐，像黄小蕾被发配的奔跑，像宋小宝干活时的感慨等，这些配乐更像是电影配乐，和情节配合的相当融洽，把气氛烘托到了极致。而节目中不断出现介绍历史知识的男低音，则时时传递着对历史的尊重与敬畏。

思维想象

从思维想象的文化维度来分析，《咱们穿越吧》迎合了大众幻想穿越到唐宋，甚至夏商周，体验一下不同历史时期人们的生活。穿越题材之所以会这么流行就是满足了我们对于古代生活的想象。

真人秀的综艺形式，满足了大众对明星的好奇心，让明星从聚光灯下走到阳光下，逐渐成为普通人，尤其是节目中设置的特定环节，明星嘉宾用最贴近真实的反应去应对种种NPC，从另一个方面满足了观众的另一种想象。两种元素相互叠加，产生了良好的效应，让观众对于节目更加期待。

  《咱们穿越吧》是一个有趣味有知识的节目，它以严谨的文献记录和研究为基础，力争还原历史情景，具有欧美大片的质感。节目借穿越之名，通过明星嘉宾身体力行的体验秀，引领观众领略中国各个时期的历史和文化。不论是第一季节目中唐诗的华彩风韵、宋代的活字印刷业、清末的湖广填四川，还是第二季节目中清朝晋商票号、戚家军抗倭、蜀山侠义传和清明上河图都是中华民族传统历史文化的一个缩影。

  节目会通过特别制作的短片插入历史资料，对相关的历史进行介绍，用短片加采访的形式使节目的历史常识和文化知识更加丰富。节目采用的书卷式特效打开方式，对联式的字幕条、民歌、民谣、主题曲等富有文化色彩的包装，形式丰富多变，引起大家对历史的兴趣和重视，让观众在欢声笑语中获得历史知识。

  节目中一些精彩瞬间，历史文化色彩和时代意义特别明显，给人留下了深刻的印象。就像是穿越回宋朝经历朱子家宴，穿越者到明代郑义门，感受"江南第一家"的家族发展演变史。体验九百年前的家规、家风、家教，让观众探究一个家族300年173人出仕却无一人贪腐的严谨家风。

  《咱们穿越吧》在注重历史常识和文化知识的同时，也关注节目的现实意义。比如穿越回唐初的丝绸之路，让穿越嘉宾体验驿站驿兵和驿户的生活，既有宏大的历史背景依托，又有精细知识的点缀，将新时代"一带一路"战略大背景下的历史回溯，以欢乐独特的方式呈现。

  《咱们穿越吧》把综艺做成了情怀，把节目上升到文化历史的高度。节目真正做到了讲中国故事，导演注重历史文化，用剧情带知识点，由于导演自己本身也是历史爱好者，所以推动节目的剧情异常真诚，重视细节。节目组聘请了多名历史专家作为节目的顾问，为节目中的道具和所涉及到历史细节把关。为了给观众还原历史，在拍摄前期节目主创团队多次展开对历史、道具、服装等内容的学习。这个内容除了要有编剧在，还要有历史学家在。为了增强节目的历史文化内涵，节目组聘请的历史学者，还会以特别的身份出现在节目中。

  然而，《咱们穿越吧》毕竟是一个真人秀类的电视节目，会考虑到节目效果和收视率的问题。为了节目效果，节目并不是完全还原各个阶段的历史背景、社会环境和文化氛围，其历史知识过于注重表面的细节，而深度的历史背景和意义影响之类的东西在节目中呈现的并不多。为了吸引关注度，提高收视率，节目请的都是明星，这些人并不完全符合节目的历史文化定位，而且情节设置戏剧化的表现有时候会冲淡历史文化的主题。

从社会习惯感知度的维度进行分析，节目周边衍生品的开发和传播推广太少，没有充分挖掘电视节目作为一个号召力很强的IP的价值，从而没有发展相关的周边产品。像其他电视节目，相关节目，拍摄地点重游的概念旅游，相关配套的图书产品，甚至有相关淘宝店等衍生品的产生。

作为一档历史体验类型的真人秀节目，《咱们穿越吧》定位明确，是一档文化节目，但在衍生推广和历史发掘方面还有一定的上升空间。

女子十二乐坊

女子十二乐坊于 2001 年 6 月 18 日创立,是北京世纪星碟文化传播有限公司旗下艺人组合。虽然这支艺人组合的成员几经更替,但她们在中国音乐市场上留下了"乐坊现象"的烙印。

女子十二乐坊写真资料图

女子十二乐坊以经营推广、传承弘扬中国民族文化产品为目的,将中国的传统的民族音乐加以包装,采用国际化的营销策略,使中国的民族音乐受到了世界的肯定。

女子十二乐坊的成员表演时所使用的乐器包括中国各种古老的乐器，其表演形式有别于传统民乐的演奏方式，给观众新鲜感，极尽视听之娱。乐坊以舞台演出的形式大力推广其演奏录制的音乐碟片，此外还策划参与一些商业性演出。这种既演出又通过演出促销音乐碟片的经营模式，使其演出和碟片销售相得益彰，提升了在国内外的品牌知名度和影响力。

女子十二乐坊在日本出道成名，有人说女子十二乐坊在日本的影响已经超过了邓丽君。她们在日本掀起了中国民乐热，以致二胡、古筝等中国民族乐器纷纷脱销，她们的第一张唱片《奇迹》创造了60亿日元（4亿人民币）的产值。据说当时的日本首相小泉纯一郎也曾买过女子十二乐坊的专辑。2004年8月17日，十二乐坊的专辑《东方动力》在美国全线上市，上市当天便在沃尔玛等大超市销售一空。《东方动力》上市一周后，荣登美国唱片工业协会国际类唱片销量排行榜冠军，还曾两次被"格莱美"国际音乐大奖提名。

女子十二乐坊首次以文化商品的形态打开了亚洲，北美的文化产品市场，在美国、日本、新加坡、泰国、马来西亚、印尼等国家掀起一股学习中国民族器乐的风潮。仅2004年就有58场商业演出，观众数量15万人以上。乐坊在北美、亚洲等地区累计销售唱片500多万张，销售产值人民币10亿元。除此之外，女子十二乐坊还获得多项重要大奖。

接下来，我们按照文化产业的基本价值，对女子十二坊这个项目从文化的六个维度入手进行分析和阐述。

背景来源

从背景来源维度进行分析，中国民族音乐具有源远流长的历史和独特的艺术魅力，但是缺少变化创新和多媒介的现代表现手段，与现代人的审美趣味和习惯不相契合。

在1997年，音乐制作人王晓京就开始思考如何将民族音乐重新包装，使其既不失民族特色又融入时尚元素，富有清新的时代气息，从而扩大其欣赏群体，具备进军国际主流音乐市场的能力。经过多年思考，与艺术界好友反复探讨之后认识到，民族音乐必须寻求内容和形式的创新，使其不仅"好听"而且"好看"，才可能在现在的娱乐音乐市场大放异彩。在内外多种因素的促发下，一种全新的民乐表演形式在王晓京的心中逐渐成型，这就是女子十二乐坊的文化创意来源。

2001年6月10日，来自各大艺术院校的学生涌进女子十二乐坊的招聘现场，各展其能。经过层层筛选，13名女孩组成了女子十二乐坊，其中一人为二胡替补。女孩们一改传统民乐含蓄内敛的演奏风格，使用二胡、古筝、扬琴等中国传统的民族乐器，演奏融合拉丁、爵士、摇滚等诸多流行音乐元素的乐曲。6月18日，女子十二乐坊正式宣告成立。10月5日，女子十二乐坊在北京举办了第一场专场音乐会。从此，女子十二乐坊创新的民乐表现形式开始接受市场的考验。

品质内涵

从品质内涵的维度进行分析，女子十二乐坊是将中国传统的乐器与现代流行音乐表演形式有机结合的艺术团体。它以优美的音乐旋律和激情的现场表演，拓展民族音乐的欣赏群体，从而弘扬民族音乐。以流行音乐的形式演奏传统的民族音乐，做到了能听能看，王晓京将之定位为"视觉音乐"。

乐坊的风格定位很明确，对传统音乐文化资源与现代流行的音乐演出形式进行嫁接与整合，打造有特色的"视觉民乐"。从演员形象到表演形式都要求具有视觉美感，演出时一般采用富有激情的站立式演奏，整场演出充满动感，洋溢着青春的气息。再加上具有现代性和世界性的编曲、声光电多媒体的表现形式，现场视觉效果炫目，场面恢宏壮观。

乐坊成员的平均年龄不到24岁，靓丽而富有朝气。她们分别来自中央音乐学院、中国音乐学院、中央民族大学、解放军艺术学院等著名的艺术院校，表演使用的乐器除了古筝、扬琴、琵琶、二胡、竹笛、箫、葫芦丝等我们常见的古典乐器，还有鲜为人知的独弦琴、吐良、锯齿等中国乐器。

女子十二乐坊的创立公司——北京世纪星碟文化传播有限公司成立于1994年，多年来一直活跃于中国流行乐坛。该公司在成立之初就致力于推动中国流行音乐的发展，先后发现、培养了罗琦、指南针乐队、洛宾、江珊、陈琳、陈红、东方二重唱等歌手。公司的创始人王晓京1989年帮助崔健完成了首次个人专场演唱会，1990年与崔健共同策划、实施了为赞助1990年北京亚运会而举行的全国巡回演出，被媒体称为"中国第一位音乐经纪人"。

五觉感受

从五觉感受的维度进行分析，女子十二乐坊在传统民族音乐注重听觉感受的基础上，进行了视觉元素的整合，将现代"视觉系"概念运用到了极致。女子十二乐坊的走红，一方面是视觉元素的整合运用，另一方面是音乐形式的创新，满足了大众情感宣泄与娱乐至上等多元化的需求。

打造视觉系音乐,不仅音乐的内容含义要从乐手们的化妆和服饰效果中表现出来,同时还离不开舞美设计和千变万化的灯光。将这些视觉审美元素整合融入音乐表现之中,强调听觉与视觉的有效互动,从而达到既有动感的旋律,又有视觉的享受的演出效果。十二乐坊就是通过乐手成员的形象定位、时装的流行元素、舞美和灯光的审美设计等视觉元素包装传统民乐,在视觉冲击和传播策划下吸引受众的眼球。

从成员的形象定位来看,女子十二乐坊的成员全是美女。十二乐坊的打造者王晓京在接受采访的时候曾经表示,舞台上的女孩子必须漂亮。十二乐坊在选择成员的时候,形体外貌方面的考虑要多于对技艺方面的要求,最注重的是时尚的感觉。最终选择的成员全是容貌靓丽、身材出众、音乐功底扎实、具有时尚气质的女孩子。为了迎合大众的审美,展现完美的舞台效果,这些女孩还会接受专业的形体和表演训练。由此看来,女子十二乐坊不是单纯的音乐,已经是一种时尚。

从时装的流行元素来看,女子十二乐坊的服装设计简约、时尚、富有青春气息。设计师采用了丰富的色调,激情似火的红,飘然若仙的白都被运用的恰到好处。舞台服装的设计风格多样,裙装裤装款式各异,有彰显东方古典元素的旗袍、礼服,也有前卫另类的肚脐劲装。这些设计融入了很多流行的元素,表现的个性与共性和谐相宜。时尚靓丽的服装耀眼夺目,使得女子十二乐坊的表演成为空前壮丽的视觉奇观。

从灯光舞美的设计来看,女子十二乐坊在舞美效果上追求视觉冲击性效果。在演出的过程中起用顶级灯光师制造变幻莫测的灯光,大量运用升降舞台、冷焰火、弥漫的烟雾、空中旋转飘零的气泡、彩屑和鲜花等手段让舞台变化万千、气氛火爆。

除此之外,十二乐坊在视觉效果上还有其他的突破和尝试。乐坊成员在演出的过程中一改传统民乐演奏普遍采用的坐姿,大胆采用站姿,将肢体表演带入音乐演奏中。头部的摆动、腰部的扭转,演员的自由走动改变了队形,使演出的视觉效果更为丰富。

女子十二乐坊把视觉感受发挥到极致的同时,同样注重听觉感受。音乐是乐坊演出的根本,乐坊非常重视音乐的制作,把音乐的质量当作乐坊的生命,在音乐创作的创新上女子十二乐坊一直在探索。乐坊力图打造中国民乐的国际品牌,在音乐形式风格上,把国古老的琴音与西方流行音乐相融合,他们的音乐添加了拉丁、JAZZ、ROCK、HIP-HOP、TOL、POP等众多世界流行的音乐元素。单一的中国地域音乐特征有一定程度的弱化，更多强调了音乐的多元化融合，创造出了世界性的民族音乐。从演奏技巧来看，流行音乐的演奏技巧贯穿他们的音乐，大量的离调、远关系转调、移调和特性音程的手法，也使原本古老的民乐增添了时尚感。

文明传承

从文明传承的维度进行分析，女子十二乐坊是传统音乐与现代音乐的融合，是中国文化企业和文化产品走向世界的成功案例。从乐坊发展历程中我们不难看出，运营者运用了大量的中国文化元素对其进行包装推广。

女子十二乐坊文化创意的要点首先在于其名称，其中"乐坊"概念是对于传统文化符号的利用，而"十二"这个数字是对于传统历数文化的利用，此外取名"十二"，还因为十二在中国哲学里代表着完满。

女子十二乐坊创作表演的内容是中国的传统民乐，使用中国传统乐器，用现代音乐的演奏形式重新演绎中国古典民乐、民歌，充分显示了中国民族音乐的精深。中国的民族音乐博大精深，资源丰富，乐坊通过对民族艺术的创新，创造出一种充满全新现代气息、没有地域之分同时又具有鲜明东方特色的纯音乐。

乐坊的音乐在内容选择上，将中国传统文化与碟片发行国文化相融合，题材多元化，雅俗共赏。比如《敦煌》和《丝绸之路》以悠久历史为卖点，突出神秘的异域风情和历史沉重感，文化底蕴深厚；《康定情歌》则由中国民歌改变而成，是民间音乐文化的代表；《突然发生的爱情故事》则是日本电视剧的主题曲改编而成的器乐演奏作品，增强了音乐的故事性，符合年轻人口味。

十二乐坊在乐曲编配方面，走的是中西结合的世界音乐的路子，把各种世界音乐的元素经过合理的编配，融入中国民族乐曲中。在演奏方式上，既遵循民族乐器的特点，又将传统演奏技法拓宽，同时借鉴了西洋调式，比如琵琶用吉他的演奏方法去扫弦，民乐的一些五声调式改变成西洋调式等方法从而产生不同的音乐效果。正因为如此，女子十二乐坊的音乐既具有后现代主义的抽象写意，又有新古典主义的唯美情致。

在曲目创作上，演出和专辑中大量的原创曲目，用民族乐器演奏主旋律，编曲、配器则采用西洋电声音乐。除了原创曲目，他们还改编了许多优秀的传统曲目，像琵琶演奏的《十面埋伏》，古筝演奏的《战台风》，扬琴演奏的《将军令》

等表演曲目，着重展示民族乐器的炫技。

除此之外，女子十二乐坊在演出的过程中，还分别介绍二胡、琵琶、古琴、古筝、扬琴、竹笛、竹箫、巴乌、葫芦丝、独弦琴等中国传统民族乐器的来历、性能和特点，让观众更多地领略多姿多彩的中国文化。

社会习惯感知度

从社会习惯感知度的维度来看，女子十二乐坊不仅通过发行唱片、举办商业演出来谋取经济利益，而且注重社会效益和公众形象，她们积极参与商务宣传、形象代言、慈善义演等活动。乐坊曾担任杭州旅游、品牌中国产业联盟等形象代言人，参与了"大地之爱母亲水窖"等慈善汇演。这些代言和慈善义演既对乐坊形象宣传有积极的作用，又丰富了乐坊的品牌内涵，是一种更高层次的品牌营销。

乐坊的宣传推广手段也与时俱进，随着名人网络博客的兴起与发展，乐坊开通了博客，据乐坊网站数据，博客的日点击量曾突破10万人次。

乐坊在国际上特别是汉文化圈产生了很大影响，引起了一股学习中国民乐和民族乐器的热潮，带动了乐器、艺术培训等相关产业的发展。乐坊在日本、马来西亚等地都开办了中国古典乐器学校，聘请资深民乐演奏家教授演奏中国古典乐器。据说，在日本仅学习二胡的人就有10万之众，使得二胡在日本脱销。2004年中国对日出口二胡两万余把，观看乐坊的演出在日本成为一种时尚。在"乐坊效应"引领下，国内艺术院校的民乐专业由冷转热，越来越多的年轻人开始热衷于民乐的学习。

受到乐坊在国际市场成功的启示，北京世纪星碟公司还倾力打造了"半打玫瑰""小女子十二乐坊"两个风格和目标细分市场有所不同的新民乐组合。

万天世纪 洞察
INSIGHT

  女子十二乐坊，是用现代手段包装的传统音乐，是商业化包装、运作娱乐产业及民间资本"造星"成功的典型案例。该乐坊以全新的形式为我国的民族音乐找到了新的市场，以国际化的音乐、国际化的运作吸引国际乐坛的关注，用音乐搭建了一座国际文化桥梁。

  女子十二乐坊在演出和宣传推广的过程中，运用了很多中国元素，乐器是中国的传统乐器，曲目包含中国传统的历史文化，服装是在中国传统服装的基础上设计而成的。乐坊成员还会介绍二胡、琵琶、古琴、古筝、扬琴、等中国传统民族乐器的来历、性能和特点。

  无论是从女子十二乐坊的品质内涵，还是从其形象包装来看，它都和中国的传统文化密不可分。将女子十二乐坊按照文化项目的六个维度展开分析，品质内涵、五觉感受和社会习惯感知度几个维度，乐坊都做的很成功。如果说还有提升空间的话应该是产生来源和文明传承两个维度。

  首先从产生来源的维度来看，女子十二乐坊的背景和来源有所交代，但缺乏一个自己的品牌故事。如果能提炼一个自己的品牌故事，对于其品牌形象的树立应该更有帮助。在选乐坊成员的时候有一个现场招聘，然而现场招聘的内容却没有详细地展开。因为女子十二乐坊所做的民乐和之前的不同，其现场招聘的形式在当时也很新颖，相当于现代的一次选秀。在这个过程中，肯定会有一些细节和小故事，如果能把这些填充进去，会更加吸引受众。

  从文明传承的维度来分析，女子十二乐坊虽然运用了很多文化的元素，但是如果能将其追求的音乐境界从我国古代的《乐记》等音乐著作中寻找理论根源，便会提升境界，让其文化追求更提高一个层次。在宣传和推广时，可以从古典音乐著作中寻找理论依据，既可以弘扬传统文化，又可以促进乐坊的市场开拓。

  综上而言，女子十二乐坊是中国流行音乐一个比较成功的典范，是中国文化企业和文化产品走向世界的成功案例。

中国少女偶像团体——SNH48

在日本，有一支被列入吉尼斯世界纪录的国民级大型偶像天团，曾创下年收入10亿美元的惊人纪录，这个天团就是由日本音乐人秋元康打造的女子偶像团体AKB48。

2012年10月14日，AKB48的海外姊妹团——中国少女偶像团体SNH48成立。该少女偶像团体是由上海久尚时尚集团（以下简称久尚）和上海丝芭文化传媒有限公司（以下简称丝芭）联合出资，日本"AKB48之父"秋元康提供技术支持打造的。SNH48取"上海"的拼音缩写，目前分为SNH48 Team SII、SNH48 Team NII、SNH48 Team HII、SNH48 Team X四个队伍，每个团体都有不同的定位。久尚公司CEO表示并不是简单购买日本的版权，而是与日本方面有独家的技术合作。

SNH48在不到四年的时间发行了13张EP和1张专辑，张张销量惊人，惊艳了华语乐坛，其中第四张唱片《心电感应》开售5分钟，销量就突破了两万张，被戏称为唱片业里的小米。其团队规模从最初的上海一个团20多人扩大到上海、北京、广州三个团160多人，北上广三地全年剧场演出超过600场，核心粉丝数量年增长率达400%以上。尽管SNH48在大众的视野里还算不上万众瞩目，但在宅男的世界里，她们早已长成为拥有巨星魅力的女神。

SNH48的盈利模式和传统意义上的偶像组合有所不同，不是依靠唱片、演唱会、演出来盈利。SNH48唱片上万销量的动力不仅仅是音乐本身，更多的动力来自于SNH48的握手券。这些握手券为粉丝搭建了与明星"面对面"的场景，这种场景赋予粉丝的不可复制的体验才是SNH48盈利的源泉。

SNH48的商业愿景是构建以剧院为圆心，以对粉丝挖掘的深度为半径的粉丝经济生态圈。像互联网巨头打造的生态一样，剧院是 SNH48 所有流量、价值的入口，集聚之后要做的就是在生态圈内分发流量和价值变现。简单初级价值变现方式如为 ChinaJoy 的游戏厂商站台担任表演嘉宾、广告代言以及参演网络微电影等。

SNH48 活动剧照

根据久尚方面给出的数据统计，SNH48 的粉丝主力是 15～20 岁的宅男。SNH48 几乎是这群宅男娱乐生活的全部注意力焦点，深度挖掘他们的商业价值就是这个生态圈的吸引力与生命力所在。SNH48 首届偶像年度人气总选举就吸引了 13.4 万张的粉丝投票，投票总金额超过千万，其吸金能力不可小觑。

接下来，我们按照文化产业的基本价值，对 SNH48 这个项目从文化的六个维度入手进行分析和阐述。

背景来源

从背景来源的维度进行分析，SNH48 是先形成一种文化形态，之后在寻找合适的载体。"48 Group 文化"形态不是 SNH48 首创，而是由日本制作人秋元康一手打造，其运作理念的精髓却和一款游戏出其的相似。

1995年，台湾单机游戏明星志愿诞生，迅速席卷全国。该游戏是一款明星养成的游戏，玩家操控游戏中的角色完成任务，逐步将普通路人塑造成偶像明星。在游戏过程中，玩家可以决定明星角色成长路径（学唱歌、演戏或跳舞）；可以规划其发展方向（出专辑、拍电影或广告）。系统则会根据养成明星的演技、歌艺、仪态等表现打分评级。最终成功者被推向更大的舞台，失败者只能从头再来。

2005年，这款游戏被搬进了现实世界。由日本制作人秋元康打造、主推"可以见面的偶像"理念的大型女子偶像团体AKB48堪称全亚洲最火最可爱的第一女子偶像天团，成员数量已超过450人。2012年10月，AKB48的姐妹团SNH48在中国落地而生。

品质内涵

从品质内涵的维度进行分析，SNH48源自日本制作人秋元康的48系养成偶像，是基于互联网思维和日本AKB48"可面对面的偶像"造星理念运作的偶像培育养成的平台，与传统偶像团体一旦有关键成员单飞即会黯淡不同，SNH48模式赋予成员明星价值的同时也给予其自身可持续可再生的生命力。

SNH48是继AKB48、SKE48、NMB48、HKT48、JKT48之后诞生的又一"48Group"女子偶像组合。日本方面向SNH48派驻了专家，长期为其提供舞美、服装、造型、商业运作等专业技术指导，保证"可面对面的偶像"的产品理念能准确完整地移植给SNH48。

"可面对面的偶像"是日本制作人秋元康提出来的造星理念，而互联网思维则是"48Group"在本土化的过程中提出来的理念。SNH48这两个理念的核心价值是互动体验，互联网思维的用户体验和面对面的粉丝互动体验异曲同工，相辅相成。

面对面偶像和粉丝互动体验运行的关键是SNH48的专属剧场SNH48星梦剧院，这里是她们和粉丝固定的见面地点，也是"可面对面的偶像"的一个必要支点。48系养成偶像，打破了偶像与粉丝远距离的天然屏障，改推小剧场模式，此时的剧场成为了"48系"养成偶像的核心与起源。

位于上海虹口的SNH48星梦剧院，前身为1932年建成的天堂大戏院，上世纪初由上海滩著名的英国Atkinson & Dallas建筑师事务所设计。天堂大戏院历经战乱，几易其名，在将SNH48引入上海音乐谷后，该剧院作为其专属剧院再次焕发生机。"星梦剧院"这个新名字是通过网络向粉丝征集而得来的，两万多名粉丝提交了几百个候选剧院名称并投票选择，最后得名为"SNH48 星梦剧院"。

五觉感受

从五觉感受的维度进行分析，SNH48 的表演和唱片带给大家的主要是视觉感受和听觉感受两个方面的娱乐，尤其是在视觉方面，SNH48 充分迎合了粉丝们的审美。在众多粉丝的心目中，SNH48 最大的魅力在于其成员是一群青春漂亮、个性十足、努力上进的女孩子。

在网上走红的成员鞠婧祎，小脸蛋大眼睛，长得颇似日本漫画中的少女。在SNH48 中，有很多这样的女孩，她们有的内向文静、有的活泼幽默、有的时尚霸气，但都是青春活力的漂亮女生，拥有一大批忠实的粉丝。在舞台上，她们穿统一的制服，洋娃娃一样的装扮，像是从漫画中走出来的美少女。舞台下的她们大同小异的长发，统一设定好的服装，或清纯简单，或隆重复杂，妆容清新，一律水汪汪的大眼睛、长睫毛加不同颜色的美瞳。

SNH48 成员给人们带来视觉上的感受，而她们的音乐和专辑是从听觉感受来感染人。"Give Me Power！"演唱会、历届的人气总选举演唱会、《梦想岛》等 EP 专辑、原创音乐 EP《源动力》，这些音乐作品都有着其独特的风格，是SNH48 给人们带来的听觉上的娱乐享受。

如果说 SNH48 成员给我们带来的是视觉感受、音乐带来的是听觉感受，那么她们的剧场演出给我们带来的就是一场视听盛宴。

星梦剧院对于 SNH48 的发展意义十分重要，就像球队拥有自己的主场一样，作为专属剧院的星梦剧院已经成为成员和粉丝心目中的"HOME"。在该剧院，SNH48 每周都有七场剧院公演，剧院演出包括唱歌、跳舞和 MC 等内容。公演中的 MC 环节，女孩根据不同的 MC 话题与粉丝互动，她们像朋友一样跟粉丝聊天，讲自己最近看的影视剧、买的衣服、诉说青春的烦恼，很受粉丝们的喜欢。SNH48 基本上每季度会推出一个全新公演，不会简单的重复一个表演。节假日会有不同的主题公演，平日里也会推出一些紧贴网络话题热点的主题公演，每一次都尽量给粉丝带来新鲜感。演出结束后，公演成员会在门口排成一排，与观众击掌表示感谢。

100 多人的偶像团体，她们有让粉丝热血沸腾的选秀比赛、票选仪式、毕业典礼；她们有握手会、线下剧场、各种综艺、单曲专辑，也总与线上游戏、古风、网剧等"二次元元素"脱不了干系。打开 SNH48 的官方网站，满满的公演排期，每日的成员推荐,粉丝的热情留言,热闹的有些虚幻。

思维想象

从思维想象的维度进行分析,"可面对面的偶像"这一概念,本来就给粉丝留下了无数的想象空间。不同于其他的偶像团体,在SNH48运营的过程中,粉丝自己决定偶像的命运,SNH48从成员招募到成长推广到唱片销售的全过程都有粉丝的互动参与。把粉丝对于偶像成长的想象摆在其面前。平凡普通的少女,未来可能会星芒万丈也可能默默无为,这一切掌握在粉丝的手中,粉丝会有一种操控着偶像未来和命运的感觉。

熟悉互联网思维和粉丝经济的SNH48所属公司,将明星养成的游戏发挥到了极致。在经济公司设置好的种种"关卡"下,粉丝用金钱换来各种应援票券,代替游戏中的血瓶、装备,帮助偶像提升武力值,在现实世界里打怪升级……

文明传承

从文明传承的维度进行分析,SNH48是基于互联网运营模式,借鉴日本AKB48"可面对面偶像"运营理念打造的偶像团体。组合有偶像文化的要素,却不仅仅是偶像概念。日本少女偶像团队AKB48凭借独特的运营模式开创了风靡亚洲的"48Group文化"。而上海的SNH48和其他的海外姐妹团体一样,可以说是"48Group文化"的一个载体。"48Group文化"的典型特点是偶像养成,偶像在粉丝的高度参与、关注与互动中养成。

成立于上海的SNH48在引进AKB48运营模式的基础上,吸取AKB48的成功经验、延伸偶像的社会功能和影响力,在与粉丝面对面的互动中传达梦想、汗水、坚持的核心价值,成为推动社会新一代发展的"正能量"。在"可面对面偶像"理念的指导下,SNH48打破传统偶像组合"先封闭培训,再出道推广"的形式,通过定期小剧场公演、握手会、分团制度、年度总选拔等方式进行近距离养成式造星培养。让粉丝们能够最大程度地见证、参与到成员们的成长中来。

粉丝在SNH48的运营环节中扮演着十分重要的角色,是SNH48一路成长的见证者同时也是推动者,粉丝对其偶像的关注不仅仅表现在是网络上堆积的流量和数据,更多的还是切实的投票表达。SNH48发行的唱片里都会有握手券,SNH48会安排握手会,握手券使买到唱片的粉丝能够与偶像握手,偶像也一一地向粉丝致谢。

SNH48 的总选发布演唱会融入了"选秀"的影子,年度总选需要粉丝们对成员进行投票,从而决定成员们的发展方向和资源。除此之外,在每一次剧院公演结束后也会有投票,购买唱片、购买演出门票甚至购买周边商品实际上都是粉丝的一种投票表达,投票的结果会对 SNH48 成员的发展产生决定性的影响。

相对于传统的偶像艺人,SNH48 的女孩从普通人开始,学习服装搭配,接受训练,学习唱歌跳舞演戏,最后成为闪闪发光的明星偶像。女孩们的演艺工作都在粉丝的注视中进行,让粉丝们对成员们的努力感同身受。这个过程有陪伴成长的感觉,同时非常具有激励性。

SNH48 的运营模式像一个养成类的网络游戏,让粉丝成为"造星"游戏的玩家,在游戏的氛围里养成一个明星。粉丝(玩家)与偶像(游戏角色)"朝夕相处",偶像(游戏角色)成长过程中的每一个关键时刻都会有粉丝(玩家)的关注和呵护,当偶像(游戏角色)成为光芒万丈的明星后,双方都获得了极大的成就感。有网友分析这种运营模式:"丝芭运营方式就是像在做网游,不断地给你开新服,然后让你不断买装备升级。"

SNH48 跨年晚会表演资料图

社会习惯感知度

从社会习惯感知度的维度进行分析，SNH48有众多网络推广平台，包括官网、微信、微博平台，专属APP口袋48、美拍、唱吧等等。SHN48还通过各种网络渠道，建立了"心智消费网络"与粉丝消费故事。SNH48的粉丝大部分是积累自其官方的论坛、官网平台以及微博、微信和贴吧。SNH48成员在网络平台上的号召力相当高，粉丝到演出剧场的实际到达率也是非常高。SNH48实现了剧院公演的网络同步直播不收取费用，更重视这种类似网游的O2O体验感，让各地的粉丝有更好的体验与交流平台。

在商业演出和代言方面，2014年年底SNH48参加了五个卫视级别电视频道的跨年演唱会，还为网络游戏、手游、汽车、手机、饮料、耳机等产品代言。SNH48还在爱奇艺上线了自制的品牌综艺节目《SNHello星萌学院》。据相关人士透露，久尚还在筹备为SNH48量身定制的品牌影视剧，未来还会有SNH48的APP等相关产品，这些不断凭借SNH48吸引力拓展的"小平台"，正在延展SNH48生态圈的半径。

除此之外，SNH48在周边产品的开发也让人叹为观止，夏日写真售价268元、应援毛巾售价80元、徽章售价20到40元不等、T恤售价150元、文件夹文件袋售价50元、贴纸售价20元、限量钥匙售价60元、专属手机挂件售价30元、笔记本售价59元，可谓品种繁多，应有尽有。

　　SNH48是日本AKB48的姊妹团体，是日本制作人秋元康的"48系"养成偶像经过中国本土化移植的产品。"48Group"是一种文化形态，其本身基于"可面对面的偶像"和剧场演出。从文化产业的六个维度进行分析，SNH48围绕着"48Group"的文化概念，从产生来源、品质内涵、五觉感受、思维想象和社会习惯感知度几个维度都有相应的内容阐述。几个维度的深入挖掘，让SNH48对粉丝挖掘的半径更广，形成了良性的粉丝经济生态圈。

　　然而，SNH48存在一个明显的问题，它是一个日本偶像文化进行中国本土化移植的典型案例。在中国，它并没有深厚的文化底蕴，文化概念相对单一。本土化移植的过程中，不能充分结合中国现有文化，会对其持续发展空间造成一定的影响。就像，SNH48的定位是粉丝经济，而其粉丝大多数是15～20岁的宅男，就会在一定程度上流失很多其他受众。

　　SNH48是日本偶像团体AKB48在中国的一个移植和尝试，其文化品牌的宣传到位，目前也形成了良性的经济循环，可持续发展和后续持续力的挖掘是其应该重点考虑的现状。

《仙剑奇侠传》

　　《仙剑奇侠传》（简称《仙剑》）是中国台湾大宇资讯股份有限公司（简称"大宇"）及旗下分公司开发的系列电脑游戏。该系列首款游戏作品《仙剑1》发行于1995年7月，荣获了海峡两岸无数游戏奖项，曾经被玩家誉为"旷世奇作"。

　　自从《仙剑1》创造出仙剑这一王牌产品之后，仙剑系列的每一代产品都备受追捧，游戏中每一个角色的开场诗词，已经成为一代又一代的经典为玩家熟知。经历二十多年打磨，仙剑系列已经成为了中国单机游戏的扛鼎之作，游戏中的诗词和经典的音乐更是进一步提升了仙剑游戏的文学品味。

　　在电脑不普及的时代，《仙剑》创造了中国单机游戏的辉煌，其销售量在游戏排行榜上独占鳌头长达16个月之久。据说由于《仙剑》在游戏排行榜上停留的时间太长，有人主张对其以加权的方式记票，也就是说《仙剑》的投票不能按整票计算，要折算成0.5、0.6或0.7票。这也从另一个方面反映了《仙剑》的受欢迎程度。

　　据不完全统计，1995年7月《仙剑1》在台湾发售了10万套，而内地的销量在发售当日就达到了35万套。而由大宇旗下公司上海软星负责开发的《仙剑3》和《仙剑3外传·问情篇》在台湾的总销售量突破21万套，在内地则突破84万套。2011年的《仙剑5》更是取得了120万套的惊人销量，游戏创收6000万元，创下了当时国产单机游戏销量之最。

　　随着《仙剑》系列游戏的发展，一代代游戏不断研发，"仙剑"也越来越深入人心，甚至出现了一种以仙剑游戏为内涵中心，其他性质娱乐为辅的"文化"。在网络上搜索关键词"仙剑"，可以搜索到相关网页约两千多万个，这是一个非

第三篇　娱乐文化篇

常可观的数字。其中有《仙剑》的相关文学作品（其中包括同人小说，仙剑杂志）、音乐作品（包括仙剑音乐的翻唱和相关电台）、视频作品等、同人游戏、评论感悟等内容。武汉大学还专门成立了仙剑文化社，以仙剑游戏中深厚的古典文化底蕴为基础，旨在弘扬中国传统文化。

除此之外，仙剑系列游戏的第一代、第三代以及第五代相继于2004年、2008年、2016年被改编成电视剧。其中以《仙剑1》为基础改变的《仙剑奇侠传（第一部）》开创了仙侠剧辉煌的时代。

接下来，我们按照文化产业的基本价值，对《仙剑奇侠传》这个项目从文化的六个维度入手进行分析和阐述。

背景来源

从背景来源维度来分析，仙剑游戏并没有在文化方面赋予其十分复杂的内涵。

被誉为"仙剑之父"的姚壮宪表示，"仙剑奇侠传"游戏名称的来源很简单。其中"仙"字代表的是像《仙剑1》的游戏女主角赵灵儿一样的人间仙女；而"剑"字则代表代表着江湖，代表着武侠，也代表着游戏男主角李逍遥。仅仅两个字不能承载仙剑游戏的全部内涵，便又取"奇"字代表奇幻的元素，"侠"字代表侠义精神，最后加上后缀"传"字，于是组成了"仙剑奇侠传"这一名称。

品质内涵

从品质内涵的维度进行分析，《仙剑奇侠传》是一款角色扮演的单机游戏，迄今已发行七款单机角色扮演游戏及多款其他相关游戏。其最新游戏作品《仙剑奇侠传6》于2015年7月8日发布。

一段令人唏嘘的爱情故事，一个永恒记忆的游戏时代。仙剑游戏的故事情节以中国古代的仙妖神鬼之类的传说为背景、以武侠和仙侠为题材。

仙剑游戏历来以故事取胜，《仙剑》的故事一代一代的延续下来，这也是《仙剑》玩家共同守候的令人感动的生命线。每一代的仙剑游戏都会有一个主题作为贯穿游戏的主轴，《仙剑1》是宿命，《仙剑2》是宽恕，《仙剑3》是轮回，《仙剑4》是寻仙，《仙剑5》是心愿。

打动人心的故事和缠绵悱恻的爱情，再加上优美动听的音乐，让《仙剑》风靡了整个华人市场，成为了华人游戏的经典之一。《仙剑》的玩家表示玩《仙剑》不仅仅是完成任务，在游戏过程中融入了更多自己的情感，这也是《仙剑》成为经典的重要原因之一。如今的《仙剑》已经不只是一套游戏，它代表了中国游戏文化的一个里程碑，展示着中文游戏新的高度。

五觉感受

作为一款游戏，在五觉感受方面《仙剑》能够提供给游戏玩家的主要包括两个方面，视觉感受和听觉感受。

《仙剑》系列产品的游戏画面不是很出彩，画面质量一般。虽然每一代的《仙剑》都有提升画面质量的意识，但仙剑游戏走的是古风武侠，给画面的提升限制了范围，因此画面要有所突破也不是件易事。《仙剑6》的游戏画面已经有了很大的进步，岩石的纹理、大漠的风沙、青山的青翠，都让玩家有身临其境的感觉，而盈辉堡的西域风格和景安的江南风格也让玩家领略不同的地域风光。

《仙剑5》苗疆场景图

《仙剑》不能跟国外的那些游戏比引擎、特效，另辟蹊径靠音乐带动玩家的情绪，在精神层面感动玩家。《仙剑》团队从第一代的游戏开始就致力于音乐的开发，仙剑音乐广泛传唱，给玩家留下了深刻的回忆。《仙剑》系列有很多让仙迷一生推崇的音乐,这些仙剑音乐甚至成为许多广播、电视节目的背景音乐,成为永恒的经典。

《仙剑3外传·问情篇》的知名度比起《仙剑》各代正作游戏要低一些,但其游戏主题曲《仙剑问情》却是仙剑音乐中最为著名的一首,是《仙剑》系列的代表歌曲。意境深远的歌词、唯美动听的旋律,配合歌手纯净、空灵的嗓音,让听众可以从仙剑问情的歌曲中感受到一个凄美的爱情故事。

在历代仙剑游戏中,《仙剑4》的游戏故事虽然没有像《仙剑1》和《仙剑3》一样被改编成影视剧,但《仙剑4》在游戏音乐方面的成就却是巨大的,《仙剑4》的音乐被广大仙迷称为"昆山玉碎,芙蓉泣露"。其片头音乐用幽华的气势表现巍巍昆仑,绝世仙山。主题曲曲调凄美哀婉,非悲壮、非磅礴,却如过来人的往事娓娓道来。石沉溪洞的配乐寒声碎以幽寂、灰暗的主调,在沙锤微振、角铁轻敲的配合下,调动人们心中的敏感与不安,渲染未知姻缘的神秘,让人如临其境。而"复刻LIVE版"的蝶恋,提琴在二胡若隐若现的轮拨伴奏下起调,悠长而深邃,而曲子中间的二胡独奏,或是叹咏,或是幽怨,哀婉动人,催人泪下。

蝶恋的哀婉缠绵,御剑江湖的大气磅礴,仙剑问情的生死之恋,回梦仙游的空灵深远,水龙吟清雅中透漏着一丝忧伤。仙剑音乐真的可以说是应有尽有,风靡一时,影响深远。

思维想象

从思维想象维度进行分析,《仙剑》的思维想象主要来源其故事剧情和情节的延伸。《仙剑》是一个 RPG(Role Playing Game)游戏,即角色扮演游戏。在游戏的世界里,玩家原来的性格、习惯、爱好和思想将不复存在,玩家的角色身份可能是一名侠肝义胆的江湖剑客,也可能是一名柔情似水的绝世佳人。在游戏中,玩家需要融入扮演的角色,要和所扮演的角色一起快乐、悲伤,与别的角色同甘共苦,或是反目成仇。

曾经有人用"庄周梦蝶"的故事来形容RPG游戏,RPG游戏的虚拟世界里,玩家会有似我非我,进而完全融入游戏忘记自我的感受,这种感受和庄子的疑问有异曲同工之妙,同时也是RPG游戏的乐趣所在。

要做到让玩家完全融入到游戏中,必须要有跌宕起伏,一波三折的情节。只有在曲折离奇的情节中,玩家才能全身心地投入他所扮演的角色。仙剑系列游戏情节的设定无疑是非常成功的,这个讲述凄美爱情故事的游戏,在设计增添了大量复杂有趣的情节后，变得极具吸引力。玩家随着游戏故事情节的起伏或喜，或悲，或欢呼，或愤怒。换句话说，仙剑游戏中无论是侠客的江湖还是佳人的爱情，都因为情节的离奇而更具有想象空间。

文明传承

　　从文明传承这个维度对《仙剑》进行分析，仙剑游戏涵盖的传统文化包括历史、地理、天文、命理玄说、医药等方方面面的内容，这些传统文化通过游戏传播了给了更多的当代人。

　　一部游戏能否衍生成一个系列，成功的世代延续，依托的是其文化上的传承。任何成功的游戏系列背后，一定有深厚而浓郁的文化在支撑。《仙剑》系列游戏的剧情故事和音乐画面，都有大量的中国传统文化在里面，也可以说《仙剑》的真正魅力来自于文化。游戏画面中出现的水墨画，中国民乐，都展示着中国文化的吸引力。

　　《仙剑》的文化魅力绝不只体现在游戏画面和音乐等表面化的东西之上，贯穿《仙剑》游戏始终的是"情"和"义"两个字。"情"和"义"是可以从更深的层面反映中国文化底蕴的东西，在整个东方文化体系中都备受推崇，《仙剑》这个游戏把"情"和"义"体现得淋漓尽致。除此之外，还有《仙剑》结局，具有文化震撼力。

　　蜀山在《仙剑》世界中是"仙"和"剑"的代表，正义的象征。"魔非魔、道非道，善恶在人心。欲非欲、情非情，姻缘由天定。"游戏中不知姓名的算命仙，一语道破了仙剑文化之中正邪无边，情欲无求的天机。仙剑游戏一直以来都没有沉重的历史使命和枷锁，因为沉重的使命负担不了《仙剑》特色的儿女情长。在《仙剑》游戏中，只有为心爱的人而行走江湖、出生入死。在《仙剑》这个架空的世界里，为心上人可以弃种族界限、门规教义而不顾，用手中的剑证明亘古不变的爱，蜀山那座千古不坏的锁妖塔也会因爱而崩溃。在锁妖塔的毁灭和重建的往复循环中，玩家和游戏角色们共同经历了一群痴情儿女所演绎的一段段的凄美爱情。

　　《仙剑》游戏除了将"情"这个元素运用的淋漓尽致以外，在其他方面对中国传统文化的继承例子也是多不胜数。《仙剑》深厚的历史文化渊源，不仅表现在游戏剧情上，游戏的诸多道具、人设甚至服装都有历史考究，就像《仙剑 3》中，龙葵所穿广绣留仙裙，隐约藏着汉宫美女赵飞燕所创"留仙裙"的影子。

　　《仙剑》游戏对传统文化的运用还有一个重要方面就是仙剑诗词。仙剑诗词，是游戏中随着剧情发展出现的诗词文章。历代《仙剑》无限情怀,仙剑诗词功不可没,《仙剑》的诗词让人陶醉。

《仙剑》游戏战场场景图

最开始的时候《仙剑》的诗词或者出现在剧情里由 NPC 说出,或者出现在手册里作为介绍。总而言之,诗词是为游戏服务的,甚至都没有说这些是诗词,只是在特定的时机出现了这么一段话而已。比如酒剑仙在十里坡上说的:御剑乘风来,除魔天地间,有酒乐逍遥,无酒我亦癫。一饮尽江河,再饮吞日月,千杯醉不倒,唯我酒剑仙。

《仙剑 1》诗作整体风格朴实直接,一如刚出世的《仙剑》,是一种炽热畅意的表达。作为一款游戏的元素,作为对游戏的一种补充,这种诗词已经完成了大部分的职责。《仙剑 2》在诗词方面开始引入了"词"。而《仙剑》的诗词作为有意识的文化植入则是从《仙剑 3》开始,此时的大宇想做中国传统文化代表的游戏,为了使游戏更有文化更有内涵,开始往游戏里头加大量的诗词。仙剑系列的诗词开始有了长足的进步,在语言上比相对典雅化,文艺范,在声律上也不像前几代那么粗糙，开始形成真正属于《仙剑》的仙剑诗词。不论是雪见第一次见到景天时的《诉衷情》还是重楼的《点绛唇》都成为了《仙剑》历史上具有代表意义的经典诗词。

纵观《仙剑》发展史我们可以发现，仙剑诗词像仙剑游戏一样，在玩家心目中已经成为一代经典，正是这些经典而富有特色的诗篇，才让每一位角色都可以被玩家牢牢记住记住。也正是《仙剑》制作团队对诗词文案的执着，才让我们欣赏到了一首又一首华美的诗篇。

社会习惯感知度

从社会习惯感知度这个维度进行分析，官方网游、卡牌桌面游戏、《仙剑奇侠传》漫画版、《新仙剑奇侠传》官方小说、仙剑电视剧、仙剑奇侠传舞台剧、仙剑客栈网络剧、声优剧等官方开发的《仙剑》衍生品数目品类繁多，而且取得了一定的反响。

其中最成功，影响最广泛的应该是仙剑漫画和电视剧。《仙剑奇侠传》在台湾推出的漫画版，由台湾青年漫画家易水翔麟编绘，姚壮宪先生担任监制。繁体版漫画共九卷，在台湾地区一经推出便一举打破电玩类漫画单行本之销量记录。以《仙剑》游戏为蓝本改编的电视剧成为一代人关于仙侠剧的经典记忆，开创了大陆仙侠剧之最，捧红了很多演员。而电影版的《仙剑》也一直在筹划之中。

除官方组织之外，民间的各种仙剑联盟、网站、论坛、QQ 群、圈子等也层出不穷。

　　《仙剑》，是中国游戏"经典"的代名词。从游戏到改编的电视剧，再到同人小说、漫画、广播剧、舞台剧等展现形式，"仙剑"被搬上各种舞台，影响力不可想象，甚至形成了仙剑文化。现在提到"仙剑"，已经不只是简单的代表一款游戏，而是一个影响力巨大的知识IP。

　　《仙剑》品牌在打造的过程中，暗合了本书文化产业的六个维度。从产生来源的维度来看，《仙剑》交代了名称的来源。从品质内涵的维度来分析，《仙剑》将其缠绵悱恻的爱情主题和打动人心的故事贯穿与每个产品之中。从五觉感受来看，《仙剑》有古香古色的画面，永恒经典的音乐。从思维想象的维度分析，《仙剑》让人沉浸在游戏的世界。从文明传承的维度来看，传统文化传承中的"情"和"义"震撼人心。从社会习惯感知度来看，《仙剑》的衍生品涵盖与其相关的所有行业。

　　从文化价值的增值角度来看，如果在以下方面有所提升，也许"仙剑IP"影响力会更大，会更成功。

　　首先，在产生来源的维度来看，《仙剑》只有名字来源的简单介绍，作为品牌故事有些单薄和牵强。如果从中国古老的神话故事和传说中选取素材，增加文化要素，形成更加丰满的品牌故事，品牌形象的文化效果会更好。

　　其次，在中华文明传承的维度来看，《仙剑》涵盖的内容广泛而庞杂，却很难形成系统体系，也很难追根溯源。文化具有传承性，《仙剑》要想进一步提升自己文化属性的高度，必须要做的就是追本溯源。什么时候有"仙"已无从考证，什么时候铸"剑"在历史典籍中还是有迹可循的，仙剑文化可以增加更多关于剑文化的内容。比如剑的铸造历史，《搜神记》中春秋时期铸剑名师干将莫邪的故事。

　　最后，仙剑诗词既然已经成为了一种仙剑文化的代表，成为玩家心目中的经典记忆。或许，《仙剑》可以在诗词上在多多磨砺，提升诗词品质，给玩家带来更多华美诗篇。中国传统文化源远流长，为《仙剑》的后续发展提供了更多的提升空间。

第四篇
地产文化篇

北京 798 艺术区

北京 798 艺术区,位于北京市朝阳区大山子地区,故又称大山子艺术区。798 因当代艺术和 798 生活方式闻名于世,所在地原是国营 798 厂等电子工业的老厂区所在地,798 的名字也是由北京国营电子工业老厂区的名称沿用而来。

2001 年开始,来自各地的艺术家开始集聚 798 厂,他们以艺术家独有的眼光发现了此处对从事艺术工作的独特优势。他们充分利用原有厂房的德国包豪斯建筑风格,稍作修饰,使之成为富有特色的艺术展示和创作空间。

据不完全统计,截至目前已经有近 200 家涉及文化艺术的机构进入 798 艺术区,至少有 300 位以上的艺术家直接居住在此地或者以该区域为自己的主要艺术创作空间。其中还有来自法国、美国、比利时、荷兰、澳大利亚、韩国、新加坡等国家的艺术家,也有名不见经传却对艺术有无尽追求的人。

2004 年,在 798 艺术区举办的首届北京大山子国际艺术节就吸引了八万人前来访问,其中约 60% 为中国观众,40% 为境外观众。艺术家的"扎堆"效应和名人效应,加上"北京大山子国际艺术节"所产生的影响,798 艺术区的影响力越来越大。

798 艺术区在发展过程中形成了"798 共识",因此 798 也指这一艺术区引申出的一种文化概念,以及"LOFT"这种时尚的居住与工作方式,简称"798 生活方式"或"798 方式"。798 艺术区也因此成为了北京都市文化的一个新地标。

接下来,我们从文化的六个维度对 798 艺术区进行分析和阐述。

背景来源

从背景来源的维度进行分析，798艺术区有其特定的历史来源和背景。798艺术区的历史要从中国的工业化开始说起，其所在地是718联合厂的厂址。718联合厂是国家"一五"期间156个重点项目之一，是社会主义阵营对中国的援建项目之一。

718联合厂由周恩来总理亲自批准筹建，是由前苏联和民主德国的援助建立起来的，凝聚着老一代领导及建设者的辛勤劳动。当时东德不存在同等规模的工厂，副总理厄斯纳亲自挂帅，组织了东德40多个权威专家成立工程后援小组，集全东德的电子工业力量，包括技术、专家、设备生产线完成了这项带有乌托邦理想的盛大工程。

后现代风格道路

负责联合厂庞大的建筑设计的是德国一家建筑机构，这家建筑机构和当年的包豪斯学校在同一个城市，两者在建筑精神层面上是共通的，因此联合厂的建筑风格是典型的德国包豪斯建筑风格。

"包豪斯"是德文Bauhaus的音译，原是德国一所工艺美术学校的名称。

该校创办人及首任校长，是德国著名现代主义建筑大师格罗庇乌斯，他将德文 Hausbau（房屋建筑）一词改变成 Bauhaus 作为校名，显示与其他传统的学院式教育机构的区别。虽然学校仅存世短短 14 年，但其理论与学说却对整个世界产生广泛而深远的影响。

1964 年 718 联合厂建制被撤消，成立四机部（第四工业机械部的简称）直属的 706 厂、707 厂、718 厂、797 厂、798 厂及 751 厂。随着北京都市化进程和城市面积的扩张，798 地区原有的工业外迁，原址上必然兴起更适合城市定位和发展趋势的新型产业。2000 年六家单位整合重组为北京七星华电科技集团有限责任公司，为了使这部分房产得到充分地利用，七星集团将这些厂房陆续进行了出租。北京周边的艺术家以艺术家独有的眼光发现了此处从事艺术工作的独特优势。

2002 年 2 月，美国人罗伯特租下了 120 平方米的回民食堂，改造成前店后公司的模样。罗伯特是做中国艺术网站的，经常与他交往的人也先后看中了这片区域宽敞的空间和低廉的租金，纷纷租下一些厂房作为工作室或展示空间，而这片区域则沿用了"798"这个名字。

由于部分厂房属于典型的现代主义包豪斯风格，整个厂区规划有序，建筑风格独特，吸引了许多艺术家前来工作定居，"798"艺术家群体的"雪球"就这样滚了起来，慢慢形成了今天的 798 艺术区。

品质内涵

798 艺术区的地理位置和建筑风格有先天优势，而艺术机构的入驻和生活方式的形成在充分发挥优势的同时，也形成了独特的艺术内涵。

798 艺术区西起酒仙桥路，东至酒仙桥东路，北起酒仙桥北路，南至将台路，面积 60 多万平方米。艺术区的建筑适应现代大工业生产和生活的需要，以讲求建筑功能、技术和经济效益为特征，这样的建筑风格和整齐的建筑规划，符合艺术家的审美和实际需要，艺术家及其公司租用 798 艺术区的面积，从几十平方米到几千平方米不等。

艺术家和文化机构进驻后，大规模地租用和改造空置厂房，逐渐发展成为画廊、艺术中心、艺术家工作室、设计公司、餐饮酒吧等各种空间的聚合，形成了具有国际化色彩的"SOHO 式艺术聚落"和"LOFT 生活方式"。

据此前的不完全统计，在进入 798 艺术区的 103 家机构中，主要包含创作展示和交流类、设计类两大类，其中属于艺术创作、展示和交流的机构占全部机构的一半以上，设计类，包括空间设计、广告设计、家居家具设计和服装与形象设计等机构。此外，还有传播发行机构、书店及餐饮酒吧等跟艺术创作沾边的一些小门类。

五觉感受

从五觉感受的维度来看，798艺术区入驻的艺术机构主要运用的是人们的视觉感受，而随着798生活方式的形成，餐饮酒吧等跟艺术创作沾边的门店也开始入驻艺术区，这些门店除了视觉感受之外，味觉和嗅觉感受运用的也很多。

首先从建筑角度来看，798艺术区的包豪斯风格建筑，巨大的现浇架构和明亮的天窗为其他建筑所少见。其建筑发挥新材料和新结构的技术性能和美学性能，造型简洁，构图灵活多样，有工艺美术风格。除此之外，厂房的设计还根据具体情况将窗户向北开，这种设计可以充分利用天光和反射光，从视觉感受来看，恒定的光线可以产生一种不可言喻的美感。798艺术区的游客表示艺术区的建筑设置非常漂亮，楼很迷人，是个有趣的地方。

其次从艺术作品的角度来看，798艺术区吸引了多种形式的艺术作品，这些作品的视觉冲击力很强。从酒仙桥4号大门进入艺术区，看到大山子艺术区的牌子，就到了艺术区的主体。从这里的通道走过，各种艺术景点让游客目不暇接，大多数墙壁上都有艺术感十足的涂鸦作品。百年印象摄影画廊，有传统前卫等不同风格的照片，这里的展览平时很难看到，给人展示多种风格的视觉美感。798艺术工厂还出租场地给新闻发布会和服装发布会等活动，带给人们一场又一场的视觉盛宴。这里的房顶为独特的锯齿弧形，是50年前东德人设计监制的包豪斯建筑，这种风格在德国也已不多见了。艺术区面积最大的专业画廊是北京季节画廊，它是中国首家由新加坡经营的艺术画廊，画廊还专门为住在房顶的麻雀开了天窗。画廊里有时会放新的纯艺术欧洲电影，在北京其他地方绝对看不到。二万五千里长征文化传播中心，记录了当代艺术家卢杰早期做过的活动，带领许多艺术家沿长征的路线与当地艺术家交流。这里民间艺术展很有意思，像陕西的剪纸老艺人高凤莲的作品满墙全是。

不同的艺术作品带给人们的视觉享受不同，除了各种不同种类的艺术作品给游客视觉感受之外，在798艺术区还可以有美妙的味觉和嗅觉感受。就像创意蛋糕品牌ebeecake蛋糕坊以精致的造型，纯正的口感，健康的理念，受到了白领女性的欢迎和追捧。

思维想象

从思维想象的维度进行分析,798艺术区的艺术家们的艺术创作空间具有私密、酷、新奇的特点,满足了一部分人希望了解艺术家生活、工作状况的探寻心理。798艺术区的艺术作品充满着对现实生活独特、个性的反映,使相当一部分人产生了观看、揣摩、购买的兴趣和爱好。

除此之外,艺术区内有特色的餐馆也会给游客留下无尽的想象空间,就像北京季节咖啡店是艺术区最值得去的法国家庭式小酒店。店主法国人温森曾在北京一家著名法国餐厅当总经理。他15岁起在法国巴黎学习烹饪和管理。这里法国煎饼很地道,可以放肉和菜,也可以放冰激凌和水果。

文明传承

798艺术区经由当代艺术、建筑空间、文化产业与历史文脉及城市生活环境的有机结合,已经演化为一个文化概念,对各类专业人士及普通大众有强烈的吸引力,并在城市文化和生存空间的观念上产生了不小的影响。

798艺术区是意义重大、功效独特的一个地区,是中外文化交流的场所,是中国本土文化交流、渗透的场所。798艺术区的定位是艺术,很多搞设计的人找设计元素的时候,除了到法国巴黎和意大利米兰寻找启发,也愿意到798艺术区来寻找灵感。它是当代艺术家尤其是先锋、实验、前卫艺术家发挥创造性和想象力的舞台,是那些对文化艺术有兴趣、文化层次较高者放松自我、拓展视野、激活思想、启发灵感的场所。

798艺术区形成的文化是地方资源的国际化,是个人理想的社会化。入驻者的生存方式本身就展示了个人理念与社会经济结构之间新的关系——"在乌托邦与现实,记忆与未来之间"。798艺术区在某种程度上可以说是新时期的青年文化经过积淀转向成熟的载体。798艺术区的艺术意味着先锋意识与传统情调共存,实验色彩与社会责任并重,精神追求与经济筹划双赢,精英与大众的互动。出现在798艺术区的这一现象,牵涉到都市发展、生产和消费模式等广泛的层面。

798艺术区包含了独特的中国元素,它不是纽约的Soho,不是法国的左岸,也不是德国的鲁尔区。它的景观和元素包含了建国初期的中国、建设时期的中国、文革时期的中国和改革开放中的中国。都说到北京要看三个地方,长城、故宫、798。长城、故宫蕴含的是中国的传统文化,而798艺术区是一个时尚前卫的地方,在这里工业与艺术并存，历史与未来同在，它展现的是当代中国文化。到 798 看的是正在发生、正在发展的中国。

798 艺术区的入驻者在对原有的历史文化遗迹进行保护的前提下，将原有的工业厂房进行了重新定义、设计和改造，他们带来的是对于建筑和生活方式的创造性的理解。空置厂房改造后本身成为新的建筑作品，像 2009 年入驻的创意蛋糕品牌 ebeecake，精致的造型和展现人生心路历程的名称，都很好的体现了美味、艺术与文化的结合，丰富着 798 的文化内涵。

谈到 798，我们是在谈一种生活方式，一个文化概念，不管是否在 798 艺术区工作和生活，不管是否懂得艺术，今天的中国人应该知道"798 生活方式"。

社会推广

798 艺术区的推广方式多种多样，其外延和衍生也十分丰富。

798 艺术区的推广合理充分利用名人效应，2004 年以来，瑞士首相、德国总理、奥地利总理、欧盟主席、比利时王妃、安南夫人、法国总统希拉克夫人等都先后参观访问过 798 艺术区。前德国总理施罗德在参观 798 艺术区时感叹："几十年前的包豪斯建筑在德国都很少发现了，今天居然在北京存在，真是太难得了！"比利时王妃甚至花了几万美元在 798 购买了艺术品。

798 艺术区每年都有很多艺术展，2004 年开始举办艺术节，不仅吸引很多的艺术大家到场参观、交流、学习、探讨，还吸引很多媒体的目光。120 多家中外媒体报道了艺术节和在 798 活跃着的艺术家及他们的作品，一些国内外文化机构和基金会等对艺术节进行了赞助。2003 年，798 艺术区被美国《时代》周刊评为全球最有文化标志性的 22 个城市艺术中心之一。同年，北京首度入选《新闻周刊》年度 12 大世界城市，原因在于 798 艺术区把一个废旧厂区变成了时尚社区。第二届艺术节期间共进行了表演、展示、研讨等艺术活动 109 项，吸引观众 80000 人以上，最多的一天近万人。这些展览和活动，使 798 艺术区的名气越来越大，艺术品成交量也与日俱增。

与此同时，798 艺术区也成为了北京婚纱摄影行业的热门婚纱摄影外景地之一，艺术区内部也成为影视剧和电视节目取景地之一。798 艺术区衍生出来的"798 共同体"，"798 生活方式"和"798 文化"都已经深入人心。

万天世纪洞察
INSIGHT

在北京，798已成为一个艺术的代名词。很多年轻人对798艺术区倍加推崇，798艺术区洋溢的艺术气息以及工业年代留下的后现代艺术作品，都吸引了大量的游客。名人明星效应更是大大提高了其知名度。可以说，798艺术区是城市改造、变废为宝的一个典范，破旧的厂房改造成时尚的都市艺术园区，不可谓不成功。然而，通过我们的眼光去分析，从文化的几个维度入手，在"文"和"化"两个方面，似乎都还有改善的空间。

首先，798艺术区的改造初衷，以及核心要素，就是艺术。然而我们都知道，纯粹的艺术在很多时候是难以直接变现的，艺术须与商业有机结合起来，才能够实现其最大价值。而另一种观点则认为，艺术必须纯粹，过多的商业化元素，会冲淡艺术原本的美。798艺术区的发展现在就面临着这样一个问题。

如今的798艺术区，在艺术感浓烈的场地之内，商店鳞次栉比。商店里贩卖着各式各样的商品，我们称之为商品，是因为并不是每个店铺售卖的都是艺术品。正是这些与艺术格格不入的小商品，冲淡了原有的艺术感受。色彩斑斓的艺术形式面前，某些商店的存在总显得那么不搭调，尴尬而又无奈地存在着。诚然，没有商业的供养，艺术便是无根之土，而飘在云端的乌托邦是没有办法存在的。但是如何在商业与艺术间找到一个更好的平衡点，如何让两者有机地融合在一起，让商业更好地为文化服务，传递出更多的艺术文化，是798应该努力实现的一个目标。

此外，798园区内，更多的是现代艺术，而现代艺术很多时候就是西方艺术。艺术是一个门槛比较高的领域，本来就与大众是认知是存在一定差距的。而798艺术区充斥的大量西方艺术，甚至是先锋艺术，往往超出了大部分人的接受能力。既然面向的是中国人，似乎中国传统艺术的戏份过于少了，中国元素被冲淡，势必产生一定程度上的水土不服，久之，最终损害的还是商业利益。

北京拉斐特城堡酒店

北京拉斐特城堡酒店（英文名 Beijing Chateau Lafitte Hotel），是集法国巴洛克建筑、装饰、装修、绘画、园林艺术为一体的城堡庄园式酒店。酒店参照法国十大贵族城堡之一的"拉菲特城堡"为模型设计，再现了欧洲文艺复兴时期的巴洛克式建筑风格。

北京拉斐特城堡酒店全景图

北京拉斐特城堡酒店由北京宇辰八仙房地产开发公司投资，挂牌五星级高档度假酒店。酒店提供会议服务、宴会服务、婚宴服务、婚庆服务等多种不同种类的服务，其中最具特色的是婚宴服务和婚庆服务。本着对顶级婚礼品味的坚持，拉斐特城堡不仅为客人提供全方位、周到的婚宴服务，还全程操办都市婚礼。婚礼服务可选择的种类也很多，包括中式婚礼、西式婚礼、中西复合式婚礼、城堡婚礼、草坪婚礼、广场婚礼、葡萄园婚礼、烛光婚礼、民俗婚礼、空中婚礼、教堂婚礼等多种不同的类型。

酒店自开业至今，接待了多位政届要员及名人，特别是 2008 年奥运会期间接待了俄罗斯奥运军团及总统普京，2010 年 9 月 29 日晚，备受各界瞩目的盖茨和巴菲特慈善晚宴在拉斐特城堡庄园举行。拉斐特城堡酒店也由此变得万众瞩目。作为世界 50 大私人城堡之一，北京拉斐特城堡正以其厚重的底蕴和深远的影响成为中西文化交流的理想之地，成为各界精英以及领袖人物的聚集之地。

接下来，我们按照文化产业的基本价值，对北京拉斐特城堡酒店从文化的六个维度入手进行分析和阐述。

背景来源

从背景来源的维度进行分析，北京拉斐特城堡酒店是以法国十大贵族城堡之一的"拉菲特城堡"为模型设计的。

拉斐特城堡是 17 世纪法国巴洛克建筑的代表作，是著名建筑设计师佛兰苏瓦.曼萨尔在法国巴黎近郊设计建造的。拉斐特城堡的建筑艺术与 16 世纪意大利盛行的追求新奇的戏剧性及夸张的巴洛克风格相比，更注重奢华与平和的比重。拉斐特城堡的椭圆形房间有意大利巴洛克的影子，在设计表现上又倾向文艺复兴时期平静的繁华。所以，拉斐特城堡成为当时法国新颖独特的带有巴洛克色彩的古典主义建筑。

当世纪的荣光退去，拉斐特城堡已成为一个时代的象征。21 世纪，拉斐特城堡的设计图纸作为中法文化交流作品，在北京以城堡酒店的形式得以完美重现，成为东方普罗旺斯地标性建筑。法式园林、喷泉雕塑、罗马柱廊广场等建筑艺术的奢华再现，散发出古老欧洲皇家贵族的神韵。

品质内涵

从品质内涵的维度进行分析，北京拉斐特城堡酒店的自然环境优美、地理位置优越，其相关的配套设施比较完善。

北京拉斐特城堡酒店位于昌平区北七家镇，毗邻风景秀丽的温榆河，总建筑面积几万平方米。酒店所在地交通便捷，东距首都机场10千米，南距奥运村10千米，距离京承高速仅2000米。从酒店驾车到北四环15分钟，到北京市中心25分钟。

拉斐特分为城堡酒店和温泉酒店，建有会议中心、娱乐中心、健身中心、温泉中心、高尔夫练习场、跑马场、酒庄、农业观光园等项目。这里不仅是一个旅游度假、休闲娱乐、健身疗养、农业观光和居住的理想场所，也是一个绿色生态园。

酒店的设计强调东西配楼与主城堡协调对应，布局十分巧妙。东西配楼内开设豪华套间和标准间，主楼除大型宴会厅之外，还在地下室还设有酒文化博物馆、品酒屋、酒吧、酒窖。

容纳近万人的酒文化广场、金碧辉煌的宴会厅、凡尔赛广场、圣彼得广场、草坪广场是举行大型演出活动、酒会、展示会、高档会议和中西式婚礼的理想场所。

五觉感受

从五觉感受的维度进行分析，拉斐特城堡酒店利用自然环境、建筑和美酒美食充分调动了人们的视觉、听觉、嗅觉、味觉、触觉五觉感受。其中五觉感受中比较突出的应该是视觉、嗅觉和味觉。

从视觉感受的角度来看，酒店城堡内美景天成、花香宜人。主城堡、东西配楼、模纹花坛、酒文化广场，这里的每一处雕塑、每一扇门窗、每一座屋梁都极尽艺术美感和文化气息。

酒店园区内90%以上由树林、绿地和水面所覆盖。清澈的人工河流环绕在古堡周边，为其增添生机。景色优美的野鸭湖中常年栖息千只野鸭、白鹭和天鹅。画卷中"人来鸟不惊"的美景在此可寻。

嗅觉和味觉感受主要表现在酒店的美酒和美食上，主楼地下室的酒窖中各种美酒酒香四溢。城堡中的经典西餐将欧式的典雅与别致和葡萄酒的香醇完美融合在一起。精美如艺术品的餐具，舒缓的现场音乐，尊贵显赫的氛围，尽显浪漫温馨的情调。官府珍馐，制作精致，菜品营养健康。让客人在享受特色美食的同时，口齿留香，回味悠长。置身城堡野鸭湖畔的农家菜餐厅，人们会立即沉浸在大自然的怀抱里。在种植园里为客人采摘最新鲜的水果和蔬菜，技艺高超的大厨为客人烹饪最地道的山珍与野味、粗粮精做、营养天然。

除此之外，拉斐特还有自己的温泉，斜躺于观音石铺设而成的花园景观温泉浴池中，触觉舒适的感受，让人们放松身体也放松心情。

思维想象

从思维想象的维度进行分析，北京拉菲特城堡酒店清新自然的欧式乡村风格各类型客房温馨舒适，为人们营造"家外之家"的感觉。此外，酒店的婚礼服务也为走进婚姻殿堂的人提供了无尽美好的想象。

城堡婚礼，奢华大气的场地布置，温馨浪漫花的海洋，精致气派的皇家马车，为新人打造一个个童话里的梦幻城堡婚礼。草坪婚礼，在犹如梦境般的草坪婚礼上，鲜花打造的户外露天的婚礼仪式区与欧式城堡相映成趣。主城堡正东方的婚礼草坪，与野鸭湖及湿地景观相邻。灿烂的阳光下，蓝天为新人作证，所有的幸福在此刻定格。集体婚礼，新人们站在充满法国文艺复兴时期的古堡当中，穿上洁白的婚纱，与其他新人一起通过这种特殊的方式接受所有人的祝福。无论是庄重高雅的西式婚礼，还是青翠欲滴的草坪婚礼，拉斐特都能将对浪漫的理解、对幸福的畅想完美诠释。

文明传承

从文明传承的维度进行分析，北京拉菲特城堡酒店是一座欧洲城堡主题酒店，集合了欧洲历代城堡之精华，蕴涵了欧洲经典文化。拉斐特是典型的路易十四时代法国宫廷建筑风格，简约得体地表现出了法国浪漫风情，经典考究的古典家私饱含城堡文化的时代烙印。

拉斐特为古典主义风格建筑，立面为标准的古典主义三段式处理，即把立面划分为纵、横三段，建筑左右对称。其主城堡借鉴法国麦松拉斐特城堡原型，东西配楼则再现了法国枫丹白露行宫的风貌。巴洛克风格的连排拱门气派而庄严，栩栩如生的古希腊诸神雕像吸引人们一步一步走进这座经典的法国城堡。

酒店的内部装潢以巴洛克风格为主，少数厅堂为洛可可风格。建筑外形气势磅礴，内部陈设及装潢则更富于艺术魅力。内壁装饰以雕刻、油画及挂毯为主，配有17、18世纪的家具，拱顶壁画和巨型水晶灯相映生辉……在北京拉斐特酒店城堡内，人们触手可及之处陈放着来自世界各地的珍贵艺术品。

除了城堡的建筑尽显欧洲城堡建筑文化之外，城堡的雕塑和绘画也包含了古典欧洲的宗教文化和艺术，是欧洲经典文化的一种展现。

在西方文明史中，雕塑是门具有宗教性的艺术，它作为宗教崇拜的一种媒介和膜拜的对象一直为宗教服务。在拉斐特城堡内，雕塑之美随处可见：模纹花坛两侧的八尊大理石雕像、主城堡内的春夏秋冬女神雕像、品酒屋内的浮雕等都是古希腊雕塑中极具代表性和艺术性珍品的复制。这些雕像是西方文化的一种文化符号和象征。

巴洛克风格的连排拱门

西方绘画始于古希腊、古罗马时期。珍藏于北京拉斐特城堡内的绘画作品琳琅满目不胜枚举，既有文艺复兴时期绘画大师的巨作，也有现代东西方绘画名家的精品。这些画作将欢乐、平和、恬静、希望、激情凝为永恒，将人类的精神世界和自然世界用色彩表现出来。

在北京拉斐特城堡酒店中，还有一个有代表意义的符号是葡萄，葡萄是整座城堡主题的点睛之笔。拉斐特曾经是法国著名酒庄的名字，在这里葡萄被奉为灵魂。酒神巴库斯、酒童、手捧葡萄的天使或者女神等雕塑和绘画常常出现在墙面上、花园里和大厅中。在这里，酒文化也得到了提升，酒店内设有专门的酒文化俱乐部，富有欧洲乡村气息的品酒屋位于城堡地下一层，与品酒屋相邻的是面积135平方米的酒窖和320平方米的酒文化博物馆。

万天世纪洞察 INSIGHT

　　北京拉菲特城堡酒店，如今已经成为众多情侣们选择筹办婚礼或者拍摄婚纱照的圣地，大气的建筑，洋气的风格，吸引了大量的年轻人。而高端的定位，也使之成为成功人士们比较热衷的休闲场所。西方文化本土移植，艺术与商业的结合衔接，是北京拉菲特城堡酒店成功的要素。

　　视觉感受上的冲击，西方建筑带给人的想象空间，以及西方文化的传播与推广，拉菲特城堡作为文化庄园，已经做得非常不错了。我们不妨在他人的优秀中，找寻一些可以做的更好的角度，或者提出一些建议。

　　显然，北京拉菲特城堡酒店最突出的便是其西式建筑的风格，是哥特式建筑的魅力吸引了众多喜爱者。事实上，每一栋建筑，每一种风格，背后都有着深厚的历史渊源，都有着丰富生动的故事背景，而这些恰恰是西方文化中的一些精髓。如果拉菲特城堡在吸引顾客前来后，能将背后的文化传递出来，定能增加顾客们的兴趣，提高游玩的体验感，从而不断提升项目的口碑。比如，北京拉菲特城堡酒店背后的法国历史，西方几种主流建筑风格的特征及其演变，曾经接待过的重要宾客们发生的那些有趣的故事，相关人物的传记等等。

　　另一方面，北京拉菲特城堡酒店的定位比较庞杂，集旅游度假、休闲娱乐、健身疗养、农业观光和居住为一体，在商业的角度自然是可以实现价值最大化，带给顾客们一条龙的服务，但也同时存在着一个短板——过于分散的主题，淡化了该项目原本应该有的文化底蕴。突出的主题，以及明确的文化定位，是打造精品文化庄园的关键，在这方面，北京拉菲特城堡酒店似乎还可以做得更好。

成都宽窄巷子

　　成都宽窄巷子与大慈寺、文殊院一起并称为成都三大历史文化名城保护街区。宽窄巷子在清朝的时候是八旗子弟的居住之地，由三条东西方向的老街以及街道之间的居民宅院组成，三条老街自北向南依次是宽巷子、窄巷子和井巷子。

　　宽窄巷子清朝古街道，既有南方川西民居的特色，也有北方满蒙文化的内涵。作为一个城市标志性文化景观，见证了成都的历史和变迁。

　　宽窄巷子是集中展示老成都文化的旅游胜地，目前有多种文化、餐饮、休闲商铺在此营业，形成了典型的餐饮地产项目。这些年来，宽窄巷子获得许多荣誉称号，2008年荣获"中国创意产业项目建设成就奖"，2009年荣获"中国特色商业步行街"称号。除此之外，宽窄巷子的名声吸引了大量中外游客，其中不乏政界和商界的名流。2014年3月25日，美国总统奥巴马夫人米歇尔一行到宽窄巷子游玩，并在一家名为"大妙"的川味火锅店就餐。

　　接下来，我们按照文化产业的基本价值，对成都宽窄巷子从文化的六个维度入手进行分析和阐述。

背景来源

　　从背景来源的维度进行分析，宽窄巷子有很悠久的历史来源。清康熙五十七年（1718年），准噶尔部窜扰西藏，清廷派3000官兵平息叛乱，之后挑选千余名兵丁永留成都，并修筑少城。

　　清制规定森严，满蒙官兵一律不得擅离少城染指商务买卖。这些留下的八旗兵丁靠每年少城公园（今天的人民公园）春秋两季的比武大会，论成绩优异领取皇粮过日子。满清没落之后，百姓可以自由出入少城，商人乘机在附近开起了典当铺，大量收购旗人家产。最终慢慢形成了旗人后裔、达官贵人，贩夫走卒同住满城的独特格局。

辛亥革命以后，少城的城墙被拆除，国民政府的达官贵人来此开辟公馆、民宅居住，使得这些古老的建筑得以保存下来。据说，蒋介石也曾经到这里小住过。

到了经济飞速发展的今天，自由的房产买卖使得宽窄巷子的居民更加多元化。历经了 300 余年的风雨飘零，当年的 42 条兵丁胡同如今只剩下宽、窄、井这三条巷子苦苦相依。2003 年，宽窄巷子所在区域在保护老成都原真建筑的基础上，形成以旅游休闲为主、具有鲜明地域特色和巴蜀文化氛围的复合型文化商业街。

窄巷子

品质内涵

从品质内涵的角度进行分析，宽窄巷子是成都遗留下来的成规模的清朝古街道，是成都这个古老又年轻的城市往昔的缩影，记忆深处的符号。当游客伴着夕阳，望着炊烟，走在黄昏的巷子中，眼前会浮现久违的老城区市民化生活的场景。

宽窄巷子历史文化区，由宽巷子、窄巷子和井巷子三条平行排列的老式街道和四合院落群组成，是老成都"千年少城"城市格局和百年原真建筑格局的最后遗存，也是北方的胡同文化、建筑风格在南方存留的"孤本"。按照相关规划，该项目工程遵循"修旧如旧、保护为主""原址原貌、落架重修"的原则，完成核心保护区周边楼房及建筑风貌协调整治。

2008年6月，宽窄巷子改造工程竣工，修葺一新的宽窄巷子由45个清末民初风格的四合院落、兼具艺术与文化底蕴的花园洋楼、新建的宅院式精品酒店等各具特色的建筑群落组成。

五觉感受

宽窄巷子为游客们完整展现了一幅老成都民俗生活的画面。新天地，老味道，遥远的城市记忆，富有浓郁的日常生活情调、平民质朴的生活状态及浓浓的市井气息。

宽巷子中，老成都原真生活体验馆成为宽窄巷子的封面和游览中心。体验馆里展示民国时期一户普通成都人家一天的生活场景，用一个院落复原这个家庭的厨房、书房、堂屋、新房等，向参观者呈现老成都的生活状态。老人在老茶馆门口安详地喝茶摆龙门阵，猫懒懒地盘在脚下打盹，梧桐树投下斑驳的影子，院落里的树上挂着一对画眉……除此之外还可以看成都女孩绣蜀锦，晚上看皮影、看木偶戏、即兴写书法等。在业态上，宽巷子将形成以精品酒店、私房餐饮、特色民俗餐饮、特色休闲茶馆、特色客栈、特色企业会所、SPA为主题的情景消费游憩区。

窄巷子植绿主要以黄金竹和攀爬植物为主，街面以古朴壁灯为装饰照明，临街院落将透过橱窗展示其业态精髓。窄巷子将形成以各西式餐饮、轻便餐饮、咖啡、艺术休闲、健康生活馆、特色文化主题店为主题的精致生活品味区。

文明传承

从文明传承的维度进行分析，宽窄巷子承载着成都历史文化再现与发扬的使命，是成都历史风俗画卷，成都市井生活场景，成都时尚消费景观。这里的街道名称、项目名称、景点名称，带有深刻人文内涵的记忆线索，承载记录着成都式的生存空间与生活方式，在新的时代彼此映照。宽宽的窄巷子，窄窄的宽巷子，经历着历史的风雨，细细密密的述说着成都的旧事和如今。

据介绍，宽窄巷子历史文化片区改造的过程中，努力寻求历史文化保护街区与现代商业成功结合的经营模式，以"成都生活精神"为线索，在保护老成都原真建筑风貌的基础上，形成汇聚街面民俗生活体验、公益博览、高档餐饮、宅院酒店、娱乐休闲、特色展览、情景再现等业态的"院落式情景消费街区"和"成都城市怀旧旅游的人文游憩中心"。该区域内40%的建筑保留，采取修缮的方式，按照原有的特征进行修复，并完善内部设施；剩下近60%的建筑在保持原有建筑风貌的基础上进行改建，做到"整旧如旧"。

宽窄巷子

改造后的宽巷子、窄巷子，以"文化、商业、旅游"为核心的功能，其间设置一些区域，专门用来展示一些早已失传或将要失传的古老艺术和文化，如蜀绣、蜀锦、竹编及漆器工艺等，还修建了一些具有特色的纪念馆、旧时的画馆、文馆、茶馆、戏馆等，并且邀请一些顶级艺术家以及文化名人来这里从事创作。其中宽巷子代表了成都的市井民间文化，集中了整个街区最多最完整的老建筑，共有20多家特色院落，多数都留下保存完好的旧时门脸，充满怀旧气息和历史文化特色。原住民、龙堂客栈、精美的门头、梧桐树、街檐下的老茶馆等构成了宽巷子独一无二的吸引元素和成都语汇。这里再现了成都休闲生活样本，品盖碗茶，吃正宗川菜，体验老成都的风土人情。而如今的窄巷子既有清末民初的建筑，也有早期西式洋楼，建筑风格带有明显的西洋特征，同时又不失传统风格，形成了中西合璧的包容文化。精致和格调是这里的代名词，最能体现宽窄美学的地方。

宽窄巷子展示了成都的院落文化。这种院落文化代表了一种精英文化，一种传统的雅文化。宽巷子是"闲生活"区，以旅游休闲为主题。宽巷子是老成都生活的再现，在这条巷子中游览，感受成都的风土人情和几乎要失传了的一些老成都的民俗生活场景。而四合院中可以品盖碗茶，吃正宗的川菜。宽巷子唤起了人们对老成都的亲切回忆。新建的宅院式精品酒店等各具特色的建筑群落给富有传统气息的巷子点缀上了时尚的气息，是老成都的"闲生活"。窄巷子满足了"宅中有园，园里有屋，屋有院，院中有树，树上有天，天上有月"的中国式的院落梦想。

历史的车轮匆匆在时光的车道上风驰而过，三百多年的宽窄巷子却在历史中保存下来。从最先的八旗清军，到后来的满族后裔，再到融居于此的成都人，到如今成都政府对它的修复与打造。民间有"宽巷子不宽，窄巷子不窄"的说法。两条250米长，不足8米宽的巷子，正因为有了历史，装载着的故事，宽窄的感觉便在于人们的心中。

社会习惯感知度

从社会习惯感知度的维度进行分析，宽窄巷子不仅是成都的、四川的、西部的，它也是中国的、世界的。成都市已成立专业运营管理公司，在国内外推介宽窄巷子。如今已经有大批国内外著名商家进驻宽窄巷子，众多文化名流也纷纷入驻：诗人翟永明开了白夜酒吧、诗人石光华开设川菜餐厅、诗人李亚伟开设民间精品菜馆等。

2013年，路易威登在成都举行2008路易威登老爷车巡游展，宽窄巷子作为此次巡游展的中国第一站，进入世界视野。

2017年2月,歌手赵雷在某歌唱类节目中的一首《成都》,火遍了大江南北。歌词中讲述的记忆中的成都生活,又一次呈现在世人的面前。成都,向来以恬淡的生活节奏著称,成都是人们口中"一座来了就不想走的城市",一个让时间慢下来的"休闲之都"。

而宽窄巷子,则是成都民俗文化的集中体现。人们来到成都,就要走到宽窄巷子,去感受真实的成都生活,真实的成都文化。从这个角度上看,宽窄巷子就是成都民俗文化的一张名片,甚至是四川人文的一面镜子。然而,看起来承载如此之重的宽窄巷子,似乎欠缺了一些文化上面的厚度。

宽窄巷子,延续了百年成都历史的记忆,古老的建筑似乎还闪着历史的光辉,但与其他各地的文化古城和民俗古巷一样,同样回避不了商业化的冲击。商业与文化,一直并存,但处理不好的时候往往成为了互相制约的因素。我们这本书,讨论的是如何利用文化,更好地服务于商业,所以如何更好地将"文"通过某种方式"化"到合适的载体上,就是所有项目需要关注的关键点。所以,宽窄巷子在这方面暴露出来的问题,同样是我们重点关注的对象。

宽窄巷子的古老建筑风格,与成都文化底蕴是契合的,但与国际化都市又是违和的,商业化冲淡了文化色彩,商业街的定位,也与其承载的厚重历史文化有些许的冲突。闹市的喧嚣与如织的游人,是恬淡闲适的外表下,同时呈现在游人眼前的真实面貌。这样一来,文化的呈现与表达,自然打了折扣。

另一方面,不可避免的现代气息,也同样在淡化着历史的积淀,至少在视觉感受下,观感是冲突的,是纠结的。通过更好的规划,更妙的设计,留住更多的游人,让成都古老的文化和民俗,进入到人们的心中,让人们真的来了就不想走,做到这些宽窄巷子还有很长的路要走。

云南彝人古镇

彝人古镇,是伟光汇通集团打造的集彝族文化、建筑文化、旅游文化为一体的大型文化旅游地产项目。该项目建筑面积150万平方米,总投资32亿元,集商业、居住和文化旅游为一体,是可旅游、可商住、可经营、可买卖、可赚钱的地产。以古建筑为平台、彝文化为"灵魂",古镇项目为楚雄彝族文化走出楚雄、走出云南搭建了一个重要的文化传承平台,实现了文化与经济的成功嫁接。

彝人古镇的建设响应了云南省委、省政府、州委、州政府在大力推广文化旅游产业的发展号召,旅游文化与商住相结合的"高尔夫球场"开发模式,将为云南文化产业的发展起推动与示范作用。彝人古镇建成后,每年游客达到200万人次。

接下来,我们按照文化产业的基本价值,对彝人古镇旅游地产项目从文化的六个维度入手进行分析和阐述。

背景来源

从背景来源的维度进行分析,彝人古镇运用了太阳女的传说故事。

相传,很久以前,天上有七个太阳。那时候,风调雨顺、树木常青、鲜花不败,庄稼一年中能收获七次,牛羊一年中能怀七胎。彝族人民丰衣足食,生活美满。

然而,在哀牢山出现了一只生性喜欢黑暗、惧怕光明的夜猫精。夜猫精怨恨太阳,它变成无比高大的鹰嘴铁人,攀上高山,拔下身上的羽毛当箭,一连射下了六个太阳后,第七个太阳躲着再也不出来了。

天上没有了太阳,大地一片黑暗,灾难降临到人间。人们知道,只有一个太阳躲过了这场劫难,他们向着天空哭诉,希望太阳出来,可是第七个太阳始终没有出来。

为了寻找光明,勇敢的人们踏上了不归之路。白族选去的人没有归来,傣族选去的人没了踪影,苗家选去的人杳无音信。而汉族的英俊小伙回来了,他满身伤痕,只说了"夜猫精"三个字就倒在乡亲怀里死了。

在人们焦虑不安的时候,哀牢山里三个美丽的彝家姑娘,点起火把踏上了寻找太阳的征途。她们带领各族寨邻乡亲,举起成千上万的松明火把,把山里照得通明雪亮。"夜猫精"怕光更怕火,无处藏身,被人们堆起的火把烧死了。三个彝家姑娘又向山林深处去寻找太阳,她们翻山越岭,历尽千难万险,从春天找到立秋那一天,终因精疲力尽,气息奄奄地倒在山谷里。临终之际,她们动情地呼唤:"太阳啊!快出来吧,你离开了我们,庄稼就不会熟,牛羊就不会壮,鲜花也不会开。太阳啊,快快升起来吧!"

三个彝家姑娘死了。但她们并没有倒下去,在她们立脚的地方,长出三座高高的山峰,太阳被三座尖尖的山峰托了出来。三个姑娘的真诚感动了太阳,大地重见了光明,人间又恢复了往日美好的生活。"太阳女"从此成为彝家姑娘勇敢、善良、美丽的象征。

直到今天,每逢立秋那一天,三尖山下,成千上万的彝家儿女仍在纪念为人间找回太阳的三个姑娘。

品质内涵

从品质内涵的维度进行分析,彝人古镇项目具有地域优势,古镇位于云南楚雄市经济技术开发区永安大道以北、太阳历公园以西、龙川江以东、楚大高速公路以南。而楚雄地处"彝族文化大走廊"的中心部位,扼守滇西要道,素有"省垣门户、迤西咽喉"之称,是"滇西旅游黄金线"上的门户。它立足彝州首府鹿城,距昆明 90 分钟车程,杭瑞高速公路从北面穿过,从昆明出发的客流进入滇西,无论是北上滇西北的丽江、香格里拉,还是南下保山腾冲进入缅北,都要从这里经过。

五觉感受

从五觉感受的维度进行分析,彝人古镇运用的主要是视觉和听觉元素。

古镇小桥流水,花木扶疏,假山嵯峨,流水潺潺,每条街巷都美不胜收;哀牢叠翠、龙岗夕阳、南山雁塔、三潭瀑布、白塔晨曦、狮山古刹,浓缩了一个彝州城,乔迁了一段江南景。这里是彝州的《清明上河图》,将彝州的特色建筑、民族风俗都在这幅图画中展现出来。彝人古镇的小剧场表演,有太阳女选拔大赛,这个表演是根据彝族的历史传说改变而成,民族特色浓郁,看点十足。

彝人古镇风景图

除此之外,饮食文化街、古镇水系、水系两边的酒吧、茶室、小吃街、洋人街、民族手工艺品街、旅游商品街、彝人竞技馆、彝人水疗馆、彝家婚宴、彝族医药一条街等旅游元素都要在彝人古镇中体现。其中彝族特色的美食就是运用嗅觉和味觉来让游客回味无穷。彝人部落豆腐坊的特色彝家腊肉、粉蒸羊肉、彝家羊汤锅、彝家豆花、彝家豆腐,山菌园群珍荟萃丰富多样的野味特色都是色香味俱全。

文明传承

从文明传承的维度进行分析,彝人古镇项目是基于彝族民族文化的基础上建立起来的房地产项目。

彝族,是中国少数民族中有文字、历法和独特传统文化的民族之一,彝族的历史人文资源十分丰富、博大精深。用彝族文字写下的文献浩如烟海,内容涉及政治、经济、宗教、天文、历法、历史、地理、医学、艺术等方面。他们的十月太阳历、虎宇宙观、万物雌雄观、尊左、尚黑、火崇拜、毕摩画、毕摩经、史诗《梅葛》等成就对人类的科学史、思维史产生过重大影响。彝族支系多达 50 多个，每个支系的建筑文化、宗教文化、服饰文化、歌舞文化、民俗文化、节日文化的内容十分丰富。

彝人部落

彝人古镇的开发就是为彝族的民族文化提供一个展示的平台，把古镇的文化特色运用的淋漓尽致，整个古镇的建筑外观集中展示了滇、川、黔、桂等省区彝族的建筑文化。其中梅葛广场通过雕塑形式，再现了彝族创世史诗《梅葛》的精髓以及彝族先民太阳历文化。桃花溪溪水碧流贯穿古镇中部，通过溪上各式石桥、栏杆、水景设施等展示了彝族历史上重要的史实和对歌习俗。望江楼，是大理国"德江城"的标志性建筑，荟萃楹联文化及书画艺术，还可登高远眺。火塘会广场主要展示了彝族的火文化。彝族是一个"尊左、尚黑、崇拜火"的民族，广场是彝家兄弟踏歌娱乐的最好去处。德运广场，通过"德运石"、《德运碑》等表述了大理国高氏相国的功绩，突出了以德治国的理念，也号召世人不忘祖训，以德为人，同时，为后期开发德江城找到了历史依据。咪依鲁广场，通过雕塑讲述了《咪依鲁》的传说，展现了彝族人民勇敢、机智、不畏强暴的精神。

在彝族古镇的未来规划中，计划和展示更多的彝族文化要素和文化形态。彝族原生态市井文化，计划在正大门入口规划一条市井商业街展示彝族原生态市井文化，布置酒铺展示工艺、彝族酒具。刺绣房主要有织布、染布、刺绣工艺展示。药铺展示彝族的医药文化，茶铺展示彝族的茶文化等。原生态生活文化方面，彝人古镇计划在市井商业街北面规划一个原生态村落，布置民居、打谷场、姑娘房、婚房、土主庙、村社广场等生活环境，并通过碾米、磨面、纺织、刺绣、婚礼等活动展示彝族原生态生活文化。历史文化方面，彝人古镇采用雕塑的形式展示彝族历史文化，如用一组从猿进化到人的雕塑展示楚雄是东方人类发源地的历史，用一组六祖雕塑展示彝族六祖分支的传说历史，用一组马邦雕塑展示楚雄是盐马古道和茶马古道的历史等。

除此之外，彝族的歌舞文化、服饰文化、节日文化、祭祀文化都有更丰富的体现。就像祖庙的规划建设，就是根据彝族"六祖分支""九隆神话"的传说，彝族民间有"土主崇拜"的习俗，设"六祖庙"用于彝族民众对先民、对祖先的崇拜，成为广大彝族同胞寻根祭祖的场所。

社会习惯感知度

从社会习惯感知度的维度进行分析，彝人古镇运用网络和传统媒体宣传自身，通过娱乐选拔赛的活动，增加推广力度。如"古镇飞歌，寻找彝州好声音"活动结合当下娱乐热度，根据自身优势，不仅让有音乐天分的人在梦想的舞台上破茧成蝶，更重要的是推广了彝族的民族文化，服饰和音乐。

除此之外，古镇的部分街区建成后，将集旅游商品加工、批发、直销、零售于一体，每年在该区域举行二至三次全国性的旅游商品展销会，会成为今后云南乃至全国旅游商品交易的最佳区域。

  彝人古镇,通过特有的民族建筑风格,和民俗文艺表演,向世界展现了彝族人民的生活,以及彝族的人文风俗,是个不错的文化地产项目。

  彝人古镇的开发很好的展示了彝族的民族文化,建筑文化自不必说,其他诸如彝族原生态市井文化、手工艺、彝族酒具、刺绣房、木器、竹器、乐器、银器、漆器、茶文化等都得到了淋漓尽致的展示。除此之外,彝族的歌舞文化、服饰文化、节日文化、祭祀文化都有丰富的体现。

  按照文化的六个维度来分析,该项目还存在一些问题和不足。

  彝人古镇对外宣传,运用的是太阳女的传说,故事比较动人。但这种明显的传说和过于理想化的故事情节,并不太适合彝人古镇项目的背景传说。这个项目在建设和推广的过程中没有更好地利用彝族民族文化传说和故事。

  彝族文化与生俱来就有传奇和神秘的色彩,该项目虽然试图运用故事传说,却不能和项目本身进行很好的融合。如何挖掘出更好的故事,更完整地展现彝族民俗与传统,是彝人古镇可提高的空间。

  中国是个多民族融合的国家,各地区民族文化的项目越来越多,彝人古镇需要在激烈的市场竞争中独树一帜,打造独特的区分于同行业内其他项目的竞争优势,将彝族文化特有的光辉传递出来,将彝族人们生活中美丽的方方面面展现给全世界。

深圳东部华侨城

深圳东部华侨城（简称华侨城），坐落于广东省深圳市大梅沙，由华侨城集团斥资 35 亿元人民币精心打造，是由国家环境保护部和国家旅游局联合授予的首个"国家生态旅游示范区"，集休闲度假、观光旅游、户外运动、科普教育、生态探险等主题于一体的典型的旅游地产项目。

华侨城主要包括两个主题公园、三座旅游小镇、四家度假酒店、两座 36 洞山地球场、大华兴寺和天麓地产等项目。

华侨城认真履行社会责任，规划营造了一个全方位自然体验的生态之旅，同时以寓教于乐的方式向游客推广环保知识，启发游客热爱、保护大自然的意识，实现了生态、经济、社会效益的和谐统一。

华侨城开业之后就受到了游客的追捧，取得了良好的生态效益、经济效益和社会效益。从 2004 动工建设至 2007 项目一期开放，华侨城打造了包含生态景区、主题酒店、健康水疗、郊野球场、大型演艺等内容的一系列生态旅游精品，并已成为粤港澳地区的城市名片。其中，天麓大宅依托华侨城壮阔的山海，在景区里建住宅，在住宅里造景点，实现了优质的居住环境。2008 年，荣获联合国"全球人居环境最佳社区"称号。

自试业以来，华侨城先后赢得由社会各界有影响力的组织授予的 20 多项荣誉，截至 2008 年底，项目一期已接待游客达 300 万人次，实现税收 5 亿元，提供了 3000 多个就业岗位。其各项指标均创全国旅游景区之先河。

接下来，我们按照文化产业的基本价值，对华侨城旅游地产项目从文化的六个维度入手进行分析和阐述。

五觉感受

　　从五觉感受的维度进行分析，华侨城除了精心设计的景区建筑之外，还打造了多台文化演艺项目，不同的季节推出不同的主题演艺活动，给游客以视听娱乐。而依托于华侨城开发的天麓地产项目则充分利用自然的山地地形，营造建筑间错落有致的视觉感受，提供给人们欣赏山海景观的最佳视角。

教堂花钟

　　首先从旅游园区的景点来看，茶溪谷度假公园给游客呈现了一个绿的世界、花的世界。异域味道的大门之后是美丽的花海，人工种植四季花田的大山，满山坡的各种颜色的鲜花，色彩按规划毫无混杂。茵特拉根小镇则包含欧洲瑞士阿尔卑斯山麓茵特拉根的建筑元素、谢菲尔德的彩绘题材和元素，实现了中欧山地建筑风格与优美自然景观的完美结合。温馨的主题街区、古老的森林小火车、典雅的度假酒店、茵特拉根温泉等景点，在山谷间创造出一个美得像童话世界的山地小镇。海菲德小镇原木与砖石相结合的建筑温馨质朴，演绎了19世纪美国加州纳帕山谷的红酒小镇风情。大侠谷天街主要向游客展现了浓郁而独具特色的世界红酒文化，天街上空是长120米、宽12米的LED屏幕，环绕立体声和高清视频以及变幻莫测的虚幻场景为广大游客营造出步移景换的精彩旅程。

　　茵特拉根酒店将中欧山地建筑风格与南中国壮美的山海景观完美结合，出落成一个美得不食人间烟火的童话。瀑布酒店隐藏在大瀑布和巨岩之间。设计师以水为元素进行创作，艺术与奇思妙想渗入每一个角落。在这里，人们可将壮观的大侠谷瀑布收入眼帘，也可沉醉于红酒小镇。

园区内的演艺节目，除了"山地采茶节""山海放歌节""国际茶艺节""山地祈福节"等顺应不同季节推出的节目之外，给人印象最深的应该是佛教主题园区大兴华寺的四台主题演艺。《天禅》《天机》《天音》《天籁》四台演艺节目，融合了多种艺术手段，其多维表演空间组合成令人震撼的视听效果和精美绝伦的艺术画面。为游客演艺大型多媒体交响音画的视听盛宴。

华侨城的天麓地产项目，是一部由山海写就的壮丽的"建筑史诗"。天麓项目突破了形式上的概念和视觉上的再现，以天下罕见之壮美山海，孕育出天下罕有的顶级豪宅。它拥有独特的湖山自然景观，延续茵特拉根的北欧山地建筑风格，充分发挥临湖而居的特色和优势，以巧夺天工的建筑表达人类对山、海的景仰，用非一般的高尚、优雅的空间审美来表现自然空间的博大丰富，融建筑于自然山体之中，体现了人与自然的和谐相处。

天麓住宅组群的规划充分利用基地地形及由高而下的天然山势，以高低错落有序的几何形体组合创作出一个富有现代感的山地建筑群。整体项目为现代风格，以简洁的大面积相同材质的"箱体"为主要元素，突出其质朴而轻盈，融于山林之间，回归自然追求本色的内涵。

天麓的设计使用空间、光线、结构的秩序来传达静谧的氛围，其设计灵感全部来源于周围文化和环境的点点滴滴，整合了自然风景和建筑空间。建筑的空间感往往体现在葱翠的高原、水池和中庭上，从而营造出所有元素的完美结合。

其中天麓二区，依循于山脊之脉，蜿蜒于纵横中，视线最远处，是海天一线之间的宽广跨度。天麓七区位于云海谷体育公园内，依山傍水，绵延起伏的山峦、宁静的湖面、绿色的高尔夫球场构成了独特优美的自然风景。整个园区的规划上采取回转序排布局，使建筑曲线与山体的曲线相吻合，避免了与山际线的视觉冲突。独栋别墅44席，建筑风格沿袭传统的坡屋顶，红褐色瓦砖铺就，简洁的欧式立面，经典的土黄色搭配咖啡色线条，橘色、浅米色的墙面掩映在山体之间，与山脚的海菲德小镇遥相呼应。

文明传承

从文明传承的维度进行分析，华侨城景区中近百处景点大致按照中国区域版图分布，是中国自然风光与人文历史精粹的缩影。

这里有微缩版的长城、秦始皇陵兵马俑、古老的石拱桥、天文台、木塔、故宫，海奇山峰黄山、黄果树瀑布、黄帝陵、成吉思汗陵、明十三陵、中山陵、孔庙、天坛等景观。

华侨城在项目打造的过程中加入了特有的文化元素，像茶翁古镇。茶溪谷兼有"茶、禅、花、竹"等主要元素，融合了西方山地小镇的风情、湿地花海的浪漫、茶禅文化的融合和岭南茶田的幽雅。茶翁古镇是禅茶文化的鉴赏区，在这里游客可以品茶餐、尝茶点、吃土菜、观茶戏、饮茶酒，深入了解茶禅文化；同时还可以在茶艺坊、茶酒坊、陶艺坊等地方亲身体验采茶、制茶、做陶的乐趣，体会传统工艺的魅力。

佛教主题园区大华兴寺，坐落在华侨城的观音座莲山。这里拥有观音座莲宝像、佛文化主题酒店华兴寺檀越酒店、妙相禅境、大雄宝殿、众香界、香积斋、归一阁、云水堂等。大华兴寺檀越酒店将"禅宗"理念纳入酒店的设计构思，创造空灵、简朴的禅意空间。包括22间禅意客房，六间禅意套房，14间静谧大床房，两间典雅双床房。

在佛教主题园中，还有以佛文化为主题的《天禅》《天机》《天音》《天籁》等多媒体演艺活动精品。其中《天禅》以禅茶文化为主题，让人仿佛走进天人合一、梦幻神秘的天禅之境。《天机》是一部以生命起源、人与自然相互依存为故事主线的多媒体奇幻水秀。《天音》以战国时代出土文物曾侯乙编钟（精仿）为主演奏乐器，以《观音赞》作为主音乐线索，为游客演绎了一场规模宏大、气势恢弘的佛教历史文化视听盛宴。《天籁》描绘的则是一幅神秘而灵秀的原生态风景画卷，原生态歌手质朴的歌声、茶园的盎然绿意、采茶女的明丽动人，交相辉映勾勒出勃勃生机的大自然。

社会习惯感知度

从社会习惯感知度的维度进行分析，华侨城自开业以后，得到了社会各方面的广泛认可，它旗下的项目也获得了多项荣誉称号。华侨城获得"中国十大休闲文化基地"荣誉称号，天麓大宅荣获"全球人居环境示范社区"荣誉称号。

云海谷在由《高尔夫周刊》、高尔夫天地网、分众传媒、《世界高尔夫》四家媒体联合主办的评选活动中荣获"2007我最喜爱的高尔夫球场""深圳市地标球场及十佳球场质量奖"两大殊荣。以禅茶文化为主题的多媒体交响音画《天禅》在由中央电视台和亚太广播联盟（ABU）联合主办的"2007首届亚洲青年艺术节"中荣获首届亚洲青年艺术节金奖。

除了参加各种奖项评选之外，华侨城还在园区内根据不同的时间季节、相关节日举办不同的活动，像十月份举办的"瑞士风情节"就会让游客圆瑞士度假的梦。

在宣传推广自身品牌建设方面，华侨城做的最好的就是和电视剧组达成影视合作。2009年，华侨城作为外景拍摄地参与湖南卫视自制的偶像剧《一起来看流星雨》的拍摄。2010年2月到2010年5月作为外景拍摄地参与《一起来看流星雨2》。其中《一起来看流星雨》楚雨荨和慕容云海的热气球之旅和浪漫告白选景就在以花海景观为载体的湿地花园。

华侨城不仅利用影视剧的拍摄达到提升自身知名度的效果，还以影视剧的拍摄场地为噱头，开发了相关的旅游路线。比如在《一起来看流星雨2》拍摄期间，积极以外景拍摄地的姿态发售东部旅游金卡。

按照文化的六个维度分析，华侨城是成功的典型案例。

以文化旅游景区为主体，辅以其他配套完善的旅游设施，打造"让都市人回归自然"的旅游度假区。建设人与自然的和谐共处的综合性都市型山地主题休闲度假区，这个定位十分讨巧，在日益喧嚣的都市中，非常吸引人。微缩景观的应用，更是点睛之笔。本着追求至善至美的宗旨，我们还是要分析一下，华侨城在文化塑造上面，是不是还有一些可以改进的地方。

从名称来源来看，华侨城这个名称，直观上传递给人的信息，是"华侨"两个字，然而我们查遍了华侨城相关的所有信息以及宣传资料，并没有找到"华侨"这个信息的来源和出处。是否与华侨有关？是否项目建立之初有华侨的相关因素？皆不得而知。虽然有些人并不会太过于关注名称本身，但从文化项目的角度去看，这似乎是一个不太说得过去的理由，或者说，原本是可以从这两个字出发，去挖掘一些人文历史背景，为华侨城项目提供一个有文化有内涵有底蕴的背书。

此外，华侨城打造的特有的佛教文化主题园，掺杂的禅茶文化，与中华民族各地文化盛景缩影的主题，这么多元素糅杂在一起，似乎显得过于庞杂。庞杂之余，自然会淡化了主题，丰富自然是好的，但若一味的贪多，有时候会让文化呈现出一种不伦不类的效果，这一点很值得我们思考。人们接收讯息是有限的，过多的讯息有可能会让接收的人失去重点，陷入迷茫。这样一来就影响到了文化传递的准确性，"文"也就不能如设计之初所期待的"化"到合适的载体上了。

第五篇
艺术收藏品文化篇

贡品轩

贡品轩，坐落在中国古典家具工艺之都——莆田仙游，是华东华南地区收藏经营、仿制中式古典家具的大型企业之一。

自 1991 年创立以来，贡品轩一直致力于古典家具文化艺术的研讨与交流，把对古典家具文化的研究、传播作为其发展的核心动力。贡品轩以继承弘扬民族文化为己任，研发民族家具文化产业，在不断挖掘古典家具精华的基础上，明确了"古典家具艺术性、民族工艺欣赏性、现代实用性、家居产业文化性"的发展目标。

经过多年的发展，2009 年贡品轩通过了福建东南标准认证中心的验证，获得了质量管理体系证书，2011 年被中国国际贸易学会评为"诚信经营示范企业"。

在全国工艺美术展会上，贡品轩也是屡获殊荣，累计获得了 13 个金奖，四个银奖，三个铜奖。2010 年企业被授予"非物质文化遗产"仙作传承人企业，并在 2013 年被评为中国驰名商标。

贡品轩集设计、制作、销售、收藏为一体，秉承着"精研物理人文，传承古典风韵"的宗旨，引领中国高端红木家具的风潮。贡品轩古典家具产品，蕴藉风雅，古韵天成，以浓郁的人文气息和精湛的传世技艺，彰显了中国家具在中国文化上的风采。

接下来，我们按照文化产业的基本价值，对贡品轩这个项目从文化的六个维度入手进行分析和阐述。

贡品轩门店内景图

背景来源

从背景来源维度来分析，贡品轩很好的利用了文化传承和 36 个要素中故事这个要素，为自己的来源找到了传承的嫁接点和故事背景。

贡品轩的古典家具有久远的历史传承，其产品源自于仙游木雕，而仙游木雕原本就是一个古老的木雕流派。在历史上，仙游木雕统称为"仙作"，亦称"洋塘雕花"，属于福建龙眼木雕的一个支流，是一个具有独特艺术风格的古老木雕流派，而贡品轩的所在地就是其发源地。

"仙作"兴于唐成于宋。在唐代有"僧乡佛国"之誉的仙游寺庙林立，寺院庙宇的栋梁、屋椽、门楣、佛像等木雕艺术日臻成熟，特别是木雕佛像造型简练、刀法娴熟、线条流畅，风格独异，已经具备了较高的艺术水平。到了宋代，"仙作"才由寺庙创作逐渐演变到民间创作，由建筑装饰艺术演变为家具雕刻艺术，这也在客观上促进了"仙作"的艺术成熟。

公元 1100 年，是仙游木雕成名的重要历史时刻，同时也是贡品轩故事的开始。这一年北宋仙游籍宰相蔡京被弹劾。传说此时的蔡京做了一个梦，梦中见到九鲤湖仙开示偈言："刻木铭心处，乘雷可升腾。"于是蔡京召回苏杭等地的仙游籍木雕艺人，将仙游传统木雕艺术融合进宫廷家具，雕刻了"貂蝉拜月""弄箫引凤""兰桥仙窟"与"嫦娥奔月"等人物故事主题的家具作品，并以江南名树黄杨木制作的罗汉床和绘有仕女人物图画的屏风案几进贡徽宗皇帝。于是龙颜大悦，重诏蔡京回宫，于徽宗朝四次任相。

当时被蔡京召回的主要木雕艺人中，有一位是贡品轩的创始先辈林氏，其雕刻的寺院庙宇木雕作品工艺精熟，风格独特，在苏杭一带早已负有盛名。林氏带门下学徒完成蔡京用于进贡的木雕作品之后，更是名震天下。后来林氏木雕坊更名为"贡品轩"，其雕刻的太师椅、宝座、条案、条桌等家具作品深受王公贵胄和殷商巨贾的喜爱，成为历代皇城宫殿、名胜祠庙及名士雅筑的宝物，有"贡品甲天下"的美誉。

品质内涵

从品质内涵维度来分析，贡品轩传承了仙游这片土地上的木雕工艺精髓，植根于"精细浮雕"和"精微透雕"传统工艺，放眼现代潮流，以海纳百川、中西合璧的创意精神，创造了"新古典人文家具"。

贡品轩重视家具品质，在家具制作的过程中精益求精。恪守费时费工的贡品轩家具工艺五步法：第一步制木，始于优选良材；第二步木工，榫铆精密，一丝不苟；第三步雕花，精雕细刻，极致精湛；第四步刮磨，不惜工时，磨法天成；第五步揩漆，色泽光莹，气质典雅。正是因为谨守严苛的制造工艺，贡品轩才能打造出"于细节处显精微，于宏观处现光华"的上善之品。

贡品轩在作品选材上，注重选购明清时期所用的名木，并根据当时的年代色彩和家具造型、款式、类别选择其适用的木材品种。在选料的过程中，贡品轩对原木进行等级筛选，细分大料和小料，分别处理；在开料时，采取取芯材、裁边料的工序；刨料时由专业技师用钢刀进行刮磨，并不惜代价祛除"白边"；同时贡品轩将除"白边"延展到制作工序，技师在制作家具时一旦发现有"涉白"就立即用手中的雕刀剔除；在打磨工序中，贡品轩还添加了找"白边"的环节，一旦发现前四道工序的"漏网之鱼"，就立即磨去。"贡品轩"的五道工序祛除"白边"深受业界认同，对于曾经在红木市场上流传着古典家具掺"白边"的情况也有一定的改善意义。

贡品轩在产品工艺上，其产品形态的优美、线条的流畅、整体比例的均衡，出厂的每一件工艺品都工艺精湛，榫卯结构、细部的雕刻深浅和艺术手法，均合乎中国传统家具的风格。

贡品轩古典家具有限公司的所在地正是"仙作"的发源地，莆田木雕作品岁月流传，经久沉香，而仙游更是被称为中国古典家具工艺之都，近年来"仙作"

被越来越多的艺术品收藏家珍藏。

莆田这片土地上的工艺美术历史悠久，蕴含着深厚的历史文化积淀和丰富的传统风格。宋代莆田木雕作品作为贡品进贡皇室，清末莆田木雕在 1903 年"巴拿马国际博览会"上荣获一等奖，并有多件作品被故宫博物馆收藏。新中国成立以后，莆田木雕的辉煌并没有结束，其作品参加捷克国际展览会得到嘉奖，多件名家佳作曾经陈列于人民大会堂。

五觉感受

从五觉感受维度对该项目进行分析，贡品轩主要运用的是视觉感受。贡品轩成功地将传统元素融入家具主流时尚，其产品将书法、绘画、建筑、雕刻等中国古代文化艺术中的灵感汇聚为一体，集中体现中国传统审美观和文化内涵，很具观赏性。

贡品轩红木座椅图

贡品轩的产品巧妙融合了中国传统的国画艺术、雕刻艺术和家具制作技艺，简化了线条，摒弃了复杂的肌理和装饰。贡品轩的产品取明清家具的精华，保留清式家具的风格华丽，浑厚庄重，线条平直硬拐，装饰丰富和明式家具的造型简洁完美，结构严谨合理、构图丰富饱满、布局气韵生动。除此之外，贡品轩的产品还结合了古希腊、古罗马的艺术传统，以富有装饰感的东、西方艺术形象为构思创作的主题。总而言之，贡品轩的家具产品复兴了一种庄严、肃穆、优美和典雅的艺术形态。

贡品轩的新古典木雕工艺古雅大方，集合中国绘画艺术与雕刻艺术的美，调动平、圆、透、镂、徽等雕刻艺术技巧，虚实相生，凹凸交替，明暗渐变，刀痕凿迹雅趣横生。其"倾城""倾国"两大系列产品，造型大方、精雕细琢、榫卯精巧、玲珑通透，集明清式家具之精华于一身，有文绮典雅精致之传统美态。因此，贡品轩的古典家具产品被鉴赏家和收藏家誉为"艺术之离骚，雕刻之绝唱"。

贡品轩给人的视觉美感不仅仅表现在其产品的造型雕琢上，同时也表现在其家具展厅的设计布局上。贡品轩古典家具展厅融合了东方古典家具和古建艺术美感，展厅内石桥回廊及美人靠，将各个空间融会贯通地连在一起，通过粗细、曲直、刚柔、轻重的灵巧变化，营造简洁飘逸、自然朴拙的境界，青砖白墙与红木家具，古风禅韵自然而生。

贡品轩的展厅整体表现出一种大气的古典之美，凝聚了古典中式风格的灵秀与中式传统家具的儒雅，同时也将现代人们的生活方式、审美情趣融入其中。

文明传承

从文明传承的维度来分析贡品轩这个项目，贡品轩致力于让传统文化的精髓在现代家具中存活下来，并在家具的制作过程中把这种理念展现的淋漓尽致。

贡品轩的产品立足于传统文化，兼收并蓄，溯源唐宋，集明清雕刻艺术之大成，继承明式家具"外柔内刚"的风格，又融入福建圆雕流派的优点。其产品创作的取材突出仙游地区在雕刻题材选择上的特色，以人物和山水为主，产品相对完整地表现人物形象和故事情节，突显出更强有力的表现力。这样的表现方式，让贡品轩的产品拥有历史和传统，从而让消费者产生一种联想与情感，透过这种令人愉悦的美感体验产生感知的价值。

贡品轩以"形艺材"始发，以"韵律神"进阶，以"儒释道"升华。三重境界的贡品轩的产品浸漫着浓郁的儒家的气节、释家的禅理和道家的法度，通过与传统文化的沟通，最终实现历史与人心的共鸣。就像其出品的北宋太师椅，造型"上圆下方"，承载着中国古代"承天象地""天圆地方"等哲学概念。

唐代佛教木雕工艺是"仙作"的最初形态，其深厚沉淀正是贡品轩红木家具艺术创作的原生营养。到了宋元时期，随着妈祖信仰文化的流传，仙游的神像雕刻发展迅速。贡品轩轩主林福星正是出身于这样的宗教文化和艺术环境之中。他带领贡品轩雕刻的福建三明的圆通禅寺寺庙祭祀家具、福建泉州承天寺的列明式家具等诸多寺庙定制家具给佛教文化的朝拜者留下了隽永的记忆。

除此之外，贡品轩的古典家具产品有其自身的传承性。早在明清的时候，贡品轩的艺术雕刻家具和红木雕刻家具，在木工制作造型以及雕刻装饰的图案、花纹等方面都已经都日臻完美。其作品雕刻技艺精湛，图案花纹细腻精微。明永乐年间，郑和七下西洋，从东南亚等地引进的名贵红木留在了仙游，贡品轩的能工巧匠们充分运用各种名贵木材制作红木家具。及至清朝，贡品轩迈入结构考究、装饰华美的繁厚样式的中国传统家具的鼎盛时期。

社会习惯感知度

贡品轩在传承仙游古典家具的同时，还热心于公益事业，传承古典家具文化和公益事业相辅相成。修路造桥，捐资助学，向仙游文庙捐赠价值约 18 万元的工艺图，协助组建仙游消防支队。2008 年汶川发生地震，贡品轩组织、引领各企业捐款捐物，以慈善团体捐款的方式为汶川灾区筹集善款 200 多万元。贡品轩对公益事业的支持使其在仙游当地有着很好的社会声誉。

除此之外，贡品轩还通过电视媒体提高自身的知名度。2008 年 2 月，央视"春暖 2008 中国莆田工艺珍藏品爱心拍卖晚会"栏目走进莆田，贡品轩的董事长林福星亲手创作的明式沙发八件套在拍卖会上拍卖，最终以 286000 元成交，所取得的拍卖款全部捐献给慈善事业。

万天世纪洞察 INSIGHT

贡品轩是致力于古典家具的生产制造,依托于历史传承和文化内涵,对自己进行了一系列的文化属性的增值包装。按照文化产业的基本价值,通过文化维度对其进行分析解构之后,我们不难发现,该项目只有思维想象维度没有涉及。在我们看来,贡品轩在产生来源方面利用历史传承和故事把文化要素融入的很好,五觉感受维度把视觉感受和中国的绘画艺术和雕刻艺术结合的恰到其分,但在其他维度则属于有文而无化的状态,有很大的提升空间。

首先是品质内涵方面,红木家具的制造,一定会涉及红木的相关知识,红木的材质在品质内涵方面是一定要讲的。从材质上来讲,黄花梨、红酸枝、红檀木、紫檀木、鸡翅木等木材都属于红木的范畴,但其材质、色泽、纹路、形状、坚硬程度等都有不同,甚至是同一种木材不同的产地都会有品质的差距,就像老挝红酸枝木、非洲酸枝木、红檀木等都是很难再生的资源,其名贵程度可想而知。贡品轩在红木家具材质的选择上,木材原产地来源的选择上都可以有更多红木知识、红木文化的附加,从而来实现其文化内涵的增值。

在文明传承这个维度,贡品轩注重表现其蕴含的文化传承,也将儒释道的文化气节和哲学概念融入其产品和展厅的设计当中。贡品轩已经融入了很多的文化因素在产品中,但是在文化因素的融入过程中,似乎忽略了一个很重要的点,那就是红木家具与人之间的关系。红木的材质不同,形状不同,形态不同,对于人们的寓意是不同的,购买回去的用途以及意义也会有所差别。

比如,在中国文化体系中龙为中华民族的图腾,寓意吉祥,但在屏风、床榻、椅子、桌案等红木家具的雕饰工艺中,龙的雕刻却有不同的寓意。龙图案在皇室所用的家具雕刻可以雕全五爪,表现至高无上的威严等级,大臣官员可雕三爪和四爪,民间雕刻的家具则隐龙爪,其中隐蔽四爪合一爪,似两爪龙。如果红木家具中出现鹿和寿星图案,则示祝人们长寿。此外还有,红木家具中有笔墨纸砚文房四宝的元素多用于书房,古钱的形意图样多表现在条桌和八仙桌的围板雕刻中,"双喜"图纹的家具多用于新婚嫁娶等。千年的历史记载、分析事物的寓意,这些与人密不可分的文化元素附加到红木的制作中,会让历史文化再现,让人们享受古韵的魅力。

除此之外，红木家具在古代仅供帝王将相使用，是专属皇宫贵族的奢侈品。即便在现代，拥有红木家具也是现代人士雅致、富贵的象征。红木家具的象征意义是其他材质的家具无法比拟的，这也是有红木家具在古典家具和收藏者心目中有着很高地位的重要原因之一。

总而言之，贡品轩充分意识到了依托于历史传承和文化内涵进行文化提升的重要性，为此所做的很多尝试也比较成功，但还有一定的提升空间。

红古轩

红古轩是一家中式红木家具生产企业，1997年成立于"中国红木家具生产专业镇"——中山市大涌镇。

红古轩以"穿越古今文化，引领中式时尚"为己任，致力于成为"新中式"家具的领跑者。红古轩在传承传统红木家具的基础上，专注于创造符合现代人品味和生活需求的新中式红木家具。红古轩的红木家具产品以现代家居为主，并提供特有豪华套间系列、民间传统客厅系列等配套家具作为选择。红古轩运用现代仿生学的理论来设计产品，传统和现代制作工艺相结合，草木山水和花鸟虫鱼，都栩栩如生、活灵活现。其生产的每件作品都被赋予或古典、或优雅、或清新、或时尚的品性。

十几年来红古轩一直致力于深色名贵硬木家具产品的研发和生产，把对传统继承上的创新列为企业产品发展的首位，并以此来宏扬中国家具文化。如今，红古轩已发展成一家效益良好、品质出众的现代化企业。

红古轩现在已经获得"中国红木家具十大品牌""广东省名牌产品""广东著名商标""中国家具最受消费者欢迎品牌""国际标准产品认可企业"等殊荣，不仅是国内红木家具业的领头民营企业，还是国家《深色名贵硬木家具》、《红木家具通用技术条件》等多项标准制修订的主要参与单位。迄今为止，红古轩的专利申请已达50余项，有130多个名贵硬木家具品种和木质雕刻工艺品，可以向国内外客商提供优质的产品服务。

接下来，我们按照文化产业的基本价值，对红古轩从文化的六个维度进行阐述，分析其加注在项目和产品上的文化元素，提升其文化附加价值。

红古轩门店内景图

背景来源

从背景来源的维度进行分析,红古轩为进一步丰富品牌文化内涵,促进品牌文化附加值和竞争力的持续提升,公司从历史和人文角度精心提炼了"红古轩经典品牌故事"。

传说,明永乐十四年(1416年),明成祖命令郑和送十六国使臣回国,也就是郑和第五次下西洋。郑和一行人到达印度后,印度使臣许诺送给郑和一块木料,用以感谢郑和的一路关照。当郑和看到这块木料时,立刻为之一惊,这是一块罕见的小叶紫檀大料,温润的光泽如丝如玉。郑和归明以后,将这块罕见的紫檀呈现给明成祖。明成祖对区区一块木料未曾上心,于是这块紫檀在库房里被闲置了上百年。

直到明天启元年(1620年),明熹宗登基。这个皇帝是中国皇帝史上的一个另类,是中国木匠史上的一个"奇葩"。他不关心朝政,却对木器制造兴趣浓厚,他的木器作品,精巧绝伦,出人意料。

这天熹宗想做一把太师椅,亲自到库房中挑选木料,挑来选去都不满意。突然,他一不小心跌倒在地，众人赶忙一拥而上，却被熹宗一声喝住，原来在他跌倒的地方，当年郑和从印度带回来的小叶紫檀正发出高贵优雅的柔光。熹宗很是喜欢，便用此木料精心制作了一把太师椅。熹宗知道身边的人夸赞多有阿谀之嫌，于是命人将太师椅拿到市上高价去卖，他想知道他的木工手艺是否真的能够得到世人认可。

熹宗身边的太监很快就来复命，说一位器宇轩昂的客人一眼就看中那把太师椅，以十倍于其他的椅子的价格买走了太师椅，当太监前去想要问客人姓名时，客人淡然一笑，答道："卖椅何须问出身，赏木可来红古轩。"

这个明熹宗卖太师椅的故事，也视为"红古轩"的由来……

品质内涵

从品质内涵的维度进行分析，红古轩继承明人的红木情结，充分挖掘出了红木的天然纹理和色泽的美学特征，其产品设计造型独特，注重工艺，做工精细。红古轩的产品选材木料讲究，以热带、亚热带地区的名贵优质进口木材为主，精选红檀、鸡翅、花梨等上等木料，经科学干燥处理，使产品质量更有保证。

红古轩是较早采用、推广大红酸枝作为主材的企业之一，它还大胆引进木材材质最接近大红酸枝的小叶红檀，推进红木行业的发展。现在红古轩分别在非洲、东南亚，建立了自己的木材采购基地。

红古轩开发了"红尚""古御""轩韵"三大品牌，分别定位于不同的消费市场和消费群体，满足了不同层次的消费需求。"红尚"是新中式的诠释。"古御"甄选珍贵稀有的黄花梨、小叶紫檀和酸枝木为材，以明清家具的风格为主调，将精巧的结构和精雕细镂的工艺融入其产品中，属于艺高材珍的收藏佳品。"轩韵"则以弘扬明清广作家具风格为己任，广泛吸纳中原家具文化的特点，融汇西洋古典家具文化的精髓。

在硬件技术方面，红古轩不仅是大涌红木现代干燥示范企业，也是大涌产业集群技术升级的重点企业。企业拥有采用国内最先进由中科院系统研制的木材干燥控制系统，还拥有采用四级微处理器（计算机）的现代智能化自控控制技术，以及针对红木的材性由红古轩自主研制并加工制造的干燥设备。在技术处理方面，红古轩将现代软体家具的概念引入其中，使古典韵味和现代的实用性相得益彰。

五觉感受

从五觉感受的维度进行分析，红古轩把现代的需求和审美融入传统文化精髓中，给人的五觉感受主要是视觉的美感。红古轩讲究现代元素和传统元素相结合，其产品在保留传统的基础上，更多地融入了现代科技元素和人本意识，从坚固耐用、人体感受、审美取向与文化情趣等方面考虑人本身的需要，做出美的和谐统一，文化气息蕴然的家具产品。红古轩的红木家具从某种程度上可以说是美学艺术品。

红古轩书房设计图

红古轩的产品注重简洁舒适，改变了中规中矩、方方正正的传统风格，采用具有中国韵味的中国结、回形纹、祥云、如意等雕刻。

红古轩的办公会所完美的融合了古代典雅韵味及现代时尚元素，在人们的面前展现出一幅现代中式风格画卷。前厅空间开阔，远处可见"红古轩红木馆"几个亮色大字,两侧的大红灯笼则有事业蒸蒸日上的寓意。现代中式风格的会客区简约质朴,庄重却不奢华,富贵吉祥图案的地毯与整洁单色的吊顶相互映衬,既典雅又素朴。中式风格的走廊设计,简约之至,格栅门窗、精绘画壁,描绘出那种恬淡自然的气息。中式风格休息区的整体设计,简约雅致,以物造景,借景生情,在室内亦可欣赏世外美景。

红古轩悦棠以"百花之尊"海棠花为题材的家具,融入现代新艺术,取木性稳定,颜色高雅不失沉稳,纹路清晰美观,略有清香,学名为安哥拉紫檀的花梨木为质,从造型到设计,从空间搭配到生活品位,都能给人一种愉悦、安静、舒适的感觉,恰如一阵清雅之风,为生活更添姿彩。

思维想象

从思维想象的维度进行分析,红木作为阳刚之木,又都为红色,无论是从象意还是从红木的内涵来讲,都具有较强的生发、催动作用。因此红木家具在房间内具有较强的聚气作用,能够聚气、聚财、聚人。红木家具颜色大部分为红色,应木火通明之意,适合教师、文学等教育家具以及从事木火组合行业的专家、企业家。对人的事业发展和身心健康具有明显的改善作用,比较适合空间大的宅舍和岁数较大的人使用。

文明传承

从文明传承的维度进行分析,红木家具与景德镇的瓷器一样都是中华民族的艺术瑰宝,它不仅仅是家具更是一种艺术品、一种文化的体现。在红古轩的红木文化体验馆,可以亲身体验红木文化的传承与变迁,领略红木文化的内涵和魅力。

从名称来看,"红古轩"的轩字,从车旁,原指有帷幕的车子,后来由其形引申为有窗户的长廊或小屋。古人经常以其为书房名,如归有光的"项脊轩"、辛弃疾的"稼轩"。由此可见"红古轩"三个字很富有中国传统文化的色彩。其系列产品名称也有包含特定的文化元素,像风云系列、紫云系列、春秋系列、兰亭序系列、中国风系列、万事如意系列、百美图系列无处不透漏着文化色彩,正可谓是美轩如斯,沉静散淡,雅致情趣,犹如宋朝文人笔墨,空灵飘逸,古韵悠长。

除了名称之外,红古轩的红木家具在雕梁画栋中融入大量的民间故事及神话传说,将丰富的想象与美好的寓意贯穿于家具产品之中。红古轩家具设计大赛的作品就保含了丰富的传统元素和美好寓意。红双喜的逍遥椅,红双喜字是具有中国传统文化特色的吉祥图符，代表喜庆，承载吉祥。小家碧玉的座椅，设计的灵感来源于中国传统汉服，座椅的整体设计风格清淡平易，一如婉约的小家碧玉，低调而不失美好。

在其家具产品的设计过程中，"天人合一"哲学思想对其设计理念影响深远，反映在家具设计上是其对原木材质的选择及其对木材纹理的运用。红木家具以质地坚硬、色泽幽雅、肌理华美著称，红古轩佐以牙板、马蹄脚等寓意生动的造型，会充分表现出造物与自然的和谐。

社会习惯感知度

从社会习惯感知度的维度进行分析，红古轩不仅积极发起"红古轩杯"新中式家具设计大赛，还积极投身于全国九运会圣火把杆、2010年广州亚运会巨幅屏风《热情盛会》、《和天下》和赠予国际奥委会主席的"国礼"的设计与制作。

红古轩连续八年举办广东省家具协会"红古轩杯"新中式家具设计大赛，携手服装、建筑、室内等行业，共同发起"中国新中式文化研究院"。2012年，作为中国唯一获奖单位，红古轩在美国芝加哥登上全球家居"奥斯卡"宝座，荣获全球家居 Gia 创新大奖，实现中国家具此奖项在历史上零的突破。

红古轩为深层次挖掘中国传统文化，助推中国传统文化事业的继承与传播，还创办了自己的官网和相关杂志。

按照文化的六个维度对红古轩进行分析解构,红古轩除了在品质内涵、五觉感受两个维度做的相对充分之外,其他几个维度都存在一些过于表面化、概念化,缺乏深度和内涵底蕴的问题。

首先从产生来源的维度分析,红古轩属于有"文"而无"化","化"的过于生硬。该项目给自己的品牌来源附加了一个历史故事,可选取的故事与品牌项目契合度较低,融合的过于生硬。

其次从思维想象和文明传承的维度分析,不论是产品内涵还是产品名称,都浮于表面化,没有深度挖掘潜在的文化内涵和底蕴。至于红木家具文化的深度挖掘在贡品轩的项目中已经详细的描述过,这里就不再赘述。

红木古典家具,要想提升品牌,必须在文化上做文章,红古轩也是充分认识到这一点,在做着各种尝试。但是其广度有,深度却有多欠缺。

君雅翡翠

君雅翡翠是深圳市中君雅贸易有限公司旗下的玉石品牌。君雅注重翡翠文化的传承，秉持着"分享翡翠之美，传承中国文化"的理念，致力于创造中国元素品牌。

自创立以来，君雅翡翠凭借品牌理念和经营团队，在提供精品天然翡翠饰品的同时，积极推广中国文化。短短数年时间内，君雅翡翠已经拥有了全国化的连锁规模，成为国内注重品牌文化价值培养和累积的少数翡翠品牌之一。

目前，君雅翡翠经营网点已经遍布全国 20 多个省和直辖市，拥有了 100 多家品牌加盟店及经销店。除此之外，其品牌还与周大生珠宝、千禧之星珠宝、嘉华珠宝、中国黄金等国内知名珠宝品牌结成重要战略合作伙伴，开创出"B2B2C"（即商户对商户对客户）的销售模式。

接下来，我们按照文化产业的基本价值，对君雅翡翠这个项目从文化的六个维度进行阐述，分析其文化附加价值。

背景来源

从背景来源的维度分析，翡翠晶莹润泽、颜色浓艳明丽、质地坚韧，深受清朝皇室宠爱，素有成为人们钟情的"玉之极品""玉石之王"之称。关于翡翠名称的由来，有一个美丽的传说。翡翠，原指一种有美丽羽毛的鸟，由于翡翠的色彩以红、绿、紫三色为主，红色的雄鸟称"翡"，绿色的雌鸟称"翠"。雄性的翡鸟和雌性的翠鸟总是出双入对，因此被合称为"翡翠"。被称为"玉石之王"的翡翠，颜色之美宛如翡翠鸟，于是得名。

我国素有"玉石之国"的美誉，玉石文化是中国文化不可缺少的一部分，承载着古代中国人的价值观和道德观。如果说黄金是财富的代表,钻石是身份的代表,那么玉蕴含的则是生命意识和精神寄托。近些年来随着收入水平的提高,人们在精神消费方面的需求不断扩大。被赋予了更多文化内涵的翡翠市场,成为许多人收藏投资的一个方向。

在这样的市场背景下,君雅翡翠正式定位为中国元素品牌,以展示、珍藏、推广中国文化和玉文化为主题,传承翡翠文化。

君雅翡翠,取意于"君之玉道、雅之格调"。其中,"君"是对中国玉文化的高度总结,而"雅"是对提升德行修养的躬行实践。君雅作为中国元素品牌,弘扬中华文化艺术精华,培养爱玉藏翠高雅情怀,这就是君雅翡翠的由来和品牌哲学。

品质内涵

从品质内涵的维度来分析君雅翡翠这个项目的文化加工。

翡翠是"硬玉"的一种,有十分稳定的物理性质。翡翠虽然不是最硬的宝石,却是承压力最高的宝石,翡翠质地的晶体结构造就了其绝佳的韧度。中国人爱翡翠,除了美丽的颜色和滑润的外表,其特有的韧性寓有品性坚韧不拔之意,也是中国人推崇备至的品格。

君雅翡翠主要经营中高端的翡翠及镶嵌翡翠产品,坚持完美品质,不断精益求精是其不懈的追求。自创立以来,君雅以蕴含中国元素的美学风格、匠心独具的艺术设计、精工细雕的完美品质,赋予翡翠这种玉石全新的风貌与生命力。

君雅翡翠秉承"从原石到市场"的策略,从缅甸公盘直接采购翡翠原石,再由公司现代化厂房进行切割、设计、古法雕琢等各道精细工序。

君雅翡翠的设计团队由数位获得天工奖、中华龙奖的顶级玉雕设计大师组成,产品原矿采用产于缅甸北部密支那地区的珍藏原矿,产品设计融入民俗风物、祥瑞吉物、传统文化、人物荟萃、艺术瑰宝、人文精粹、地理建筑等中国文化元素。君雅翡翠的原料包括老坑种、顶级冰种、福禄寿三彩、紫罗兰、墨翠、黄翡等各色珍罕翡翠,其产品跳脱传统造型,让充满优雅气质的翡翠,展现出独特的艺术价值,满足人们的精神追求。

翡翠饰品资料图

文明传承

从文明传承的维度分析该项目，君雅翡翠在传承翡翠文化的过程中，找到了中国文化与翡翠文化之间的契合点。君雅翡翠代表着一种隐含智慧、一种生活态度和理想追求，一种中华民族的爱玉情结。

君雅翡翠将"人文精粹、艺术瑰宝、历史名人、传统文化、祥瑞吉物、民俗风物"等文化元素融入到品牌产品、品牌形象、品牌宣传及品牌公关中。其对中国文化的领悟体现在产品设计、终端陈设和企业经营理念等各个方面。

首先，君雅翡翠的品牌标志包含了丰富的中国元素和文化。君雅的"汉字八卦印章"标志，将汉字、八卦和印章三种中国文化元素融汇于其中。该设计将"君"字上部及"雅"字右部巧妙融合，衍生出来既包涵"君"字的精髓，又有"弓"字（即"躬"）的形迹的形象标志。"天行健，君子以自强不息"，设计采用八卦中第一卦"乾卦"的象形元素，象征品牌刚毅坚卓。乾卦"永恒""变化""发展"之特性，亦表达了品牌希望通过自身变化，不断适应市场需求。从先秦古玺到明清篆刻，印章一直是诚信、承诺代表，设计融入古代宝玺之印，象征品牌真诚守信，积极传扬中国文化的使命和诺言。

其次，君雅在产品设计方面，注重中国文化素材的挖掘和融入。君雅的翡翠产品目前包括人文精粹、艺术瑰宝、历史名人、中国文化、祥瑞吉物、民俗风物六大品类。君雅翡翠产品随型雕琢、依色辅彩、创新款式，让传统的翡翠玉石增添了底蕴,带给顾客视觉享受和心情体验。

君雅的手镯系列,是东方社会传述爱情与亲情的信物。同时在中国传统的认知里,翡翠手镯可定惊、护身、保平安,有诸事吉祥如意的寓意。君雅的翡翠观音是翡翠与信仰的一种完美结合。翡翠温润柔滑,清亮可人,观音心性柔和,仪态端庄,两者完美和谐的融合,赋予其多重的精神与寄予。

君雅博物馆系列的设计灵感来源于故宫的珍贵藏品。在它们的基础上取精用弘、化繁为简,从中选取了最能代表华夏五千年文化和风土人情的作品、元素进行再创作,力求在保留传统文化精髓的基础上升华和创新,打造出古典而简约的中国元素珠宝。

在翡翠文化和中国文化的结合上,君雅从来没有停止过创新的脚步,如果说手镯、观音和博物馆系列是和中国文化普遍意义上的融合,那么"本土文化系列"就是君雅的又一次创新。该系列以地域文化精髓为设计灵感,首次将地域文化搬上玉石设计雕刻的舞台。君雅设计团队邀请各地文化专家,经数次研究探讨,共同定位各地的历史文化精髓及风景名胜,作为新系列的设计方向,并取其字面含义,定系列名为"本土文化"。

君雅翡翠手镯图

君雅翡翠最畅销的镶嵌系列产品在传承中创新,以时尚珠宝的元素融入传统的翡翠文化,将翡翠和金属巧妙的结合,珠联璧合。精湛的镶嵌工艺更加凸现出翡翠流畅的线条,金属的光泽和谐地融入其中,与翠色交相辉映,透露出时尚的气息。

君雅翡翠的每个系列产品中都可以看到中国传统文化的影子,君雅让中国文化以翡翠这一东方瑰宝为载体，在新时代焕发出更加迷人的丰采。

除此之外，君雅翡翠的终端形象充分融入中国元素，其空间陈设以蕴含着丰富中国文化内涵的具体形象呈现在大众面前，带给消费者直观的视觉美感和情感体验。

在君雅翡翠的展厅，中国元素得到广泛的应用。君雅将中国"回形纹"纹饰元素、"古窗格"建筑元素、"栗红色"色彩元素，充分融入到汉代装饰风格和简约现代主义的设计，细节中点缀书法、中国结、等中国特有的饰品，营造出温馨、别致、典雅的购物环境。顾客置身其中，能够体验到君雅翡翠用心传递的中国文化内涵。

社会习惯感知度

自成立以后，君雅翡翠积极拓展营业规模，持续朝全国连锁化营运规模发展。现阶段在华东、华南、华北、东北等地区都有设计营业网点，未来计划开拓全国翡翠经营版图。

君雅在企业发展的同时，长期赞助支持艺术文化行为。举办慈善义卖活动、资助社会公益活动，开展翡翠人际交往建设，定期开办各项文化讲座，扎根国学教育，致力于推广翡翠文化知识。规划"中国巡回展"的中长期计划，与国内重要文化艺术机构及组织合作，在中国各主要城市巡回展览，籍此艺术交流，以展现当代翡翠文化的新风貌，提升君雅翡翠的品牌形象，将君雅翡翠的品牌能见度拓展至全中国，达到进军全国市场的目的。

　　该项目从文化产业的六个维度分析，每个维度都不是很丰满。虽然君雅翡翠的企业愿景是创造真正意义上的中国元素品牌，但是在具体实施的过程中，君雅翡翠只是把一些文化元素贴到自己的品牌产品上，并没有做到真正意义上的融合。从文化产业的价值来看，君雅翡翠有很大的文化增值空间。

　　从产生来源维度来看，君雅翡翠运用了翡翠鸟的故事，这个故事具有一定普遍意义，不具备唯一性，任何一个做翡翠的项目都可以运用这个故事。除此之外，君雅翡翠为自己的名称来源取之于"君之玉道、雅之格调"这样一句关于玉文化的诗句，其实有些空泛。在产生来源这个维度，君雅翡翠的的文化加工不是很出彩。我们可以让背景来源的故事更加丰满，根据翡翠的神话和传说等内容创造一个专属于君雅翡翠的文化故事，这样加工会更深入，文化性会更丰富。

　　从内涵品质的维度来看，君雅翡翠对于翡翠的原产地和供应链只是一带而过，在文化产业中，这却是可以深入进行文化加工的地方。翡翠的产地、供应链、挖掘的过程和手法都可以有更形象生动的内容，如果加入适当的故事，就会让消费者对于最初开采的原石有自己的想象和感受。就像著名的云南向南的那个翡翠之路，把翡翠的开采过程展现在人们面前，每块翡翠的背后都有感人至深的故事，这也是对文化要素的充分利用。

　　在思维想象这个维度，君雅翡翠所做的文化升华很少。翡翠的色彩，像瑰丽的彩云，自古以来就被人们认为是吉祥与祝福的象征。在中国翡翠文化的体系上，翡翠的形状不同、颜色不同、甚至是出现的位置不同，都有不一样的寓意。翡翠佩戴也是因人而异，不同的人群佩戴翡翠的寓意大不相同。比如学生佩戴翡翠寓意着学业有成，官员佩戴翡翠希望在官场上平步青云，生意人佩戴翡翠祈福生意兴隆、财源滚滚，而恋人或者夫妻间互赠翡翠，则预示着相爱之人相伴到老，从一而终。可见翡翠可以给所有人美好的想象，通过文化形象把这些引申寓意融入产品中，是提升文明属性的一个好方法。

　　此外，翡翠文化还是中西方文化融合的一种体现。中国人性格内敛，讲究财不外露，所以中国人玩的是温润内敛的软玉。而翡翠色彩明亮，质地坚硬，符合现代人张扬的个性，结合了中西方文化的内涵，迎合了现代消费者的爱好和胃口。

问鼎汝瓷

寒夜茶香茶文化有限公司是专门研究、烧造仿古汝瓷茶具和仿古汝瓷观赏瓷器的企业，问鼎汝瓷（又称问鼎汝窑）是其旗下的一个品牌。

公司产品细分为：中国问鼎汝瓷系列（鼎峰系列、宋奉华系列），鼎色天目系列，问鼎汝瓷系列，问鼎收藏器系列等。公司产品不仅销往全国各地，还远销美国、日本、法国、台湾等国家和地区。

接下来，我们按照文化产业的基本价值，对寒夜茶香旗下的问鼎汝瓷项目从文化的六个维度进行阐述。

背景来源

从背景来源的维度分析，问鼎汝瓷品牌名称中的"问鼎"二字出自于问鼎中原的历史典故，《左传·宣公三年》中有这样的记载，"楚子（楚庄王）问鼎之大小轻重"。

问鼎汝瓷取问鼎二字，有寻思问趣，革故鼎新之意。

关于汝瓷有一个如诗的来源故事，传说北宋皇帝宋徽宗曾经做过一个梦，梦到一种被水洗过雨过天晴的颜色，徽宗甚喜之，题诗云，"雨过天晴破云出，这般颜色做将来"。徽宗皇帝醒来之后将梦中所见的颜色命名为天青色，还命令工匠烧造这样颜色的瓷器，于是就有了之后千古留名的天造之物汝瓷。

品质内涵

问鼎的制瓷技艺依托于"革故鼎新"茶器研发中心，该茶器研发中心在景德镇拥有十几家研发、烧制一体的工厂，用来研发汝瓷釉水烧造工艺，研究仿古瓷造型制作。研发技术人员以"保持汝瓷原汁的古香古韵"为核心，潜心研究，攻破了一个接一个的技术难题。研发中心大量的工艺技术研究为问鼎汝瓷制作工序打下了十分坚固的基础。为了保证品质，从釉水配比到手工拉胚等工序都必须经过层层把关和审核。虽然最终汝瓷茶器的成品率极低，但能面世的问鼎汝瓷茶器都是精雕细琢，百里挑一的美器。

问鼎的汝瓷产品承袭了汝官瓷"青如天，面如玉，蝉翼纹，晨星稀，芝麻支钉釉满足"的典型特色。保持汝瓷原汁古韵的同时，问鼎还利用景德镇精湛的制瓷工艺，巧创现代审美观念与技术，层层矿物悉心研究配比，将现代设计理念融入汝瓷的精髓之中，从而形成了和传统古典风格完美融合。

五觉感受

从五觉感受的维度来分析，问鼎的汝瓷产品充分发挥汝瓷器具的美，大美无言，通过视觉、触觉、嗅觉等方面让人们感受到含蓄、平淡、素雅、宁静、柔婉、浑厚、明润的东方美学的美感。

问鼎汝瓷天青开片杯垫图

问鼎汝瓷不仅有北方敦厚朴素之美，还有江南水乡玲珑雅致之美。问鼎汝瓷之美交织着柔美感和历史感，是一种发自于内在、可以令人摒弃外界烦扰的自安之美。

　　问鼎鼎峰系列是问鼎汝瓷最主要的产品，该系列的汝瓷产品从视觉、触觉、嗅觉甚至是听觉上给人们的美感也是最突出的。问鼎鼎峰汝瓷以天青、传统天青以及月白釉色三种颜色为主，釉色细洁净润，清纯宁静，看上去像碧峰的翠色，有似玉非玉胜玉的美感。在不同的光照条件下或者从不同的角度观察，该系列汝瓷的颜色会有不同的变化。真的是恰似雨过天晴后，云开雾散时。

　　问鼎鼎峰汝瓷追求丰富奇妙的肌理层次和散落碎玉般"精光内蕴"的质地效果，因此胎坚致密，釉面滋润莹澈，平滑如玉，有明显酥油感觉，色泽滋润内敛，素静典雅。鼎峰汝瓷的釉如堆脂，温润古朴，釉面抚之如绢。器表开片呈蝉翼纹状，多呈斜裂开片，深浅互相交织叠错，错落有致，温润内敛，给人朦胧感和灵动有序的层次感。

　　细观问鼎鼎峰汝瓷，可以看到釉中有半透明、模糊状态的气泡，聚散有序自然排列。每粒气泡的外围还会发光形成圆光圈，中间出现一小圆点，每一粒都很真切，在光照条件下时隐时现，像星星一样闪烁，给人赏心悦目的美感。

　　问鼎鼎峰汝瓷在造型和装饰上追求"和"与"天造"，造型古朴端庄、曲线流畅、柔丽雅静，注重在生命的动感中求得和谐表现。

　　问鼎系列的茶壶、盖碗、公杯有舒适的手感，而其"聚香"的特质使得茶的香气和甘醇得到充分的提升。问鼎汝瓷茶具丰富多变的器型搭配瓷器自身温润、细腻、柔滑的唇感，可以满足饮茶人不同的品茶、饮茶的需求。

思维想象

　　从思维想象的维度分析，问鼎汝瓷的茶具利用传统的开片工艺，给使用者留下了一定的想象空间。问鼎汝瓷开片温润内敛，细如发丝，多年之后依然会伴随着清脆的开片声有新的开片发生。汝瓷茶具通过茶汁的沁养之后，会形成自然的茶渍纹，色如金丝，层层相叠精美无比，不同的茶形成的纹路色泽深浅也不同。

文明传承

　　从文明传承的维度进行分析，问鼎汝瓷在发展的过程中融入了华夏民族的传统文化。不仅名字取自中国传统文化中最有象征意义的鼎，logo 也是尽其所能展现中国文化。以水墨勾勒的三个鼎字，极简也极朴，笔酣墨饱，似青盏，清雅恬淡，巧汇茶器哲学，恰问鼎，肃穆敦厚，承袭千年文化。

在问鼎官网文化故事的宣传方面，有这样一段话："有一种缘叫知遇，有一种情叫执着，有一种心叫感恩。问鼎与汝瓷的相遇源于北宋，结缘于徽宗，报恩于今生。徽宗期间，君主赵佶礼遇道教，并自称为道君皇帝。宋徽宗感于道教以青色为主，有着宁静、超尘脱俗之风，遂命工匠烧制'雨过天晴云破处'之天青瓷器，这便是后来的汝瓷。中国问鼎汝瓷以'长青汝瓷文化'为基石，潜心研发汝瓷，立志展北宋汝瓷风华绝代于世界。"

这不单单是生搬硬套汝瓷文化，而是对于汝瓷文化有了更好的理解和融合运用。汝瓷的天青色在色彩上介乎绿色与蓝色之间，绿色是一种充满静谧的温和色彩，而蓝色则带有神秘的冷色。汝瓷器物的天青色，既有蓝色之冷，又带绿色之暖，是一种冷暖适中、十分谐和的色调，这种色感正是当年统治者审美情趣的反映。汝瓷主要是徽宗在位期间烧造的，徽宗是历史上著名的崇奉道教的一位封建君主，崇尚自然含蓄、冲淡质朴的审美观。道教的仪式中，献给天神的祈祷词，称为青瓷，更是表明崇信道教的人对青色的崇尚。而汝瓷天青色的幽玄、静谧正适合这种审美情趣。因此，汝瓷所具的清逸、高雅的色泽，体现了道家的清静无为的思想和宋代上流社会的风尚。

问鼎汝瓷将"茶文化"导入汝瓷品牌定位，为中国高端汝瓷品牌的经销商，为古老的陶瓷文化注入新的生机。众所周知，在中国茶文化的形成、发展过程中，道教文化对茶文化的影响甚大，道教徒们为茶文化的传播作出的贡献，也是不可磨灭的。道教茶艺是中国茶艺中的佼佼者。因此，茶具也是问鼎汝瓷和道家文化无形中的结合。

社会习惯感知度

从社会习惯感知度的维度进行分析，问鼎汝瓷凭借长期以来对消费者的关注和对汝瓷市场发展趋势的正确把握，在零售市场上形成了一个以品牌汝瓷为主，大中型茶具专卖店、网络销售为主要销售渠道的市场雏形。

除此之外，问鼎汝瓷积极宣传品牌文化，先后举办了四届"我爱问鼎杯"养杯评选赛，"青汝言志，契茶成诗"越来越深入人心。

万天世纪洞察 INSIGHT

问鼎汝瓷做的是汝瓷茶具,从其本身的市场定位来看,其自身所包含的汝瓷文化和茶文化是必不可少的。从文化的六个维度进行分析,问鼎汝瓷每个方面做的都比较成功,是一个将文化内涵成功融入其品牌产品中的项目。不过其文化价值的提升,还有上升空间,我们就这些上升空间提一些相关建议。

首先,问鼎汝瓷名称是源自楚王问鼎的历史典故,象征的是其行业愿景。问鼎中原、鼎文化,在项目的品牌故事中展现的并不完全。鼎是我国青铜文化的代表,在古代被视为立国重器,是国家和权力的象征。相传,夏王大禹分天下为九州,令九州州牧贡献青铜,铸造九鼎,象征九州,将全国九州的名山大川、奇异之物镌刻于九鼎之身,以一鼎象征一州,并将九鼎集中于夏王朝都城。关于鼎的文化内涵可以有适当的延展。

其次是在文明传承方面,问鼎汝瓷将宋徽宗的故事融入其品牌文化中,自然而然也就会涉及到道教文化和茶文化。可是问鼎却忽略了宋代社会的哲学和宋词,汝瓷之所以成为宋朝时的官窑,和其社会哲学和社会文化有着必然的联系。

问鼎汝瓷的虚静恬淡绝非只是一种表征,同时渗透了净心无我,虚静空灵的"人性",而其文静雅洁、温柔敦厚则契合了"择器之美、择水之美、择侣之美、择境之美"的虚静境界。问鼎之美和宋代社会的哲学和宋词审美的美学相契合。

构成宋代社会哲学思想基础的程朱理学,追求平易质朴的风尚和禅宗深奥神秘的哲理。而汝瓷不求纹样装饰,釉色以素雅、沉静为美,体现出宋代上流社会用瓷推崇理性美的特色。宋代的文学一直以平淡作为审美要求的最高理想,作为宋徽宗御用的汝瓷器物,必定会反应这种文学思想。

问鼎汝瓷在自己的品牌文化内涵的挖掘中,可以融入更多的宋词的美和程朱理学的禅宗哲理。

红官窑

　　湖南醴陵红官窑瓷业有限公司，以下简称"红官窑"，成立于2005年2月，是一家集研发、设计、生产、销售于一体的大型日用陶瓷和艺术陶瓷实业公司。

　　红官窑的前身醴陵群力瓷厂创办于清朝末年，新中国成立后先后承制了几代国家领导人生活用瓷和代表国家身份的国礼瓷等，被称为中国国家用瓷第一品牌。其中专为毛泽东晚年特制的"毛瓷"以"白如玉、明如镜、薄如纸、声如磬"的特点，被誉为20世纪东方陶瓷艺术的高峰，享誉中外。

　　红官窑以釉下五彩工艺为核心，综合运用荟萃青花、描金、中国红和色釉等陶瓷生产工艺，其瓷器产品涵盖了日用瓷、艺术瓷、毛瓷、国礼瓷、收藏瓷、事件瓷等多种陶瓷器具，并通过连锁加盟和复合动销的方式布局全国。除此之外，红官窑还是国家级非物质文化遗产传承基地、国家地理标志保护产品、中国驰名商标、全国工业旅游示范点，2008年北京奥运、2010年上海世博、2010年广州亚运会等世界性盛会的特许生产商和零售商，是世界瞩目的时尚官窑。

　　目前，红官窑瓷业有限公司拥有员工500余人，年生产能力上亿元。有统计数据显示，醴陵釉下五彩瓷的市场价格近年来保持了年均20%以上的涨幅，红官窑的瓷器作为醴陵釉下五彩瓷的代表品牌，具有相当大的升值空间。2010年上海世博会拍卖现场，一对红官窑世博纪念瓷以228万元的天价刷新了当时中国陶瓷拍卖的世界纪录。

　　接下来，我们按照文化产业的基本价值，将红官窑从文化的六个维度进行阐述，分析其加注在项目和产品上的文化元素，提升其文化附加值。

红官窑釉下五彩挂盘图

背景来源

从背景来源的维度进行分析，红官窑的产生来源包括两部分，一是指其瓷厂的历史来源，一是指红色瓷器的来源。

红官窑瓷厂始于清政府为振兴陶瓷产业而设立的湖南官立瓷业学堂。1905年，清政府官员熊希龄和清大学士文俊铎拟就万言书，呈请清政府在醴陵创办瓷业公司和瓷业学堂。次年，清政府批准呈文，拨库银1.8万两创办湖南瓷业学堂和湖南瓷业公司。光绪末年，釉下五彩工艺成功地用于瓷画的绘制，风貌别具一格。据传，熊希龄曾经携醴陵细瓷入京贡呈慈禧太后，慈禧太后甚喜以金牌赏之。之后，醴陵釉下五彩瓷先后四次参加国内外的相关赛会，并在武汉劝业会、南洋劝业会、意大利都朗博览会和巴拿马太平洋万国博览会上获得金奖。其中在巴拿马太平洋万国博览会上获得金奖的"扁豆双禽瓶"，被誉为"东方陶瓷艺术的高峰"。

醴陵瓷业的艺术成就很高，釉下五彩在当时风靡一时，不过这样的情形没能维持多久。1918年湖南瓷业公司毁于兵火，之后虽稍有恢复，但由于国乱，已属惨淡经营。1930年前后，釉下五彩瓷基本停止了生产。

1949年以后，为弘扬釉下五彩陶瓷文化，国务院批准成立醴陵瓷业总公司，拨款800万元建成醴陵窑，恢复并扩大了釉下五彩瓷的生产。之后的数十年，醴陵承担了为党和国家领导人、中央机关烧制瓷器的任务。

2003年，前全国人大常委会副委员长李铁映在参观瓷厂后，受红官窑文化底蕴与众多杰作所感，为瓷厂题名"红官窑"以表嘉奖。红官窑品牌从此定名。

在唐代之前中国瓷器是没有红色的，因为使用红色釉料"低温不成红，高温则去色"的火候太难掌握。在中国瓷器的历史上，红色瓷器的产生从某种意义上来说，意外的因素要多一些。关于红色瓷器的来源，有一个凄美动人的故事。相传明宣德年间，宣宗皇帝为祭典日神要求督窑官烧制出一套鲜红色的红瓷器，如果烧不出红色瓷器，所有窑工都要被投入窑火烧死。一位窑工的女儿为表抗议纵身窑炉，以血染瓷，鲜红色的红瓷也就这样烧制出来了，这就是祭红瓷器。娇而不艳，红中透紫，色泽深沉而安定。

品质内涵

从品质内涵的维度进行分析，红官窑是现代红色官窑，因其浓厚的官府背景与渊源，特别是解放后具有浓烈政治色彩的经历，被称为当代"官窑""国瓷"。其出品的瓷器，为中国国家用瓷。

红官窑是釉下五彩的传承基地，是釉下五彩的最高技艺的代表，而釉下五彩以"无铅毒、耐酸碱、耐磨损、永不褪色、色彩缤纷、画面光润平滑"等特点闻名全世界。

官窑，专贡宫廷"御用"。历朝历代，官窑出品皆以选材高端、工艺高妙、品质精良而著称。红官窑的瓷器也不例外，其产品造型精致，材质精美，从选材、工艺到品质无一不是精品。红官窑瓷器，综合了天赐之土、技艺之人，精心雕琢而成，是工艺精湛的瓷艺术作品。

红官窑产品的描金工艺，始创于唐代，该工艺采用进口纯金材质，纯手工打造，并使用阳金（将纯金液化后加入化学溶剂），在800℃恒温下烧制，釉表的黄金纯度高达99.9%以上。至于红官窑瓷器所用之土也相当珍贵，像上个世纪50年代中期至80年代中期的醴陵毛瓷用的是当时已几近枯竭的江西临川高岭土。

醴陵与景德镇、德化、淄博，并称中国"四大古瓷都"。醴陵瓷业历史悠久，早在东汉时期，就有较大规模从事陶器生产的作坊，清雍正年间开始烧制粗瓷。清末民初的时候，醴陵瓷业进入新的发展时期。近世以来，醴陵瓷器粲然勃发，70年代开始烧制国家用瓷。红官窑之国瓷出品日隆，有国家领导人的专用瓷，有国宴专用瓷与陈设瓷，有党和国家领导人赠送外国元首的国礼专用瓷，累累无数，尽皆瓷中极品。其中"毛瓷"，被誉为"20世纪最荣耀的中国名瓷"。

五觉感受

从五觉感受的维度进行分析，红官窑的产品主要运用的是视觉感受和听觉感受。红官窑的瓷器，瓷质细腻、器型优雅、釉面润泽、花面美观。其造型古朴庄重，画面生动和谐，线条清晰遒劲，用色沉稳雅致，釉面晶莹润泽，釉胎白里泛青。瓷胎轻薄如纸，光亮通透；瓷声清脆悦耳，有钟磬音，艺术价值极高。其首创的釉下五彩瓷，以"白如玉、明如镜、薄如纸、声如磬"的特点名满天下。五彩瓷集胎质美、釉色美、工艺美、形体美、彩饰美、意境美于一体，孕育着雅致、素洁、细腻的艺术品质、富有高度的视觉美感。

红官窑茶具图

红官窑"中国红"釉色鲜红均匀，色泽鲜艳，光泽内敛而不失华丽，凝重朴实，富有通透感觉，堪称色釉中的珍品。瓷器器皿形状规整，画面光亮釉面质感好，画面清新而典雅、造型传统而雅致。

思维想象

从思维想象的维度进行分析，"红"是中国人的魂。在古今中国，无红不成庆，无红不过年，无红不结婚。红色象征进取求新、生机勃勃，唯有红色能烘托出喜庆热烈的气氛，调动起兴奋、欢快的情绪。

红色与中国人的生活和文化联系太大，人们恨不得能将其使用得淋漓尽致。从眉心朱砂到一抹红唇，"红"是女人的颜色；从足下红鞋到头顶凤冠，"红"是婚姻的颜色；从门上对联到空中鞭炮，"红"是节日的颜色；从唐装彩衣到五星红旗，"红"是中国的颜色。红，传承了一个古老的习俗又记载了一门精湛的技艺。

中国红，给予中国人太多美好的想象。此外，红官窑的瓷器，还有国家领导人专用瓷的标签，更增添了其神秘感和神圣感，给人以丰富的想象。

文明传承

从文明传承的维度进行分析，红官窑文化内涵丰富，官窑文化、红色文化、釉下五彩文化、瓷文化，共同构成红官窑的文化之根，除此之外还有丰富的中国古典文化。

从官窑文化的角度来看，以明清官窑为代表的官窑文化是中华文化的精髓，它的文化价值数百年来一直被世界公认，并日渐通过经济价值突显出来。

官窑的陶瓷艺术非常讲究创意，文化内涵丰富，画面情节优美生动，官窑陶瓷艺术是将创意、技艺结合的艺术。在中国，历代帝王把烧造瓷器看得非常神圣。物以载道，每个帝王的政治意识、文化理念都会潜移默化地潜存在官窑烧制的瓷器之中。我们从明清官窑的瓷品中不难看到永乐、宣德的富庶和康宁，也不难了解到满清王朝如何将汉文化的道、儒、佛融入他们的统治理念中。可以说，官窑文化记录印证了国运与瓷业兴衰的辨证关系。

从红色文化的角度来看，"红官窑"数十年来为国家领导人特制日常用瓷和国家礼品用瓷，被誉为"中国现代红色官窑"。自1958年由毛泽东主席亲口提议，周恩来总理亲手安排烧制"中山筒"胜利杯起，红官窑先后烧制了大批领导人专用瓷，国宴专用瓷与陈设瓷，国礼专用瓷。数十年来，官窑的历史沉淀中，注入了新中国的红色内涵与红色荣耀。

从釉下五彩文化的角度来看，釉下五彩文化发源于1905年创烧于醴陵湖南瓷业公司的釉下五彩。无论是从工艺的复杂程度，还是从品质的提升、审美的价值及其永恒不变的人文关怀来看，醴陵的釉下五彩瓷都堪称中国彩绘瓷的又一高峰，如今已经被列入《中华人民共和国国家级非物质文化遗产名录》。

从古典文化的角度来看，红官窑的瓷器承载了深厚的文化底蕴，体现了民俗风情、文化传统和民族艺术的精髓。它的产品会有传统文化的形象，取传统文化的寓意。就像红官窑为2008北京奥运会所烧制的"梅兰竹菊四君子瓶"特许商品，融中国传统高雅文化与奥林匹克精神于一体，高洁雅致，洋溢着清雅淡泊之美。

其中梅瓶为陶瓷艺术家朱占平先生所作，花面正面为寒梅吐蕊，傲雪迎春；

背面有奥运标志、奥运福娃和毛体书法题句:"愿借天风吹得远,家家门巷尽成春。"兰瓶为陶瓷艺术大师黄小玲女士所作。兰花是我国的传统名花,被誉为花中君子,喻示坚定向上,品行高洁。"能白更兼黄,无人亦自芳。寸心原不大,容得许多香"。明朝诗人张羽的《咏兰花》表现了兰花的寸草、寸晖、寸心。竹瓶是中国工艺美术大师、中国陶瓷艺术大师、红官窑艺术总顾问邓文科先生制作。竹知劲气,高风亮节,是长青不败、虚心自持、弯而不折、柔中有刚的写照。菊瓶是红官窑艺术总监、国家高级工艺美术师、中国陶瓷艺术大师、74版毛瓷设计者李人中先生的作品。在李先生的笔下,菊花不仅凌霜傲放,更是国之兴盛,民族之兴起的华人风骨。

社会习惯感知度

从社会习惯感知度的维度进行分析,红官窑在全国开辟加盟店近50家,自营旗舰店两家,建立了北京、广东、长沙三个分公司及上海、西安、成都、东北四个办事处。

红官窑将国瓷做作为自身的强有力的推广符号,配合自己的官网、电商、电视剧等现代宣传推广手段,参加陶瓷艺术相关的博览交易会,并通过独创的"连锁加盟+复合动销"的先进营销模式覆盖全国市场,始终引领着中国陶瓷高端品牌的价值之道。

除此之外,红官窑已成为全国工业旅游示范点,每个人都可前往醴陵探秘红官窑的神秘。在旅游体验中不仅可以见到平时难得一见的国礼瓷,也可亲眼见识"红官窑"独创的高温釉下五彩瓷"三烧制"工艺。在手工体验区,游客还可亲自动手做一只笔筒或花瓶。

　　红官窑致力于弘扬官窑、红色文化,将中华民族的古典文化融入瓷器产品之中,发扬光大釉下五彩。从文化产业的六个维度来分析,红官窑每个维度都有涉及,尤其是在品质内涵、五觉感受和社会习惯感知度方面,做的很完善。

　　在普华商学院看来,红官窑的主要提升空间有两方面。

　　首先是产生来源的背景故事,关于瓷厂的历史背景来源,应该更有历史文化底蕴。至于故事可以更加完善,慈禧太后以金牌赏之,红官窑的瓷器扬名天下,这些民间传说可以成就更精彩的故事,增加可读性和文化色彩。

　　其次是关于文明属性的维度,红官窑文化定位太杂,官窑文化、红色文化、釉下五彩文化、瓷文化,古典文化都写入文化发展之中。这样看来,红官窑文化确实有种包罗万象的感觉,显得没有重点,在文化的挖掘上深度就会不够。

　　根植于红色文化,红官窑的文化增值成效已经很明显。选择文化定位重点,深度挖掘,可能会是更好的选择。

一得阁

说到文房四宝的墨，不得不提有着悠久历史的百年老店一得阁。一得阁是中国墨汁制造首创第一家，以墨汁名扬天下，其墨汁产品遍布国内外。一得阁牌墨汁2006年被商务部认定为中华老字号，其墨汁制作技艺进入了北京市级非物质文化遗产项目名录，并被推荐申请国家级非物质文化遗产项目。

清朝同治四年（1865年），一得阁由谢崧岱始建于北京琉璃厂古文化街。一得阁从建立店铺，发展到成为现代企业已有150多年的历史。

作为一个百年品牌，一得阁经历了清末、民国以及新中国三个历史时期。从个体作坊，到公有制企业，再到现在的股份制公司，几代一得阁人在辗转变化中适应和发展。

2004年企业通过改制，成立了"北京一得阁墨业有限责任公司"，百年老店重新焕发了新春。一得阁利用品牌效应综合经营开办了"一得阁墨汁店"和"艺苑楼文房四宝商店"销售墨汁、印泥、印台、墨锭等产品，经营中国字画、古玩、文房四宝、工艺品及字画装裱等业务。据中国文房四宝协会统计，一得阁生产的"一得阁"牌墨汁占全国书画墨汁总产量的76%，而一得阁是中国最大的墨汁生产厂家之一，其产品遍及全国各地以及台湾、日本、东南亚以及其他华人、亚裔聚居地区都有一得阁墨汁的身影。

接下来，我们按照文化产业的基本价值，对一得阁从文化的六个维度分别进行阐述。

第五篇　艺术收藏品文化篇

一得阁墨汁系列图

背景来源

　　作为文房四宝之一的墨，如何由墨块演变为墨汁，离不开创建一得阁的谢松岱。一得阁的创始人谢松岱同时也是墨汁的发明者。

　　谢松岱，字祐生，讳征炽，湖南湘乡人。12岁时谢崧岱从湖南前往北京，后选送太学，曾官授国子监典簿、正七品文林郎等职。

　　清同治年间，谢松岱参加科举考试，名落孙山，觉得研墨太费时间，耽误了答卷。谢松岱认为，如果能研制出一种可以直接用于书写的墨汁，既省时又省力。于是自幼潜心学问的谢崧岱和表兄及四川好友刘博万、饶仪庭、彭葆初等人开始认真研究制墨的方法。

　　屡试屡误、屡误屡悟，谢松岱终于用油烟加上其他辅料，研制出了同墨块效果相同的墨汁。这种墨汁足可以与墨锭相媲美，一经上市便受到文人墨客的欢迎。

　　同治四年，谢松岱在北京琉璃厂44号开设了第一家生产经营墨汁的店铺一得阁，并亲手书牌匾"一艺足供天下用，得法多自古人书"悬挂于门前。"一艺足供天下用"抒发了店主人独创墨汁的自豪情怀，"得法多自古人书"表露了谢先

229

生不忘前辈的自谦心理。这楹联是一副藏头楹联，暗含了一得阁的名字在里面。"一得阁"的店名是以楹联冠首取之。这便是"一得阁"墨汁的来历。

品质内涵

从品质内涵的维度进行分析，一得阁墨汁是历史传统产品，以四川高色素炭黑、骨胶、冰片、麝香、苯酚等为原材料，运用传统工艺精细加工而成。四川高色素炭黑色深光亮，骨胶具有托浮力，可以使墨着纸而不湮；冰片、麝香均为香料，可以使墨汁清香四溢；苯酚是防腐剂，能使墨汁长期贮存不腐不臭，一年四季都可以使用。

一得阁的墨汁产品一直在不断革新和进步，制作的配方、原材料、工具、设备、包装等环节都进行过一次又一次的革新。原材料由松烟、桐油烟、漆烟等改为主要使用碳黑，溶胶由炖胶改为蒸汽吹胶或者电熔胶，研磨由石磨加电动机改为钢质三辊机，墨汁包装也由原来的陶瓷罐改为玻璃瓶、塑料瓶。

一得阁生产的墨汁有两大类，油烟类和松烟类。油烟类的品种包括云头艳墨汁、兰烟墨汁、亮光墨汁、油烟墨汁等品类，松烟类的品种包括阿胶松烟、五老松烟、小松烟等品类。油烟墨汁是书画家们首先选用的佳品，松烟墨汁则是书写小楷字和工笔绘画的佳品。

一得阁的"一得阁牌墨汁"和"中华牌墨汁"被国家科委、国家保密局确定和核准为国家秘密技术项目。除此之外，企业还建立健全了自身的科研、检验机构，在北京郊区建立了生产基地。通过采用科学的现代生产工艺和检测设备，一得阁墨汁产品在质量稳定的基础上不断革新提高。一得阁墨汁从首创至今，始终保持着它的独特优点，声誉越来越高。

五觉感受

从五觉感受的维度进行分析，一得阁生产的墨汁可以给人视觉美感，和嗅觉的浓香。

一得阁墨汁墨迹光亮、浓淡五色、书写流利、浓度适中、香味浓厚，有写后易干、适宜揭裱、耐水性强、永不褪色、沉淀性小、不激纸、四季适用。画家李苦禅试墨的时候，曾经对其有这样的赞誉："一得阁墨汁浓度适合，墨度以足，不滞不漆，用于书画咸宜，可比美昔年之松烟也。"

第五篇　艺术收藏品文化篇

一得阁墨汁图

　　一得阁的墨汁分为"浓、淡、干、湿、黑"（也可以说成"焦、浓、重、淡、清"）五色，用于书法绘画作品时，使用的效果要优于其他墨汁。书法家启功先生称赞一得阁墨汁说："砚池旋转万千磨，腕力终朝费几多。墨汁制从一得阁，书林谁不颂先河。"书法家陈叔亮老先生试墨时也曾经说过"一得阁墨汁色泽纯美、胶度适中、挥洒流畅，墨中之宝也"。

　　一得阁的云头艳墨汁是一得阁创始人谢崧岱研制，墨汁顶层之烟（即炭黑），最轻最细，含紫玉之光，乌黑而有神韵，犹如彩云般之艳逸，"云头艳"这个名字也是由此得来。云头艳在当时深受文人墨客所喜爱，光绪年间鲍叔蔚所著《云头艳记》中称该墨汁有"三绝""四宜"。该墨汁是一得阁奉献给书画界的精制极品，是墨中瑰宝，后因天灾和人祸逐渐失传。近年来，北京一得阁在搜集整理一得阁史料时，喜获云头艳墨汁资料。经过反复研究，使云头艳墨汁再现神采。

　　如今一得阁墨汁产品也与时俱进，在视觉时尚方面，一得阁也是不断的创新和进步。一得阁有一款专为年轻人设计的蛇年纪念墨，玻璃质地的墨汁瓶看上去颇具时尚感，让人爱不释手，其金蛇狂舞的外包装设计，则是一名"90后"年轻画家的涂鸦之作。为了迎合年轻人的品位，一得阁还特意调整了这款墨汁的配方原料，使其墨香更加柔和、清新。

文明传承

　　从文明传承的维度进行分析，墨既是文化产品也是文化艺术，它是以笔为载体、纸为依托的色彩艺术。墨与中国几千年传统书法、绘画有着密切的关系，借助墨这种独创的书法绘画颜料，中国书画奇幻绝妙的艺术意境才得以实现。而以墨为主打产品的一得阁蕴含着丰厚的历史积淀，承载着悠久的中华文化。

首先在一得阁的选址上就颇具中国的风水文化，一得阁的创始人谢崧岱在一得阁的选址上很有讲究，一得阁的老店址，位于东琉璃厂中部北侧，是个二层小楼，前有游廊，东靠"东北园胡同"，西依"双鱼胡同"，与其他商店互不衔接，两个胡同像个轿杠一样挑着墨汁店，很有"阁"载文苑的意思。同时制作墨汁离不开水，借助双鱼"水里求财"，颇具文墨通商的风水。

近些年来，一得阁一直致力于恢复古老文化传承。2016年，一得阁举办第四代传人拜师收徒仪式，恢复了失传十年之久拜师传统，九名徒弟依照传统礼式，分别向三位一得阁墨汁技艺传承人行拜师礼，正式成为一得阁墨汁制作技艺的第四代传人。一得阁墨的负责人表示，此次恢复拜师学艺的传统，拜师仪式与现代相结合，弟子不需要磕头或拜墨神。之所以恢复拜师仪式，是为了在新时代的背景下，让年轻人体会到传承传统技艺的使命感。

一得阁在恢复古老传承的同时，不断在宣传的过程中渗入古典文化。比如在除夕的时候，一得阁会用简单却不失雅致的篆体春联为网友送祝福；情人节到了，一得阁会在素净的笺纸上写下"纸短情长"四个水墨小字，"爱到深处，惜字如金"的寓意，让粉丝直呼"巧妙"。

在众多的文化宣传案例中，最著名的应该是"四环变五环"的案例了，淡雅的水墨在宣纸上勾勒出奥运四环，随性泼溅的墨滴则成了没有成型的第五环，寓意"惜墨如金"。2014年索契冬奥会开幕式后不久，一得阁的官方微信就发出了这张应景的创意图片，短短几天时间，该帖的阅读次数就达上万次。有网友留言称这是网上"最有文化内涵的'四环变五环'"。

除此之外，一得阁的网店也是文化意味十足，让人有一种时空穿越的错觉。一得阁这家老字号紧随网购的时代潮流，开起了网店。进入一得阁旗舰网店，在淡淡的水墨画背景中，文房产品缓缓进入视线，清雅得仿佛能闻到水墨清香。网店的客服人员，都化名为"孔子""孟子""李白""杜甫"等名人。这些"颇有来头"的客服人员不只是空有名头，还真的都有"一肚子墨水"。据了解，他们最多的工作不是推销产品，而是回答有关水墨文化的知识，比如怎样判断墨的质量、墨的种类，不同风格的书画创作用什么种类的墨合适等问题。虽然是很基础的知识，但是对于远离书画艺术太久的我们来说，还是有必要学习。

"开网店并不仅仅是为了创造利润，我们从一开始就更看重传统文化对年轻人潜移默化的影响"。一得阁墨业有限公司营销副总经理王志菊这样表示。据她介绍，光顾一得阁网店的大多数是年轻人，在帮长辈选购墨汁的同时，他们本身也受到了传统文化的熏陶。一得阁无论是登录网络社交平台，还是开设网店，都希望将文房四宝作为文化交流的平台，让更多的年轻人有机会亲身感受传统文化，受传统文化的熏陶和影响。

社会习惯感知度

从社会习惯感知度的维度进行分析，一得阁一直比较注重媒体推广，2005年的时候拍摄了《百年老店"一得阁"》并在北京电视台播放。除此之外，一得阁很重视展览，他们认为展览是公司展现实力的一个平台。在公司起步阶段时，就开始在民族文化宫做展览。通过这个平台，一得阁和一些代理商、终端客户达成合作。

现在的一得阁，可以说是进入到稳步发展阶段，发展了自己的展览平台。美术馆开业，这也是一得阁公司发展的标志性历史事件。美术馆建成之后，部分场所将用做中小学生的书画见习基地。其他楼层引进信誉好的书画企业，在美术馆里定期办展览、书画交流笔会等。通过办笔会，一得阁可以扩大自己的客户群。

一得阁不拘泥于传统形式，采用多种现代的渠道和方法。如今的一得阁不仅开了网店，还开了微博、微信。在官方微博和微信中，一得阁被年轻网友亲切地称为"一哥"。在粉丝们心中，"一哥"有文化，会卖萌，时常让人眼前一亮。

如此时尚的"一哥"，其幕后团队也很年轻。在一得阁文化发展有限公司，推广团队只有三名80后成员，他们的任务就是维护一得阁的微信、微博、淘宝店等所有新媒体平台。就是这些年轻人，把水墨文化玩得有声有色，也赢得了年轻人的关注。

一得阁的产品主要是墨汁，墨汁是墨的一种，是文房四宝之一，其本身就已经打上了中国传统文化的烙印。一得阁本身也充分地认识到这一点，在品牌宣传和推广的过程中，十分注重传统文化对其品牌内涵的提升。

从文化产业的六个维度分析，一得阁在产生来源、品质内涵、五觉感受、文明传承和社会习惯感知度方面都已经做到了比较高的水平，文化宣传和自身的产品契合度也很高。

然而，和很多百年老店一样，一得阁也存在一个明显的问题。门店形象和品牌的文化形象差异太大，店铺商业化气息太重，而文化气息自然就会被冲淡。店铺形象也是品牌展示的一部分，店铺形象已经影响到品牌形象。这不仅仅是一得阁自身的问题，在琉璃厂很多老店的浓厚文化厚重感正在逐渐消失，传说中的琉璃厂如今在闹市之中已经不复当年的文化气息。

王星记扇庄

"出入君怀袖,动摇微风发",一提到扇子,人们自然就会想到杭州扇庄王星记。拥有130多年历史的王星记,自古以来就有"杭州雅扇"之称。王星记的扇子以精湛的工艺、迥异的功能、高雅的情趣与浙江的丝绸、龙井的茶叶并称"杭产三绝"。

王星记扇庄扇子作品

王星记是著名的中华老字号,由制扇名匠王星斋创建于清光绪年间。王星记扇子产品技艺精湛、功能迥异、情趣高雅,曾经作为贡品进献皇室,有"贡扇"的美誉。除此之外,王星记的扇子历来被书画名家们争相题字作画,被当做"国礼"

馈赠，被博物馆收藏。

王星记是中国制扇业中产量领先，花色品种多样的一家综合性扇厂，主要产品有黑纸扇、檀香扇、香木扇、白纸扇、绢扇、装饰扇和舞扇等。

王星记年产几百万把扇子，15个大类，400多个品种，3000多种花色，远销80多个国家与地区，有70多个国家五万名外宾参观王星记扇厂。王星记还成功打入奥运市场，也成为政府部门的礼品首选。被世人称为"美丽辉煌的扇子王国""东方艺术的瑰宝"。王星记扇子是浙江省首批传统工艺美术保护品种，制扇技艺被列入浙江省首批非物质文化遗产保护名录，技艺人员还多次代表中国民间工艺到国外进行文化交流。

接下来，我们按照文化产业的基本价值，对王星记项目从文化的六个维度进行阐述。

背景来源

从背景来源的维度进行分析，中国扇文化起源于远古时代，而王星记的品牌来源也有一个历史久远的故事。

我们的祖先在烈日炎炎的夏季，将植物叶或禽羽进行简单加工，用来障日引风，故扇子又有"障日"之称，这便是扇子的最初的起源。到南宋时期，扇子的生产已有较大规模，各地因地制宜制造不同材料种类的扇子，形成各地扇子的独特风格。比较著名的有川扇、苏扇、岳洲扇、奥扇、金陵扇等多种，其中最负盛名的扇子却是杭扇，王星记的扇子是杭扇的代表之一。

追溯王星记的品牌历史，就是一个"扇子王国"的传奇：杭州王星记扇厂的前身是当年的王星记扇庄，它的创始人王星斋祖籍绍兴，世代居于杭州，祖祖辈辈从事制扇这一行业。王星斋自幼学习制扇工艺，20多岁的时候就已经成为制扇名匠。清光绪年间（1875年），王星斋在杭州开了王星记扇庄，因"精工出细货，料好夺天工"，订货者络绎不绝。王星斋本人和其继承者在各地建立了分销点，并注册商标"三星"。当年王星斋在产品上推陈出新，试制出一种经济耐用的黑纸扇不怕雨淋，不怕日晒，不怕褪色。这种黑纸扇，在意大利米兰，巴拿马和西湖万国博览会上屡次得奖，其制作工艺在制扇行业至今仍是一绝。王星斋自己试制出的黑纸扇，与妻子陈英制作的泥金满斗式花扇等扇子，都曾被选为宫廷贡品，作为杭州特产进贡皇室宫廷。王星记的折扇也因此被冠以"贡扇"的美誉。

品质内涵

杭州是制扇名城,自古以来就有"杭州雅扇"的雅号,特别是南宋建都临安(今杭州)之后,不少制扇艺人会集杭州,扇坊云集,买卖昼夜不绝。

杭扇品种繁多,有黑纸扇、檀香扇、白纸扇、象牙扇、女绢扇、戏曲扇、旅行扇、儿童扇等十五大类,几千种花色,其中最大尺寸为3.3尺,最小的只有3寸。杭州的扇业竞争激烈,要想在竞争中脱颖而出,唯有在工艺上苦下工夫。

1875年王星斋创建王星记扇庄,后改名王星记扇厂,该扇庄产出的扇子以选料考究、技艺精湛、造型典雅、品位高档享誉海内外,在选材、做工、品种等方面都下足了功夫。扇庄生产的扇子做工考究,一般都要经过糊面、折面、上色、整形等16道工序。

王星斋在产品上推陈出新,黑纸扇、檀香扇、绢扇、白纸扇、羽毛扇、宫团扇、戏剧扇等应有尽有,其中以黑纸扇和檀香扇最为著名。黑纸扇是王星记传统名扇,人称扇中一绝。黑纸扇质地绵韧细洁,色泽乌黑透光,既可拂暑取凉,又可遮阳蔽雨,并因此获得了"一把扇子半把伞"的美誉。其扇面用的是临安於潜的桑皮纸,要桃花盛开时的雨水制作,再经诸暨高山柿漆、福建煤炭黑染色光亮。扇骨采用广西桂林地区的棕竹,花纹美丽,柔软而富有弹性。这种扇子从选料到成品的制作完成要经过制骨、糊面、摺面、上色、砂磨、整形等90多道工序。把它放在烈日下晒,冷水中泡,沸水中煮,各经10多个小时,取出晾干,不折不裂,平整如初。

而王星记的檀香扇是以印度产檀香木为原料制作而成的。制作檀香扇的檀香木树龄需要十年以上,木质细腻、坚硬。檀香扇主要操作工艺为拉花、烫花、雕刻手工工序。用钢丝锯在薄薄的扇片上,用手工拉出数百个大小不一、形状各异的上万个小孔,组成千变万化、虚实相宜的精美图案。独特的加工工艺,使檀香扇更加精细、高雅。

王星记注重人才培养,通过名师带徒的方式,对职工加强特色技艺和新技法的培训,运用现代理念去挖掘传统扇工艺的精华。王星记将多种技法融入一把扇子之中,丰富了制扇工艺。就像传统工笔重彩的技法运用在黑纸扇绘画中,使画面产生立体感,色彩更协调、厚重。经过不断创新,使檀香扇艺术由简单的拉花发展成拉、烫、雕、嵌、印、彩绘等一整套新工艺。特别在宫扇和台屏设计上,采用了新工艺后,将景点和人物巧妙结合,使扇面上展现出千变万化的图案,由于在工艺、设计、造型、原材料方面都有新的突破,开创了王星记檀香宫扇之先河。

五觉感受

从五觉感受的维度进行分析，王星记注重产品包装的时尚元素，以新面孔频频亮相，符合了现代人的"视觉"和不断追求新意的心理需求。

有"贡扇"美誉的黑纸扇，清香四溢、扇存香存的檀香扇，高雅端庄的白纸扇，隽秀美丽的细绢扇，气度非凡的挂扇，婀娜多姿的绸舞扇……王星记的扇子品种丰富，给人以多彩绚丽的视觉美感。

王星记扇子的扇面装饰内容丰富多彩，手法多样，还经常邀请艺坛名家题诗作画。扇厂自有的数十名书画艺人，对古今扇面书画艺术的研究颇多，手法娴熟，技艺精湛。从书画角度来看，无论神话故事，人物形态，名胜风光，峰峦叠石，曲溪流水，村舍楼阁，名花异草，瑞鸟珍禽都能入画；从书法来说，正、草、隶、篆等各种体例也是样样俱全。

除了扇子自身给人带来的视觉美感，扇子与舞台艺术也有密切关系，历来就有风韵婀娜的扇舞，以扇为名或以扇为媒的"扇戏"《桃花扇》《沉香扇》《芭蕉扇》等，扇子用作舞台上的道具来表达舞台上人物的性格。

近年来，王星记在产品开发上针对时代需求，开发与女士服装配套的绢扇系列，制作古色古香的男士红木扇系列。有数据显示，王星记每年新产品开发和花色更新占总产量的30%，已经发展到15个大类400多个品种3000多个花色。

除此之外，王星记的扇子产品还运用到了五觉感受中的嗅觉，比如檀香扇的扇面和扇骨用檀香木制成，檀香木中含有天然的芳香油，香味纯正、淡雅，王星记一把檀香扇在保存数十年之后，依然香味幽雅，有"扇在香存"之誉。

文明传承

从文明传承的维度进行分析，扇子蕴藏着丰实的文化内涵。扇子，是融实用价值与美学价值于一体的精美工艺品，古往今来有很多关于扇子的故事、传说和趣闻轶事。数千年的扇文化积累很多的扇诗、扇词、扇联、扇谜。

王星记扇子产品的文化内涵首先表现在扇面书画上。扇面书画，是中国独特的艺术形式。一把普通的扇子，经名人书画点染，便身价百倍，雅趣横生，使人爱不释手。王星记的创立人王星斋曾经在扇面上书写《千字文》《金刚经》《西湖诗词》《唐诗二百首》，还创作了唐诗万字扇等别具风格的扇子。扇厂青年艺人金岗，竟然在一把纸扇上书写下"四书"（即《大学》《中庸》《论语》《孟子》）

全文，共 57430 字，这把纸扇成为世界字体最小，字数最多的一把纸扇。王星记的扇子作品把文美，字美，扇美巧融为一体，成为扇中之扇。

如今的王星记，在恢复特色技艺和扇面装饰艺术上与时俱进，文化内涵更丰富，使扇品质有了大飞跃。在其制作的世博会扇子纪念品中兼具文化性、艺术性和收藏性，有古朴的乌木彩绘扇、拉烫红檀扇、拉烫红檀香宫扇系列，其中深含文化创意的剪贴绢扇、真丝卡通团扇、千鸟剪贴扇和纸串扇等产品充满世博元素和中国人文特色。

王星记充分挖掘中华老字号的文化资源不仅表现在扇面书画和扇面装饰中，还表现在创作工艺，历史文化等方方面面。在王星记的创意产业园中，人们可以在生产加工车间体验制扇的工艺流程；在多媒体厅了解杭州历史、老字号的发展与文化；在扇文化陈列馆里饱览天下美扇珍品，感受中华扇艺的博大精深。

社会习惯感知度

从社会习惯感知度的维度进行分析，王星记依托"老字号"历史文化的优势，致力于打造中国扇业集生产、演艺、博物馆和文化交流为一条龙的产业发展中心。它走的是工业文化旅游特色之路，通过建立工业旅游园区，提高企业的文化品位，提高产品的含金量。

王星记依托老字号深厚的历史文化背景，在专卖店和大商场开展制扇绘画表演，以扇文化打动消费者。一年一度的西博会、港台老字号精品展等国内外各大展会上，频频出现王星记扇产品的身影。王星记利用"王星记"的品牌和产品，发展连锁门店的同时，积极利用互联网、电子商务开辟新的销售渠道。在产业规划设想中，包括举办大型的扇文化节、承办扇文化交流活动等。以扇子为龙头，做好衍生产品的开发，发挥品牌效应，每年在国内各大城市开两到三家专卖店，积极开拓东南亚各国及日本、韩国市场等。

扇子和墨汁一样，都是跟文人墨客有着千丝万缕关系的物品。王星记扇庄的产品是扇子，自然会让人们联想到历史和文化。既然能成为贡扇，能经历政治经济变革，几经沉浮，最终在现代社会占据一席之地，王星记的成功很大程度上得益于传统文化和传统工艺。

产生来源讲述了王星记品牌从创立到成为"贡扇"的过程，品质内涵告诉大家制作工艺和制作原料，五觉感受给人们展示了各种各样扇子的美丽，社会习惯感知度规划了新的经济形势下打造的新的道路。总体来说作为文化品牌，王星记已经做了很多。

不过，从文明传承的维度分析，王星记可以挖掘的文化还有太多。从文化角度来看，中国的扇文化有着深厚的文化底蕴，是民族文化的一个组成部分，它与竹文化、佛教文化有着密切关系。关于扇子本身的知识背景挖掘也是其中的一方面。从唐朝时，扇子就作为赠送邻国礼品。扇子形成的扇俗，在江南，端午节亲友间有相互馈赠扇子的习俗。

在现代社会，扇子的实用价值越来越小，而艺术价值却越来越高。实际上，扇子也逐渐演变为艺术欣赏品，甚至成为收藏爱好者的藏品。在这种现实背景下，王星记应该更多更深地挖掘扇子文化的历史底蕴，规避掉实用性的短板，提升扇子的艺术价值，向收藏和观赏方向发展。

第六篇
体育文化篇

广东震威武道

广东震威武道，成立于1996年，现已发展成为一个集研发、推广、培训、教学、投资于一体的武道教育机构。震威武道先后在广州、东莞、清远、深圳、汕尾、肇庆、上海等地开设了专业的跆拳道教育培训机构。

震威武道自创立以来，曾荣获"全国最佳道馆"称号和"广东省优秀道馆"称号，是中国虎队示范团联盟会员道场，国内专业跆拳道培训集团之一。

学员练习资料图

接下来，我们按照文化产业的基本价值，对震威武道这个项目从文化的六个维度入手进行分析和阐述。

背景来源

震威武道的成立和 80 年代初风靡全国的两部电影《少林寺》和《大侠霍元甲》有不解之缘。这两部电影对于震威武道的创立者刘青松影响较大。刘青松对这两部影片的喜爱近乎狂热，年仅 10 岁的他喜欢跟着里面的电影里面的主角比划动作，和小伙伴们一起过招。刘青松就是在这样一个崇尚武术的氛围中成长起来的。

上世纪 90 年代初，一次偶然的机会刘青松接触了跆拳道，被跆拳道腿法吸引，于是开始学习跆拳道。当时广州的跆拳道训练道场不多，为了上跆拳道课，刘青松每天最少要骑 4 个小时的单车，但他从不觉得累，他享受跆拳道训练的乐趣。除了跆拳道拳法、腿法的技术修炼，更注重崇高武德的培养及意志力的锻炼。刘青松的父母反对他将跆拳道作为事业的最终归宿，他却推掉了很多好的工作，将跆拳道当作自己生命中最重要的一部分。1996 年，刘青松在广州创办了自己第一家跆拳道馆——震威跆拳道馆。

2002 年春，但因为爱好的驱使，刘青松最后依然决定在清远开设跆拳道培训，将跆拳道运动带入清远。

文明传承

从文明传承的维度进行分析，刘青松老师的震威武道将跆拳道精神与中国儒家文化相结合，植入品德教育、赏识教育、挫折教育、个性教育等，创新跆拳道教育形式。在刘青松眼里，跆拳道已经不仅仅是一种运动，更是一种精神，一种生活态度。跆拳道不仅仅是拳脚功夫，更是一种好的教育方式。

跆拳道文化崇尚"礼、仪、廉耻、忍耐克己和百折不屈"的尚武精神。刘青松在修炼高超的跆拳道技艺的同时，也参悟到了跆拳道文化。他把跆拳道的学习、锻炼变成了自己的一种生活方式，将跆拳道的精神融入到了自己的生命里，跆拳道是他生命中不可分割的一部分。刘青松表示教跆拳道，不仅仅是传授技术，更是要传授正确做人和做事的方法。

刘青松受传统文化的影响很深，在震威武道的课程内容、企业文化、内部培训甚至是装修风格上都饱含着浓浓的中国传统文化的影子。

刘青松坚信梁启超先生《少年中国说》里的这段话，"少年智则国智，少年富则国富；少年强则国强，少年独立则国独立；少年自由则国自由，少年进步则国进步；少年胜于欧洲则国胜于欧洲，少年雄于地球则国雄于地球"。震威武道的企业精神就是秉承"强我少年，兴我中华，培育精英，使命必达"的社会使命，为中国强国之梦培育少年精英。

在其教职团队内部培训会上，所有教职人员一起参加了祭孔仪式，刘青松用中国古典武学精神和武学名称为"震威人"讲解了客户管理系统，就像"六脉神剑"，是指从言、行、待、链、财、兼这六个方面，进行了全方位培训。

刘青松的震威武道不仅从"术"的层面，教会震威人知识技能；更从"道"的层面，教导震威人尊师重道，常怀敬畏之心，感恩之心。10月10日，是辛亥革命纪念日，震威武道这天的内训活动，提醒震威人勿忘历史，正所谓"国家兴亡，匹夫有责"，震威人将历史使命融入到对孩子的教育中。

除此之外，在震威武道的道馆设计中也融入了中国文化和武学元素。形象墙的实木线条和水泥的结合更加体现出武道的稳重、刚中有柔。梅花的装饰画，"不经一番寒彻骨，怎得梅花扑鼻香"的书法，象征着习武之人不屈不挠的精神和顽强意志、谦逊、高洁。

社会习惯感知度

从社会习惯感知度的维度进行分析，刘青松的震威武道组队代表清远市参加各种级别的比赛，还结合当下最流行的元素，推出"时尚跆拳道"，通过表演的方式带动跆拳道的宣传，争取在各种活动、赛事上大家展示跆拳道的魅力。

震威武道同世界最强的跆拳道武道表演队韩国虎队示范团合作，成立韩国虎队示范团中国总部、中国虎队示范团，震威武道创始人刘青松师范担任中国虎队示范团团长。

震威武道一直以来关心公益事业，积极承担社会责任。震威武道每年都要组织举办大型的公益活动表演和义赛，每年都在清远组织跆拳道公益教学。在创始人刘青松的带领下，震威武道成立了中国第一所跆拳道希望小学，帮助了许多处于贫困中面临失学的少年儿童。2005年为九江地震举办粤赣跆拳道公益挑战赛筹集善款，2008年四川汶川地震组织抗震救灾公益赛事，2014年10月刘青松亲自发起成立"爱永恒·赴川藏助学特别行动队"援藏助学活动。

除了参加比赛、表演，关注公益事业，在社会影响方面，震威武道做的最好的就是积极推进促成跆拳道示范项目成为清远体育文化旅游的区域品牌。

目前，清远的大众跆拳道水平已经成为广东省最高技术的地方，成为广东省大众跆拳道技术的代表地。刘青松表示，跆拳道完全有可能成为具有城区特色，与城区人文文化和开拓创新时代精神相结合的体育文化旅游区域品牌项目。

刘青松一方面希望通过定期举办各类型跆拳道项目赛事，结合当地丰富的旅游资源发展赛事旅游，让跆拳道成为城区体育文化旅游名片。另一方面希望培养的清远籍的省冠军、全国冠军乃至奥运冠军，从而通过明星效应提升震威跆拳道的知名度。

也就是说，在社会推广方面，刘青松的震威武道十分注重赛事经济和明星效应，希望通过两方面的同时带动，提升其知名度，打造其品牌IP。

从文明传承的维度来分析，广东震威武道将武术运动与儒家文化相结合，体现了跆拳道文化崇尚"礼、仪、廉耻、忍耐克己和百折不屈"的尚武精神。"礼""仪"是儒家思想的核心内容，"不学礼，无以立"，礼是人的行为规范，谦逊恭敬、宽容忍让是儒家伦理的基本要求。

广东震威武道的跆拳道练习中推崇"礼始礼终"的尚武精神，宗旨是"礼义廉耻、百折不挠"。跆拳道练习者在比赛开始的时候要行礼鞠躬，并将礼仪作为训练内容，通过行礼的方式，养成了选手宽容忍让、以礼待人的良好品德。在武术运动中很好地植入品德、赏识、挫折、个性等教育内容，既创新了跆拳道的教育形式，又有利于武术文化的传承。

但是，由于目前很多武术场馆的文化价值趋同，武术的同质化现象严重，使得武术场馆很难打造自身的文化品牌。这在一定程度上限制了广东震威武道的进一步发展。

从社会感知度的维度分析，广东震威武道除了参加武术比赛及表演活动，还关注公益事业，既有效提升了自身的形象、又扩大了社会影响度。

《武林风》

《武林风》是河南卫视 2004 年推出的一档以武术搏击比赛为主题，融武术、竞技、娱乐于一体的栏目。

《武林风》栏目与世界拳击理事会（WBC）、世界泰拳协会（WMC）、世界自由搏击协会（WKA）、自由搏击 K-1、泰国泰拳协会，伊朗武术协会，澳大利亚武术联盟等国际武术机构长期合作，栏目组定期走进美国、澳大利亚、马来西亚、日本、德国等十余个国家和地区，或比赛，或演出，通过此类交流，扩大了栏目的影响力。

2013 年 8 月，由《武林风》倡导的 WLF 世界自由搏击理事会正式成立，《武林风》成为拥有自己的搏击组织、播出平台、赛制模式和选手资源的武术搏击栏目，这对弘扬中国武术、中国武术与世界搏击规则接轨产生了一定的影响。

接下来，我们按照文化产业的基本价值，对《武林风》这个项目从文化的六个维度入手进行分析和阐述。

背景来源

《武林风》节目的出现迎合了中国体育产业发展的良好契机。

2014 年 10 月，国务院印发了《关于加快发展体育产业促进体育消费的若干意见》（后简称《意见》），从多方面明确指出把全民健身上升为国家战略，把体育产业作为朝阳、民生产业扶持。

虽然广大的市场前景与政策红利并不能成为武术搏击项目及其产业链前途一片光明的的理由，但《意见》至少已经给武术搏击产业突破短板指明了方向，鼓励交互融通，通过推动体育与养老服务、文化创意和设计服务、教育培训等融合，扩大融资和盈利的渠道，同时支持金融、地产、建筑、交通、制造、信息、食品药品等企业开发体育领域产品和服务，提供资金支持。

在这样的背景下，《武林风》得到了发展。

文明传承

从文明传承的维度分析，中国武术刚柔相济，内外兼修，不单纯是搏击之术、拳脚功夫，也不是力气与技法的简单结合，它饱含着哲理，蕴含着先哲们对生命和宇宙的参悟，诠释着古老的东方哲学思想。

中国历史悠久、幅员辽阔，地理环境与人文因素复杂。各地经济发展、风俗民情颇有差异，于是很早就形成了若干个各具特色的文化区，如中原文化区、齐鲁文化区、关陇文化区、吴越文化区、巴蜀文化区、闽南文化区、岭南文化区，以及后起的京派文化区和海派文化区等，它们无不拥有鲜明的地域特色。中华民族的大文化，实际上就是由这些地域文化融汇而成的。

武术是一种纯粹的民间文化形态，它有着很深的地域文化烙印。可以说中国武术的所有流派都是以地域文化为底蕴，从地域文化中孕育出来的。

在漫长的历史发展过程中，以地域文化为依托，先后形成了少林拳、武当拳、峨眉拳、南拳、形意拳、太极拳、八卦拳等七大拳系。其中少林拳、武当拳、峨眉拳形成较早。少林拳以中原文化为底蕴，中原是中国武术的重要发源地。在两汉时期，中原地区的武术就已经发展到相当水平，少林寺的和尚多数来源于中原民间，有些人入寺之前就会武功，入寺之后又在僧众之间进行切磋，僧俗两界的武术精华不断融合。

隋唐末年，少林寺十三武僧助唐王李世民击败王世充，少林功夫从此渐有名气。从隋唐到金元，少林武术不断发展，并逐渐走向成熟。

少林寺以武功扬名天下是在明清时期。明朝嘉靖年间，倭寇窜扰东南沿海，少林寺派武僧80余人勇赴沙场，屡挫敌焰。嘉靖四十年（1561年），抗倭名将俞大猷途径少林寺，指点僧众拳术和棍法。俞大猷看过僧众的表演之后，认为少林寺棍法传久而讹，真诀皆失，乃从少林寺僧众中选出宗擎、普从两位少年僧人，让他们随军南下，亲自传授武艺，历时三年有余，普从不久去世，宗擎学得真诀，回寺广传僧众。万历五年，俞大猷又在京师授给宗擎《剑经》（此为论棍之书，当时把棍称为长剑，故称《剑经》）。万历四十四年(1616年)，程宗猷著《少林棍法阐宗》一书，把少林棍法列为棍家"正传"之一。其后，茅元仪在《武备志》中进一步提出"诸艺宗于棍，棍宗于少林"，第一次将少林棍术列为诸家棍法之首。至此，少林棍术已被公认为武术正宗。

之后，少林寺又致力于拳术的提高，明朝末期，"寺僧攻拳"，当时，少林僧洪记又学得峨眉枪法。此时，不少文人感叹国事日非，内忧外患，遂弃文从武。在武装抗清失败以后，一些仁人志士剃发为僧，他们中不少人有较深的武术功夫。在这样的背景下，僧俗两界的功夫交流融汇，使少林功夫愈加精湛。

明末清初，少林寺功夫广泛吸收了北方拳派和南方棍术、枪法的精华，形成了内容广博、技艺精湛的少林拳系。同时，由于僧俗之间武艺的频繁交流，或者由于少林武术的名气越来越大，北方的不少拳派，或受到了少林武术的影响，或托名少林以自重。这样，少林拳系实际上就涵盖了中国北方地区的几乎所有的武术门派，少林武术成了中国北方地区武术的总称。

少林拳系与其余六大拳系均有渊源。大概在明清时期，少林武功逐渐向外辐射，对南拳拳系、峨眉拳系的形成和发展产生了重要影响，并对形意、太极两大拳系的出现产生了催化作用。

社会的发展改变了武术等技艺的传播形式,在现代社会,技艺更多地表现为娱乐和健身两个方面,要想更好地推广和发扬武术,寄希望于娱乐和健身未尝不是一种好的办法。

《武林风》将武术与娱乐相结合,使得栏目的受众面更广,有利于武术文化的传播。但是,《武林风》将武术运动泛娱乐化,无形之中减轻了武术在其中所扮演的角色的偏重度,将武术运动娱乐化,不仅会对一些武术爱好者产生影响,同时对于武术文化的传承也不能起到很好的保护作用。

从文明传承的维度来分析,《武林风》采用娱乐化的方式推广武术文化,使得栏目的文化定位不太清晰,与栏目最初的"展现中华武学的博大精深"的发展初衷相悖。

《武林风》与市场上同类娱乐栏目同质化现象比较严重,内容本身比较单一,很难有质的突破,使得栏目的提升空间不大。此外,《武林风》由于缺乏长期的资金投入,导致优秀的武术搏击人才短缺,无形中使得栏目的含金量下降。

中华龙舟大赛

中华龙舟大赛由国家体育总局社会体育指导中心、中国龙舟协会、中央电视台体育频道共同主办，中视体育娱乐有限公司和各赛事举办地政府承办。

接下来，我们按照文化产业的基本价值，对中华龙舟大赛这个项目从文化的六个维度入手进行分析和阐述。

龙舟赛现场资料图

背景来源

赛龙舟有祭曹娥、祭屈原、祭水神或龙神等祭祀活动。其起源可以追溯至战国时代，关于它的起源有多种传说。

第一种说法是纪念屈原。据《史记》"屈原贾生列传"记载，屈原是春秋时期楚怀王的大臣。其倡导举贤授能、富国强兵、联齐抗秦遭到贵族子兰等人强烈反对，屈原遭谗去职，被赶出了都城，流放到沅和湘流域，写下忧国忧民的《离骚》和《天问》《九歌》等不朽诗篇。公元前 278 年，秦军攻破了楚国京都，屈原始终不忍舍弃自己的祖国，于五月初五在写下绝笔作《怀沙》之后，抱石投汨罗江身死。

传说屈原死后，楚国百姓哀痛异常，纷纷涌到汨罗江边去凭吊屈原。渔夫们划起船只，在江上来回打捞他的真身。他们争先恐后，追至洞庭湖时不见踪迹。之后每年五月五日划龙舟以纪念屈原，借划龙舟驱散江中之鱼，以免鱼吃掉屈原的身体。

在湖南汨罗市，竞渡前必先往屈子祠朝庙，将龙头供在祠中神翁祭拜，披红布于龙头上，再安龙头于船上竞渡，既拜龙神，又纪念屈原。而在湖北的屈原家乡秭归，也有祭拜屈原的仪式流传。祭屈原之俗在《隋书·地理志》中有记载："其迅楫齐驰，棹歌乱响，喧振水陆，观者如云。"唐刘禹锡《竞渡曲》自注："竞渡始于武陵，及今举楫而相和之，其音咸呼云：'何在'，斯沼屈之义。"

第二种说法是沅陵盘瓠招魂。早在屈原之前，沅陵就有了龙舟。沅陵龙舟发源于远古，祭祀的对象是五溪各族共同的始祖盘瓠。盘瓠曾落户沅陵半溪石穴，生六儿六女，儿女互婚配，繁衍成苗、瑶、侗、土、畲、黎六个民族。盘瓠死后，六族人宴巫请神，为其招魂。因沅陵山多水密，巫师不知他魂落何处，就让各族打造一只龙舟，逐溪逐河呼喊寻找，以至演变成后来的划船招魂的祭巫活动。

第三种说法是纪念曹娥。浙江地区是以龙舟竞渡纪念曹娥。《后汉书·列女传》中载，曹娥是投江死去的，民间则传说她下江寻找父尸。浙江地区多祭祀她，《点石斋画报·虔祀曹娥》即描绘会稽地区人民祭祀曹娥之景象。兼有纪念当地出生的近代女民主革命家秋瑾的意义。

第四种说法是纪念伍子胥。《清嘉录》中记吴地（江苏一带）竞渡，是源于纪念伍子胥，苏州因此有端午祭伍子胥之旧习，并于水上举行竞渡以示纪念。另外还有广西的纪念马援、福州的纪念闽王王审知等仪式。

思维想象

从思维想象的维度分析，龙在传说中是能够呼风唤雨的神物，是南方稻作民族的文化崇拜图腾。人们祈祷风调雨顺的时候，往往就是对龙进行祷告。稻作民族的生活与龙的寓意息息相关。龙舟竞渡发展到今天，已经不是一种单纯的竞技运动,它的背后还有着人们对美好生活的祈愿以及团结协作奋进的文化内涵。

文明传承

从文明传承的维度分析,根据史料中的记载可知,"龙舟竞渡"是在战国时代就有的习俗。战国时期,人们在急鼓声中划刻成龙形的独木舟,做竞渡游戏,此时的龙舟竞渡是祭仪中半宗教性、半娱乐性的节目。在两湖地区,祭屈原与赛龙舟是紧密相关的。可能屈原及曹娥、伍子胥等逝去后,当地人民也曾用魂舟送其灵魂归葬,故有此俗。但赛龙舟除纪念屈原之外,各地人们还赋予了不同的寓意。

龙船竞渡前,先要请龙、祭神。如广东龙舟,在端午前要从水下起出,祭过在南海神庙中的南海神后,安上龙头、龙尾,再准备竞渡。并且要买一对纸制小公鸡置龙船上,认为可保佑船平安。闽、台则往妈祖庙祭拜。有的直接在河边祭龙头,杀鸡滴血于龙头之上,如四川、贵州等个别地区。

赛龙舟前会举行各种祭祀、纪念之仪式,一般都是点香烛、烧纸钱,摆放鸡、米、肉、供果、粽子等贡品。如今这些含有迷信色彩的仪式已很少见,但在过去,人们祭祀龙神庙时气氛很严肃,多祈求农业丰收、风调雨顺、去邪祟、攘灾异、事事如意,也祈求划船平安。

如今,在广东一带,赛龙舟仍然有着严谨的仪式。每年端午节的前一个月,参赛者必须进行严格的训练,在下水训练前村中要定好日子,选一位年纪大、威望高的老人作代表为龙舟点睛,村中的赛龙舟教头(即教练师傅)在定好的良辰到来之时,把去年埋在沙田里的龙尾取出来,这叫"起龙神",龙神起出来后必须先拜龙神。再将龙尾洗净晒干,把龙尾抬回祠堂内,对破损、残缺的部位进行修补,并且用鲜艳的油漆为龙尾上颜色,画上新的龙鳞,这叫"穿新衣",最后把龙头龙尾连接,合并成可承载五六十人的大龙船。

下水训练这一天挑选好良辰吉日为"采青",就是把事先已经准备好的采青用的材料,如香茅草、柚子叶或黄皮叶、生菜捆绑在一起,然后把香茅草围住龙船嘴,接着用准备好的食物祭拜龙神,意思是让龙神吃饱。

万天世纪洞察
INSIGHT

赛龙舟活动在我国已有两千多年的历史,是中华民族龙文化的重要组成部分,是海内外炎黄子孙纪念先祖、传承华夏文明的一种重要方式,有着广泛而深厚的群众基础。如今,中华龙舟大赛将传统的赛龙舟习俗转化成一项体育竞技运动,在传统文化中植入了现代体育精神,既提升了龙舟比赛的活动氛围,又扩大了龙舟比赛在海内外的知名度。以一种体育竞技和传统民俗活动相结合的方式,有效地培养了年轻人对龙舟文化的理解,使中国的传统文化得到了有效的传承。

另外,由于赛龙舟活动在国外也积极地开展,带动了不同国籍、不同种族的人群的参与,不仅加深了外国人对中国民俗文化的了解,也促进了各国人民之间的友谊,龙舟已经成为传播中国传统文化的良好载体。

但是,中华龙舟大赛的衍生产业做的并不是很好,单一的赛龙舟项目使得比赛活动的看点较为单一,并没有使得龙舟比赛成为集传统文化、体育、社交、商业等为一体的大众文化活动。

第七篇
企业文化篇

华为的企业文化

华为技术有限公司（简称华为），是一家生产销售通信设备的民营通信科技公司，于1987年正式注册成立，总部位于中国深圳市龙岗区坂田华为基地。

华为是全球领先的信息与通信技术（ICT）解决方案供应商。华为的业务涵盖了移动、宽带、IP、光网络、电信增值业务和终端等领域，为运营商客户、企业客户和消费者提供有竞争力的ICT解决方案、产品和服务。目前，华为的产品和解决方案已经应用于全球100多个国家，服务全球运营商50强中的45家及全球1/3的人口。

接下来，我们按照文化产业的基本价值，对华为这个项目从文化的六个维度入手进行分析和阐述。

"华为文化"的形成背景

1987年，43岁的退役解放军团级干部任正非，与几个志同道合的中年人，用凑来的2.4万元资本注册了深圳华为公司，成为香港康力公司的HAX模拟交换机的代理。

创业初期，任正非敏锐地发掘国内在程控交换机技术上的空白，意识到这项技术的重要性后，任正非决心要自主研发。

1991年9月，华为租下了深圳宝安县蚝业村工业大厦三楼，开始研制程控交换机。1991年12月，华为生产了首批三台BH-03交换机，公司资金入不敷出，面临破产。1992年，华为的交换机批量进入市场，当年产值即达到1.2亿元，利润过千万元，当时华为的员工只有100人左右。

第七篇　企业文化篇

华为亮相日本最大的 ICT 展会

华为以惊人的速度成长，从 1998 年开始，华为把触角探向世界的核心市场欧美，欧洲市场成为华为业务开展的重地，其多项创新业务首单落地欧洲，比如第一个分布式基站、第一个 2G、3G 合并基站商用地点在德国；同时，华为的全球能力中心、财务中心以及风险控制中心都设在了欧洲；从销售收入贡献来看，欧洲更是举足轻重。当年，华为的销售收入高达 89 亿元，华为的竞争对手大唐电信销售额仅为 9 亿元。

1999 年，华为在印度班加罗尔设立研发中心。该研发中心分别于 2001 年和 2003 年获得 CMM 4 级认证、CMM 5 级认证，成为中国移动全国 CAMEL Phase II 智能网的主要供应商，该网络是当时世界上最大和最先进的智能网络。

1999 年到 2000 年的两年时间里，华为紧紧抓住了"亚洲金融风暴"之后东南亚客户普遍追求高投资回报率的心理需求，凭借比竞争对手低 30% 的价格优势，先后拿下了越南、老挝、柬埔寨和泰国的 GSM 市场。随后，华为又以同样的手段把优势逐渐扩大到中东地区和非洲市场。

2002年，海外市场销售额达到5.52亿美元。尽管2001年到2002年间，全球电信基础设施的投资下降了50%，华为的国际销售额还是增长了68%，从2001年的3.28亿美元上升到2002年的5.52亿美元。华为通过了UL的TL9000质量管理系统认证。为中国移动部署世界上第一个移动模式WLAN。

2008年，华为取得了233亿美元的合同销售额，其中海外销售占比高达75%，华为的全年纳税额高达120亿元。2004到2008年，华为合同销售额从56亿美元快速上升至233亿美元，海外销售占比从43%上升至75%，年均增速高于40%。

2009年，华为继爱立信、诺基亚-西门子和阿尔卡特-朗讯之后，成为世界第四大电信设备制造商。2013年，华为首超全球第一大电信设备商爱立信，排名《财富》世界500强第315位。截至2009年底，华为已累计申请专利达42543件，其中国际专利申请量居全球第二，全球销售收入1491亿元人民币(约合218亿美元)。

2016年底，华为有17万多名员工，华为的产品和解决方案已经应用于全球170多个国家。

2016年8月，全国工商联发布"2016中国民营企业500强"榜单，华为以3950.09亿元的年营业收入成为500强榜首。同年8月，华为在"2016中国企业500强"中排名第27位。

"华为文化"的内涵

有一篇著名的总结华为为何成功的文章指出，对企业的责任感，创新精神、敬业精神与团结合作精神是华为所提倡的企业文化。

先来讲华为的"床垫文化"。1991年9月，华为最初租下的深圳宝安县蚝业村工业大厦三楼既是生产车间、库房，又是厨房和卧室。十几张床挨着墙边排开，床不够，在泡沫板上加床垫代替。所有人吃住都在里面，不管是领导还是员工，做得累了就睡一会儿，醒来再继续工作。这是创业公司所常见的景象，只不过后来在华为成为了传统，被称为"床垫文化"，直到华为与国外公司直接竞争的时候，华为的员工在欧洲也打起地铺，令外国企业叹为观止。

一张床垫半个家，"华为人"带着这张床垫走过了创业的艰辛，"床垫文化"是华为精神的一个象征。从公司成立至今，几乎每个研发人员都有一张床垫，卷放在铁柜的底层，办公桌的下面。午休时，席地而卧；晚上加班，就这一张床垫，累了睡，醒了爬起来再继续。

第七篇　企业文化篇

华为凭借这股精神，超常发展，在 2005 年实现销售收入 453 亿元，上缴地税及各项海关关税、增值税 40 亿元，拥有上万人的研发团队，其中本科学历的员工占三分之二以上，业务遍及全球，成为中国企业创业、创新和国际化的标杆。

华为的另一种文化是"狼性文化"。华为的"狼性文化"，并非强调残忍和反人性，而是狼的其他一些品质和秉性。我们应该重新审视华为"狼性文化"的几个定义，了解它的真谛。

从华为的成长历史中发现，狼性文化贯穿了整个华为的管理思维，包括制度、流程、用人和晋升机制等等，这种文化已经成为了华为每个人血液中的一部分。

随着互联网时代的到来,中国有大量企业脱颖而出,成为国际商业舞台上一支重要力量,几家大型互联网企业甚至成为行业领导者,而华为,更是其中的佼佼者。在国人的眼中,华为已经成为中国企业在国际上的优质名片,成为新时期中国制造的优质名片,在舆论上和社会口碑中,华为的品牌形象一直作为正面典型出现。

关于华为的企业文化,各类媒体上都有长篇累牍的报道,大家基本上都耳熟能详了,我们今天探讨一下,华为这些企业文化背后依托的中国传统文化。

中国人自古以来推崇勤奋、吃苦耐劳、勇于奉献的精神,而华为的"床垫文化",无疑体现了这种传统文化中的精髓。"床垫文化"的本质,其实就是一种奉献精神,是一种勤奋和吃苦耐劳的品质。没有华为人的勤勉与奉献,华为是不可能从一家小企业,成长为国际商业舞台上的巨头的。企业的成就,是通过全体员工一步一步的努力实现的,企业的责任感、创新精神、敬业精神与团结合作精神,凝合在一起,就形成了华为所提倡的企业文化。

再来看狼性文化。"狼性"这个概念以及其引申出来的狼性文化,在中国传统农耕文明的文化背景下,一直存在着争议。在大众的概念里,狼性文化所提倡的狠辣、犀利精神与中国传统文化倡导的平和与谦逊是相悖的,然而我们仔细审读华为的狼性文化后,会发现广义上的狼性文化,其实与中国传统文化中的某些方面并不冲突。

狼性文化的首要之义是敏锐的嗅觉,指的是危机感、远见与设计感。什么是危机感?我们举例说明,比如地球每一天面临来自宇宙中"流星雨"般的陨石冲击,使得地球就像一个宇宙靶场。但为什么地球还没有毁灭呢?正因大部分陨石掉到海里去了。做企业从来都不是顺境大于逆境,中国企业家光鲜一面的背后,更多的是艰难和辛酸。华为 25 年的历史,就是一个不断应对危机、解决危机的过程。如果华为领导者缺少对内外环境强烈的危机感和忧患意识,华为也许早垮掉了。

华为能够走到这天,重要的一点就在于华为的领导者对五年、十年之后的发展,有一种远见和长远的规划。

有位国企的老板问任正非,华为为什么 20 多年就能成长为国际化企业?是不是靠的低价方法？任正非说你错了，咱们是高价。对方又问，那你凭什么打进了欧洲？任正非回答是靠技术领先和产品领先，重要因素之一就是数学研究在产品研发中起到的重要作用。华为俄罗斯数学研究所成立于15年前，由一批俄罗斯顶尖的数学家组成，正是这些外籍科学家利用数学运算为华为的3G技术、企业网产品作出了突破性的贡献。

任正非说，中国的玄学哲学是很有好处的，它塑造和影响了中国人的思维方式，这也很可能使得中国在未来的虚拟时代大有可为。因此，在IT和互联网行业，中国是大有前途的，中国企业是大有可为的。这就是任正非对未来的敏锐嗅觉。

华为狼文化的第二个定义，就是不屈不挠的进取精神、奋斗精神。

前些年华为倡导"薇甘菊方法"，中国改革开放之后，由于贸易的频繁往来，薇甘菊的种子通过货运从南美洲到了深圳，它被称作"疯狂成长的恐怖野草"，仅需要极少水分、极少营养就能够迅速地扩张。华为倡导的就是这样一种文化与市场方法。

狼狈精神是任正非关于狼文化的第三条定义。华为最初十年中，由于既缺资本，又缺技术，更缺人才，因此倡导一种绝地逢生的个人英雄主义。谁能让这个组织活下来，能给饥饿中的华为带来合同，谁就能够分到更多的蛋糕。咱们把任正非比喻成一个海盗头子，领着一群知识型的海盗到海上去抢银子，谁抢到的最多，谁就分得最多。

早期十年，个人英雄主义带来了高速成长，但十年之后的华为，应对着重大挑战。英雄们创造了历史，英雄们又可能带来山头主义、腐败和懈怠，任正非在《一江春水向东流》中就讲，早期的华为山头林立、主义多元。任何企业在原始积累时期，都无法避免这样一个过程：大多数民营企业成功之后又迅速垮掉，多是正因没有跨越这个坎。

因此，在必须阶段，企业要想进一步发展，务必将个人英雄文化加以改造，使之演化成为群体英雄文化，成为具有凝聚力、类似于军队的族群——头狼发出号令的时候，所有能听到号令的狼群都会迅速集结、进入战斗状态。

总结一下，华为的企业文化，并非刻板地只用某一种传统文化，而是结合自己企业的特点以及市场环境，将文化中的可用之处提炼出来，融合成自己独特的理念，打造渗透到企业骨子里、渗透到每一个员工心中的扎实的企业文化，进而在商场上无往不利，成为中国民族品牌的骄傲。

海尔的企业文化

海尔集团 1984 年创立于青岛，创业以来，从一家资不抵债、濒临倒闭的集体小厂逐渐发展成为全球最大的家用电器制造商之一。目前，海尔已经从传统的家电制造企业转型为面向全社会孵化创客的平台。

世界权威市场调查机构欧睿国际正式签署发布的 2016 年全球大型家用电器品牌零售量数据显示：海尔大型家用电器 2016 年品牌零售量占全球市场的 10.3%，居全球第一，这是自 2009 年以来海尔第 8 次蝉联全球第一。此外，冰箱、洗衣机、酒柜、冷柜也分别以大幅度领先第二名的品牌零售量继续蝉联全球第一。

海尔在全球有 10 大研发中心、21 个工业园、24 个制造工厂、10 个综合研发中心。66 个贸易公司、143330 个销售网点，用户遍布全球 100 多个国家和地区。

从一个名不见经传的地方企业，成长为全球最大的家电制造商，在海尔的发展历程中，企业文化起到了至关重要的作用。

"海尔文化"的形成背景

海尔有一个著名的广告语，叫作"真诚到永远"。海尔总裁张瑞敏解释说：一个企业要持续经营，首先要得到社会的承认、用户的承认。企业对用户真诚，才有用户、社会对企业的回报，才能保证企业向前发展。好像没有哪个企业不明白诚信对于立企、兴企的重要性。企业能不能在理念、模式和机制上保障并发展自己的诚信呢？

"顾客永远是对的，"张瑞敏说："不管在任何时间、任何地点、发生任何问题，错的一方永远只能是厂家。"一位农民来信说自己的冰箱坏了。海尔派人上门处理，还带着一台新冰箱。赶了 200 多千米的路到顾客家，发现是温控器没打开，打开温控器就一切正常了。海尔管理层却就此进行认真的反思：绝不能埋怨顾客，海尔必须满足所有人的需求，要把说明书写得让所有人都读懂。

海尔展会现场

关于诚信最出名的故事，莫过于海尔成长历程中的标志性事件——张瑞敏砸冰箱。

1985 年，一位用户向海尔反映：工厂生产的电冰箱有质量问题。于是张瑞敏突击检查仓库，发现仓库中不合格的冰箱还有 76 台，当时研究处理办法，有人提出意见：作为福利处理给本厂的员工。就在很多员工十分犹豫时，张瑞敏做出了有悖"常理"的决定：开一个全体员工的现场会，把 76 台冰箱当众全部砸掉。而且，由生产这些冰箱的员工亲自来砸。许多老工人当场就流泪了……要知道，那时候别说"毁"东西，企业就连开工资都十分困难，在那个物资还紧缺的年代，别说正品，就是次品也要凭票购买。如此糟践，大家都很心疼，当时，甚至连海尔的上级主管部门都难以接受。

但张瑞敏明白：如果放行这些产品，就谈不上质量意识。海尔不能用任何姑息的做法,来告诉大家可以生产这种带缺陷的冰箱,否则今天是76台,明天就可以是760台、7600台……所以必须实行强制措施。海尔选择了不变初衷,用一柄大锤,砸醒了海尔人的质量意识。从此,在家电行业,海尔人砸毁76台不合格冰箱的故事就传开了。那把著名的大锤,海尔人把它摆在了展览厅里,让每一个新员工参观时都牢牢记住它。

永远以真诚面对所有客户,这就是海尔企业文化的核心精髓,永远保证产品质量的第一位,永远将客户利益放在第一位,才能不断将海尔越做越大,越做越强。

"海尔文化"的内涵

企业管理的最大挑战,就是在事情出现不好的苗头时,果断采取措施转变员工的思想观念。任何企业要走品牌战略的发展道路,质量永远是生存之本。所以海尔提出:"有缺陷的产品,就是废品。"海尔的全面质量管理,推广的不是数理统计方法,而是提倡"优秀的产品是优秀的员工干出来的",从转变员工的质量观念入手,实现品牌经营。

1994年夏天《青岛晚报》发了一则报道,谴责本市一名出租司机把顾客买的海尔空调器拉跑了。海尔知道了这个消息后,又给这位顾客送去了一台空调器。这条消息再次成为新闻,社会舆论一致赞誉海尔助人为乐,但海尔人认为:这件事真正的责任还在企业身上,如果我们把空调器直接送到顾客家里,就不会出现这样的问题了。由此,海尔酝酿推出了无搬动服务。

海尔还投资建立了自己的维修服务体系。因为他们担心别人的代理服务网络,很难达到海尔的质量与服务要求。更重要的是,海尔将会因此失去与用户沟通、了解需求信息的重要渠道。海尔认为营销的本质不是卖,而是买,是海尔花钱向用户购买信息。当把服务视为企业发展战略的一个关键环节时,这种服务便成为一种自觉、主动和有意识的行为。

还有一桩被业界人士称颂为"用户小小遗憾,引发空调器服务革命"的故事。有一位室内装潢设计师在进行装修时专门选择了海尔风管式家庭中央空调,并根据经验预留了两个出风口。实装时才发现空调出风口与预留位置有一定差异,装修留下了小小的遗憾。消息辗转传至海尔商用空调部,他们当即派出专业设计及安装人员上门服务,对原设计进行整修,直到用户完全满意。这些举动不仅使海尔赢得了用户的信赖,更使他们赢得更大的市场。

海尔正是一直坚守着真诚的态度，坚持传承企业文化作为立身之本，才成长为世界级的优秀企业。诸如前文所列举的此类案例还有很多。

"有生于无"与"以柔克刚"也是张瑞敏的海尔哲学。有一次，张瑞敏出访日本一家大公司。该公司董事长一向热衷中国至理名言。在这位董事长介绍该公司经营宗旨和企业文化时，阐述了"真善美"，并引述老子思想，张瑞敏也发表了自己看法：《道德经》中有一句话与"真善美"语义一致，这就是"天下万物生于有，有生于无"。

张瑞敏以这句话诠释了海尔文化之重要性。在张瑞敏看来，企业管理中，无形的东西往往比有形的东西更重要。很多领导到下面看重的是有形东西太多，而无形东西太少。一般总是问产量多少、利润多少。而张瑞敏认为文化观念、氛围更重要。一个企业没有文化，就是没有灵魂。

有一次，一位记者问张瑞敏："一位企业家首先应懂哪些知识？"张瑞敏想了想说："首先要懂哲学吧。"张瑞敏能联系企业实际，从老子思想中悟到"无"比"有"更重要、"无"生"有"的道理，也悟出柔才能克刚、谦逊才能进取的为人做事之理。骄横与张扬永远是企业衰败之源。

如今的海尔，是中国企业在国际上的优秀代表。而海尔的企业文化，同样向全世界传递着中国传统文化的精髓。通过企业文化的建设，海尔在商业上实现了突破，获得了空前的成功，而反过来，品牌效应又将这些优秀的文化传播到更广阔的舞台之上，文化的影响日益增加，更多的企业得以借鉴。由此可见，将文化合理科学地运用到企业经营乃至商业的拓展上，可以实现事半功倍的效果。

中国传统文化源远流长，值得挖掘的精华有很多，每一位企业经营者都应该思考，如何像海尔与华为等优秀企业一样，根据企业自身的特点以及市场情况，挖掘文化中的底蕴，将"文"合理地加载到企业运营上面，通过有效的"化"的手段，打造属于自己的企业文化，进而实现企业效益最大化。

同仁堂的企业文化

北京同仁堂是全国中药行业著名的老字号,创建于1669年,自1723年开始供奉御药。创建至今,历代同仁堂人始终恪守"炮制虽繁必不敢省人工,品味虽贵必不敢减物力"的古训,树立"修合无人见,存心有天知"的自律意识,造就了制药过程中兢兢小心、精益求精的严细精神,其产品以"配方独特、选料上乘、工艺精湛、疗效显著"而享誉海内外,产品行销40多个国家和地区。

"同仁堂文化"的形成背景

提起同仁堂,坊间流传着这样一些为人熟知的故事。

康熙少年时曾得过一场怪病,全身红疹,奇痒无比,宫中御医束手无策,康熙心情抑郁微服出宫散心。机缘巧合之下康熙走进一家小药铺,药铺郎中只开了便宜的大黄,嘱咐泡水沐浴,康熙按照嘱咐,如法沐浴,不过三日便痊愈了。为了感谢郎中,康熙写下"同修仁德,济世养生",并送给他一座大药堂,起名"同仁堂"。相传这就是老字号品牌同仁堂诞生的故事。

抛开民间传说,同仁堂真正诞生的故事是这样的:乐氏家族第26世子孙乐良才于明永乐帝朱棣迁都之际,由宁波迁来北京。乐良才是一位走街串巷行医卖药的铃医,来京后仍操此业,他娶妻杨氏,生子廷松,从此定居北京。铃医乐良才为北京乐氏宗族始祖。

乐廷松继承其父乐良才的铃医衣钵,为适应大城市的医药需求,开始学习中医经典理论和方药著作。开阔知识视野,朝着正统中医药的方向转变。

经过乐氏人的努力,乐家第四世子孙乐显扬当上了清太医院史目,号尊育,"诰封登侍郎太医院史目,晋封文林郎,赠中宪大夫"。结束了乐氏祖传的铃医生涯。

乐显扬毕生致力医药,精研修合之道,于 1669 年创办同仁堂药室,堂名"同仁",由乐显扬亲自拟定,并立"同仁堂"牌匾,乐显扬为北京同仁堂之祖。

同仁堂商铺

1688 年乐显扬逝世。其子乐凤鸣恪守父训,继承祖业,于 1702 年在北京前门大栅栏路南开设同仁堂药铺,并提出"遵肘后,辨地产,炮制虽繁必不敢省人工、品味虽贵必不敢减物力。"为同仁堂制作药品建立起严格的选方、用药、配比及工艺规范。

北京同仁堂自创办以来,历数代而不衰,可以说是药业史上的一个奇迹。1873 年杨静亭的《都门汇纂》、1890 年李虹若的《都市丛载》均对同仁堂制售的平安丸、虎骨酒等有记载。

同仁堂因其配售药品疗效显著,声誉与日俱增,博得了朝廷赏识,由皇帝钦定同仁堂供奉御药房需用药料和代制内廷所需各种中成药。于是,同仁堂承担了供奉宫廷用药的皇差,又称为承办官药。

1887 年,慈禧太后二度垂帘听政,总管太监李莲英奉慈禧太后懿旨,让内廷越过了御药房,直接找同仁堂订购如意长生酒,供慈禧饮用。

在清王朝统治时期，由于同仁堂供奉御药房，所以享受了一定的封建特权，在同行业的经营方面占有无可比拟的优势。其中最重要的是预领官银和增调药价，同仁堂利用这两项特权逐渐暴富起来。

同仁堂最初依仗承办官药的封建特权，后又凭借自身的信誉和声望垄断祁州（今河北安国市）药市和其他中药市场200多年，进货精，制出的药也必然高价卖出，在进出两个方面，都能获取厚利，这样自然生意兴隆，财源广进。

同仁堂自1669年创立，前84年一直由乐姓人独资经营，1753年至1843年这整整90年中，同仁堂先由张姓人接办，继而外股日增，后又历经典让，乐姓家族濒临危境，终于又在乐平泉手中收复了祖业。

"同仁堂文化"的内涵

从同仁堂"修合无人见，存心有天知"的对联来看，其品牌文化内涵和中国传统文化有很高的契合度。这是知名度很高的一副对联，许多中药厂和中药店都在醒目位置挂着此对联，旨在说明人诚药真，不欺人，不自欺。但要说其出处及与中国文化的关系，估计没有几个人能准确地讲出来。

"修""合"二字在古典药籍卷宗条目中并不罕见。我国最早的制药专著《雷公炮炙论》就记有"修事"一词（此处修事指炮制）。唐代孙思邈在《千金要方·卷一》中"合和"篇记载："凡合和汤药，治诸草石虫兽，用水升数，消杀之法"，该篇还详细介绍了药物合和、炮制之法。这两处的"修"与"合"没有同时出现，但意义相近，均与炮制相关。

北宋早期的王怀勇在《太平圣惠方》中记有"凡合和汤药，务在精专，甄别州土，修治合度，分两不差，用得其宜，病无不愈……是以医者必须殷勤注意，再四留心，不得委以他人，令其修合。"这是现有文献中首次出现"修合"二字。

两宋以后，"修合"作为专用名词开始频繁出现。修者，实行、遵循、整筋、修制之谓也；合者，和合、整合、合度之谓也。所以，"修合"就是《太平圣惠方》中"修制合度"之意。

宁波乐氏二十九世乐显扬于1669年开办"同仁堂药室"。其后世子孙乐凤鸣在1706年剞劂成书《乐氏世代祖传丸散膏丹下料配方》，"收录古方、宫廷秘方、家传秘方、历代秘方362种"。在序言中提出"遵肘后、辨地产，炮制虽繁必不敢省人工，品味虽贵必不敢减物力"，树立"修合无人见，存心有天知"的意识——这幅名联即诞生于此，成为同行开铺做药的共同道德标准，延传至今。

"修合无人见，存心有天知"字面意思不难理解，是说在没有监管、他人不晓得情况下，在中成药炮制过程中药材是否地道、斤两是否足称、制作是否遵古全凭自觉。虽无他人在场，但"上天"是知道的，所以不能违背良心，不要见利忘义，不可偷工减料，这是对民间"人做事，天在看"的朴素直观的诠释。也许在外人看来多一味、少一味，增一分、减一分无关生死，不伤大局，但在制药人内心仍要坚持"取其地、采其时、遵其古、炮其繁"的训条。

中国哲学强调"和"与"谐"，包括人与自然和谐、人与人和谐、人自身和谐等。中医药作为中国文化的重要组成部分，持中尚和、重和倡谐也是中医药文化的精髓与本质，不和则病，病则治，治则和，和则寿。可以说，"修合无人见，存心有天知"就是中国文化"和谐观"与"和文化"在中医药文化中的具体实践。

文明传承

同仁堂在数百年的发展过程中，留下了很多与品牌文化有关的故事。

1849年八月初八，同仁堂制药车间只剩乌鸡十余只，若不及时补充，乌鸡白凤丸的生产将受影响。有伙计向当时同仁堂的当家人乐平泉建议选择稍微有点儿杂色的乌鸡，乐平泉断然拒绝了伙计的建议。

面对乐平泉的拒绝，一位年轻人表示：临时用有点儿杂色的鸡代替，应该不会影响药品的质量。乐平泉看着他，并没有回应他的建议，只是问："你到同仁堂药铺有几年了？"年轻人回答说三年。

"那你不知道同仁堂药铺的规矩吗？选料必须上乘！"乐平泉语气坚决。

药料质量的优劣直接影响着处方的疗效，先人乐凤鸣在创办同仁堂时曾承诺"遵肘后，辨地产，炮制虽繁必不敢省人工，品味虽贵必不敢减物力，可以质鬼神，可以应病症"，这承诺不能丢。乐平泉吩咐伙计，立即到顺义、平谷等地购买纯种乌鸡，如果买不到，就暂停乌鸡白凤丸的生产。

曾让乐平泉"心有余悸"的乌鸡问题，也是今天北京同仁堂集团的镜鉴，唯有"时时勤拂拭，勿使惹尘埃"，更加"兢兢小心"，常念"必不敢"，不能让先人的承诺失信于当下。

同仁堂从清朝一直延续到现在，一直没有丢掉的文化还有仁义和传承。同仁堂关于仁义的故事有很多，简单的列举几例：

1988年，上海甲肝流行，具有抗病毒作用的板蓝根一药难求，市场上板蓝根药价飞涨。同仁堂门口聚满了前来求药者，奇货可居，但同仁堂不为所动。

2003年，北京非典肆虐，抗非典中药供不应求，当时的安国药市号称一天出一个百万富翁。同仁堂毅然拿出1000万元来平定中药市场价格，供应了北京地区近一半的用药需求。而且，为了增加市场供应，同仁堂甚至停掉其他产品生产线来保证抗非典中药的生产。

2006年初，澳门饮用水短缺。当时，由于长期干旱，供应澳门饮用水的珠海市水库发生海水倒灌，致使珠海、澳门出现了长达四个月的"咸潮"期，自来水全部成了咸水，无法饮用。同仁堂药店有代客煎药的服务，平时用自来水煎药还没有什么问题，"咸潮"期用自来水煎出的药全是咸的。不仅苦咸难以入口，还影响药效。

同仁堂中医坐诊

自来水不行，只能用纯净水。澳门同仁堂药店经理赵学成果断决定，改用纯净水煎药。当时珠海、澳门的矿泉水、纯净水价格不断上涨，甚至时常脱销。用纯净水煎药可以保证疗效，但增加的费用谁来买单？赵学成决定由同仁堂买单。做出这个决定时，他想到了同仁堂过去数十年里在面对义利相争时同样的取舍。在同仁堂的多年经历告诉赵学成，"同修仁德，济世养生"是同仁堂多年来不变的信念，当义利相争时，他们不会去计较利益而有愧于公义。

同仁堂还肩负着传承中医文化的重任，关于传承中医文化，有这样一个故事体现的很到位。

2007年夏，新加坡心理卫生医院内的同仁堂中医诊所，医师吴晓秀正在接诊一位名为莫妮卡的西方女士。

莫妮卡向吴晓秀问诊：她最近疲倦无力，失眠，厌食，无心做事，脾气越来越急躁，尽管做了西医检查，在医生的建议下服用安眠药帮助睡眠，但仍无改善。

吴晓秀了解莫妮卡近况并检查其舌按脉后，做出诊断：因情绪紧张、操劳过度，导致身体脏腑失和、自律神经功能失调。

她为莫尼卡制定了调理方案，包括中草药方和针灸治疗。起先，莫妮卡半信半疑，两周后，莫妮卡的睡眠质量明显改善，情绪平稳下来，恢复食欲。"中医太神奇了，你能告诉我其中的秘密吗？"莫妮卡的请求不再迟疑。

此后，同仁堂里的每次复诊和治疗成了莫尼卡了解中医文化的课堂，她从这儿了解到了经络穴位和阴阳平衡等中医知识。她还成了中医和同仁堂的宣传员，在她的积极推介下，她的丈夫、儿子和朋友开始尝试用中药、针灸来调理或治疗健康问题。她还因为中医文化而喜欢上了中华文化，开始自学中文。

吴晓秀传播了中医药文化，同仁堂里像她这样的人有不少。目前，同仁堂有海外药店107家，海外医疗机构60家，遍布20多个国家和地区。这些走出国门的同仁堂，其中一项重要任务就是把中医药推向全世界。

同仁堂不仅在自己的药店和诊所推广中医药，还委派中医药专家到各国孔子学院授课，围绕当地多发性疾病、慢性病等热点问题举办公众健康讲座，讲食疗养生、中医药常识，就中医汉语开展培训课程。

万天世纪洞察
INSIGHT

　　同仁堂是中药行业的老字号，是传承中医文化的百年老店。中医文化是中国的传统文化之一，历史悠久，文化底蕴厚重。作为中医药行业的百年老店，同仁堂的品牌文化和中国的哲学理念以及一些文化内涵不谋而合。中国哲学强调"和"与"谐"，持中尚和、重和倡谐也是中医药文化的精髓与本质。

　　从文化企业的六个维度进行分析，同仁堂从产生来源和文明传承两个维度对其品牌形象进行了文化包装和价值提升。从历史来源来看，同仁堂包含着丰富的历史故事和文化积淀。从文明传承来看，其品牌文化包括从中国传统文化提炼出来的诚信、仁义和传承，这些传统文化的要素在同仁堂发展的过程中，时时体现着其品牌文化内涵。

　　同仁堂历经数百年风雨历程，历经变迁，其品牌文化的核心内涵一直没有丢失，每一代同仁堂人都谨守着自己的文化传承，丰富着同仁堂的内涵。诚信、仁义这些文化精髓保存下来，至于其传承则在发展的过程中得到了提升。曾经的同仁堂和许多传承老店一样，固守着"制药不出京"的传统。在今天，这个同仁堂历史上的传统正在被打破。因为，在现代社会，人们的生活中充斥着各种西方医学，中医文化被忽视了太久。在这样的环境下，同仁堂除了传承其自身的济世养生信念，同时还肩负着传播中医药文化的使命。

老干妈的经营文化

贵阳南明老干妈风味食品有限责任公司（简称老干妈）主要生产风味豆豉、油辣椒、水豆豉、风味鸡油辣椒、香辣菜、风味腐乳等 20 余个系列产品，是中国国内生产及销售辣椒制品的企业。

老干妈风味食品有限责任公司位于贵阳市南明区龙洞堡见龙洞路 138 号，成立于 1997 年 10 月，企业现拥有一栋四层的多功能办公大楼及 4 个生产基地，占地 2 万多平方米，员工 2000 余人，管理、技术人员 200 多人。

资料显示，1998 年，老干妈产值为 5014 万元。2012 年，老干妈产值达到 33.7 亿元。2013 年，老干妈产值为 37.2 亿元，占中国辣椒酱行业的 14.36%，位列第一。2014 年，老干妈产值突破 40 亿元。

接下来，我们将按照文化产业的基本价值，对老干妈公司从文化的六个维度及 36 个要素入手进行分析和阐述。

老干妈经营文化的形成背景

从产生来源分析，老干妈企业的成功与创始人"老干妈"是分不开的。"老干妈"名叫陶华碧，1947 年出生于贵州省湄潭县一个偏僻的山村。原是核工业部 206 地质队的一名普通家属，后因丈夫不幸去世，为了养家糊口，陶华碧在地质队所在地的龙洞堡街上卖凉粉、米豆腐。

1989 年，陶华碧在贵阳市南明区龙洞堡的一条街边，盖了个简陋的"实惠餐厅"，专卖凉粉和冷面。为了赢得顾客，陶华碧亲手制作了拌凉粉的作料麻辣酱，生意十分兴隆。

由于陶华碧为人厚道、待人热情，一些家境不好的学生来吃凉粉，陶华碧经常不收钱，学生们感激她，尊称她为"老干妈"，"老干妈"的称谓不胫而传，周围的许多群众也亲切地称陶华碧为"老干妈"。

偶有一天，陶华碧身体不适，没有制作麻辣酱，顾客听说没有麻辣酱，转身就走。这令她十分困惑：难道来我这里的顾客并不是喜欢吃凉粉，而是喜欢吃我做的麻辣酱？

机敏的陶华碧一下就看准了麻辣酱的潜力，从此苦心研究起来。经过几年的反复试制，她制作了风味更加独特的麻辣酱。甚至有人不吃凉粉专门来买她的麻辣酱。她干脆关了凉粉店，专卖麻辣酱。

老干妈企业知名产品油辣椒

1996年7月，陶华碧借南明区云关村委会的两间房子，招聘了40名工人，办起了食品加工厂，专门生产麻辣酱。加工厂定名为"老干妈"。1997年8月，贵阳南明老干妈风味食品有限责任公司正式挂牌，小工厂扩大成了公司。

老干妈经营文化的内涵

从品质内涵的维度分析,老干妈的每一件产品都能体现出企业的行事态度。

老干妈的原材料把控几近苛刻。老干妈产品口味的保证源于对原材料的精选,老干妈辣酱所用辣椒原料,主产地在遵义,遵义辣椒,曾为出口免检产品。当地的供货大户说:"给她的辣椒,谁也不敢大意,只要出一次错,以后再想与她交道就难了。当地给她的辣椒,全部要剪蒂,一只只剪,这样拣剪过的辣椒,再分装,就没有杂质了。"

保证客户价值,把品质稳定做到极致。老干妈独特而稳定的口味,也是其餐饮渠道的强大支撑。基于老干妈产品的众多菜品在很多餐厅饭店随处可见,很多企业都想推出跟随产品,但餐饮对产品口味的稳定性要求更高,因为更换调味品,常常会造成菜品口味波动,而老干妈产品就不会出现这样的问题。2015年5月,《消费者报道》送检陶华碧老干妈、茂德公、美乐、辣妹子、李锦记、花桥、春光、坛坛乡8个品牌辣椒酱,着重评价其安全性。综合油脂、农药残留、水分活度与菌落总数等安全指标,油辣椒酱中的陶华碧老干妈,以及非油辣椒酱中的李锦记这两品牌辣椒酱在4个安全指标上的表现均较佳。

老干妈企业产品生产车间

老干妈的成功之道,还离不开企业的亲情化管理模式。老干妈自始至终对员工进行"感情投资",讲真情。比如在员工福利待遇的制定上,考虑到公司地处偏远，交通不便，员工吃饭难，她决定所有员工一律由公司包吃包住……当公司后来发展到1300多人时，陶华碧不管花多大的"血本"，都始终坚持了下来。

虽然没有受过高等教育，但陶华碧明白这样一个道理：帮一个人，感动一群人；关心一群人，肯定能感动整个集体。公司拥有两千多名员工，老干妈竟然能叫出60%的人的名字，并记住许多人的生日。每个员工的生日到了，都能收到她送的礼物和一碗长寿面加两个荷包蛋。每个员工结婚时，她必定要亲自当证婚人。每当有员工出差，她还总是像老妈妈送儿女远行一样，亲手为他们煮上几个鸡蛋，一直把他们送到厂门口。

这种亲情化的"感情投资"，使"老干妈"公司具有了超强的凝聚力。在员工们的心目中，陶华碧就像妈妈一样可亲可敬；在公司里，没有人叫她董事长，全都叫她"老干妈"，极少有员工想离职，即便有些人因为某种原因走了，到了别处一体验那种缺少"人情味"的管理，也想回来。

有一次，一个男员工离开后在别的单位干得很不顺心，特别想念"老干妈"，又不好意思直接见她，只好托人带话说想回来。陶华碧一听，就说："我也一直惦记着他呀！《还珠格格》里的小燕子走了，她的皇阿玛是那么地牵肠挂肚，我也是那样啊！你转告他，也让他转告所有从'老干妈'出去的人：如果他们在外面干得不如意，都可以回来。"真情，让陶华碧在自己的企业拥有了"亲妈妈"一样的感召力，使公司的员工们拧成一股绳。

对外，老干妈则是以诚信为主。陶华碧既不懂什么营销策略，也不懂什么广告策划，甚至连名片都不使用，又怎么开拓市场，争取新客户呢？陶华碧知道自己的劣势，但也坚信：条条大路通罗马！只要找到土办法，她照样能做大买卖。通过分析对内管理的成功，她觉得：对内对外都是与人打交道，都要讲感情。对内，这感情要体现在"真"上；对外，这感情恐怕就要体现在"诚"字上了。于是，她专门召开经营管理大会，对员工们说："都说无奸不商，我就偏偏不信，我偏偏要'宁可人人负我，我决不负客户'！请大家一定牢记这一点，在市场竞争中以诚信经营立足，取胜！"

2001年，有一家玻璃制品厂给老干妈提供了800件（每件32瓶）酱瓶。谁知，产品刚销售到市场上，就有客户反映："有的瓶子封口不严，有往外漏油现象。"不巧，一些对手企业不知怎么很快知道了这件事，马上利用这件事攻击"老干妈"。陶华碧知道后非常重视，要求相关部门迅速处理这件事。一些管理人员向她建议说："可能只是个别瓶子封口不严，把这批货追回重新封口就行了，不然损失就太大了",陶华碧却坚决地派人到各地追回这批货,全部当众销毁。这样的做法,虽然使公司损失巨大,却让人们看到了老干妈信守质量的决心。

诚信让陶华碧赢得了好声誉,也尝到了甜头,这使她更加把诚信经营当作企业发展的法宝。她自信地说:"我不懂什么时髦的管理方法,我就靠诚信,我要诚得别人不忍心骗我!"

可是有些合作伙伴和厂家为了私利或某种目的,还真的准备骗她。有一次,老干妈公司急需豆豉原料,让重庆的一家豆豉酿造厂赶紧运来了10多吨豆豉。因为是"等米下锅",检验员收货时也就没特别仔细看,谁知货下车后,发现外面摆放的豆豉是质量好的,里面的豆豉居然都馊了!如果只顾赶着生产,这批豆豉经过特殊处理后用一用也可以,但陶华碧不能容忍对顾客有一点儿欺骗。她坚持退货,公司也因缺原料被迫停产两天,造成了很大的损失。但这件事传开后,陶华碧为顾客真诚负责的精神感动了人们,"老干妈"在市场上的信誉更好了。凭着诚信,陶华碧在同行中赢得了广泛的信誉,企业不断壮大,品牌广为人知,利润逐年增加。

品质内涵

多年如一的产品品质为老干妈赢得了市场。对食品而言,味道即王道,可口可乐的神秘配方能成为无价之宝,就是因此。中国市场上,跟随战略随处可见,超过首创产品也是常事。但是,老干妈的销量冠军产品风味豆豉,热销多年,却无一家产品能与其抗衡。究其原因,主要因为豆豉是发酵产品,属于复合口味,恰到好处的豆豉产品,给人丰富口感,也在餐饮菜肴中被广泛应用,其他企业不是不想跟随,而是达不到老干妈对豆豉产品口感的把握。

食品之争,最重要的是口味之争。老干妈很好的平衡了辣和香,让最大多数消费者接受,以至于很多消费者一段时间不吃,都会非常惦记。

较低的产品定价创造了极致的客户体验。老干妈的消费人群绝大部分都是中低端消费者,即使目标市场是中低端人群,老干妈也创造出极致的客户体验。

老干妈占位最有利价格区域。价格往往决定着品牌和目标人群的定位,价格变动,不只是企业利润和销量的变化,更是品牌定位的转移,尤其是企业具有领先市场份额的情况下,提价往往是给对手让出价格空间。以老干妈的主打产品风味豆豉和鸡油辣椒为例,其主要规格为210g和280g,其中210g规格锁定8元左右价位,280g占据9元左右价位,其他主要产品根据规格不同,大多也集中在

7~10元的主流消费区间。基于老干妈的强势品牌力，其他品牌只能选择价格避让。

老干妈的价格一直非常稳定，坚守价格定位，价格涨幅微乎其微，不给对手可乘之机，在老干妈本身强势的品牌力下，竞争对手们，要么为了低价导致低质，要么放弃低端做高端，而佐餐酱品类又很难支撑高端产品。

从区域战略根据地到全国扩张的市场布局。广州是老干妈最先爆发的区域市场，而后逐步扩张到全国，老干妈和其他企业的区别就在于，绝大部分企业是经过市场分析选择区域战略根据地，而老干妈是通过自然选择，首先爆发了广州市场。1994年，贵阳修建环城公路，昔日偏僻的龙洞堡成为贵阳南环线的主干道，途经此处的货车司机日渐增多，他们成了"实惠饭店"的主要客源。陶华碧开始向司机免费赠送自家制作的豆豉辣酱、香辣菜等小吃和调味品，大受欢迎。

正是货车司机让老干妈的产品像蒲公英的种子一样，撒向全国，并在最适宜的地方扎根生长。当时，以广州为代表，大量农民工进城，老干妈正符合了他们的口味和价位，于是首先在广州市场取得销量爆发。继而逐渐实现全国扩张。

老干妈企业是国内佐餐产业的龙头老大,产品占据了国内佐餐调味品行业产品市场65%以上的份额,多年来,老干妈企业不打广告、不上市、不贷款、不搞活动,这种做法与现代很多大型公司的管理、营销方式完全不同。接下来,我们将从企业文化的角度来分析老干妈的成功之道。

第一,老干妈的产品简约而不简单。老干妈的主打产品风味豆豉多年来口味从未改变过,消费者无论何时何地买,口味始终如一,这种高度稳定的产品品质使得一般企业很难与其竞争。

第二,精简的营销策略。在快消品行业里,企业管理者在制定管理决策时,应该尽量把复杂的问题简单化,抓住问题的根本,才能更好地解决问题,让企业保持正确的发展方向。"老干妈"本人没有营销学知识的相关背景,她的营销思路很简单,就是"先打款后发货,现货现款"这导致老干妈企业的现金流十分充足。

第三,亲情化的管理模式。现在很多企业在管理的过程中,只注重生产效率与产品收益,很少去关注员工的生存状况,也有不少企业通过单纯的发奖金、发福利等方式提高员工对公司的认同度,但并没有做感情投入。反观老干妈企业,"以情治人"使得老干妈企业的每一个员工都得到了最高层次的尊重,极大地提高了公司员工的凝聚力,增强了员工的安全感、归属感、自我价值的实现等,这不是管理者通过金钱投入的方式就可以做到的。

第八篇
综合文化篇

内联升

北京内联升鞋业有限公司(简称内联升)，总店坐落于前门大栅栏商业街34号，主要生产千层底布鞋、毛布底布鞋等传统手工艺鞋。是目前国内规模较大的手工制作布鞋的生产企业，销售形式零售兼批发，企业性质为股份制企业。

目前，内联升自产商品款式已达1000余种，形成了全方位的产品结构，以中高档消费群体为主。目前在全国共有分店、专柜近百家。

接下来，我们将按照文化产业的基本价值，对内联升项目从文化的六个维度入手进行分析和阐述。

背景来源

从背景来源的维度分析，内联升项目运用了文化的六个维度和三十六个要素中的故事、人物等要素。

内联升始建于1853年，创始人赵廷早年在一家鞋作坊学得了一些做鞋技术，并积累了一定的管理经验。赵廷精准地分析出当时北京制鞋业市场中朝靴店的缺乏，于是决定自己开店，专为皇亲国戚文武百官制作朝靴。后来，京城一位达官贵人丁将军愿意出资入股，资助赵廷开办鞋店，内联升由此创办。"内"指大内宫廷；"联升"表示顾客穿上此店制作的朝靴，可以在宫廷官运亨通，连升三级。

内联升店面最初选在了东江米巷(今东交民巷)。1853年的东江米巷，还没有发展成使馆区，但也并不是寻常店铺可以驻足在此地。自明朝以来，朝廷就在此设置礼部、鸿胪寺和会同馆，负责接待前来朝贡的外国使节，内联升能在此立足，多是借了朝中达官的荫庇。

内联升在东江米巷47年，直至1900年八国联军入侵，东江米巷被焚，内联升在这次战火中也被毁于一旦。赵廷为了恢复内联升而四处奔走、筹措资金，最终选址奶子府。

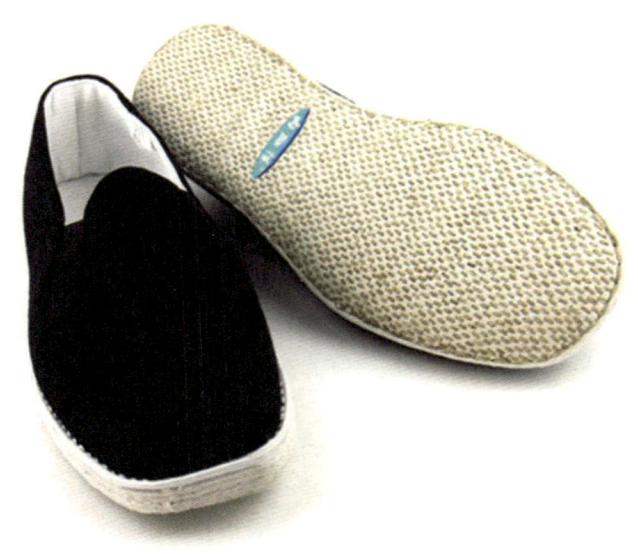

内联升千层底布鞋图

在奶子府重新开业不到两年，袁世凯北京兵变，内联升在这次动乱中被抢劫一空。遭此打击的赵廷不久后去世，其子赵云书子承父业，将内联升搬到了廊房头条，在劝业场外租了个门面。从这次开始，内联升打破了前店后厂的传统，将鞋作坊设在了距离廊房头条不远的北火扇胡同。

1949年新中国成立，内联升打破专营男靴的局面，增添女鞋（锈花鞋等）、解放鞋等。1956年，公私合营开始，内联升又迁址到大栅栏街。其原址据说是同仁堂乐家老铺的所在地。

1956年至1958年，内联升鞋店完成了经营方向上的转变，鞋店由私人企业变成了国有企业。内联升布鞋升级为北京名牌产品，开始走出北京，面向全国。

1970年，内联升建立了生产车间，结束了手工业作坊的历史。此时非自产鞋也列入其销售范围。1976 年，内联升开始生产与经营皮鞋。1977 年，恢复了老字号的名称。1988 年，具有明清建筑风格、营业面积 1700 多平米的新营业楼落成。2001 年，企业性质变更为有限责任公司，员工成为了公司股东，内联升进入了发展壮大时期。

品质内涵

从品质内涵的维度分析，内联升的千层底布鞋制作工艺继承了传统民间的工艺，并在此基础上进行了发展与创新，主要特点可以归纳为"一高四多"，即：工艺要求高；制作工序多、纳底的花样多、绱鞋的绱法多、样式多。

内联升千层底布鞋制作工艺资料图

特色产品"千层底"布鞋鞋底厚度达 32 层，每平方寸用麻绳纳 81~100 针，针码分布均匀。

内联升对来店做鞋的文武官员的靴鞋尺寸、式样等都逐一登记在册，如果再次做鞋，只要派人告知，便可根据资料按要求迅速做好送去。

千层底布鞋的制作工艺，一直沿用传统手工制作方式，工序复杂繁多，大的工序有 30 多道，总工序要上百道。每道工序都有严格明确的标准，讲究尺寸、手法、力度，严格明确的工序标准甚至深入到了工人的每个动作。

文明传承

从文明传承的维度分析，内联升的《履中备载》中，详实地记录着社会名人的穿鞋纪录，内联升以给社会各界达官贵人做鞋为市场定位。在清朝时期，达官贵人穿内联升布鞋的画像和借助照相机记录下的照片有很多，其中包括李鸿章等人物。

新中国成立后，内联升把官靴的制作技艺延伸到普通的手工布鞋中，从专为达官贵人制作朝靴转变为面向社会大众服务。因内联升的产品定位为高端，凭借选料的讲究和做工的精细，经过近百道工序完成的千层底布鞋得到了追逐时尚、追求品质并有较高消费能力和文化品位人群的广泛喜爱。

新时期的《履中备载》中记录了大量国内、国际名人订做布鞋的记录。

据说毛泽东生前喜爱内联升布鞋，内联升制作了毛泽东生前常穿的一个款式，作为毛主席纪念堂里的陈列鞋，这双鞋被国家博物馆收藏。

千层底小圆口布鞋是周恩来平日的休闲鞋，总理逝世后，该小圆口布鞋的复制品被国家博物馆收藏。

朱德喜爱千层底布鞋，内联升多次为其制作舒适、透气的布鞋。

邓小平偏爱手工布鞋和缝制的软皮底鞋，他曾说："我最大的愿望是活到 1997 年，到香港自己的土地上走一走，站一站，哪怕是坐着轮椅也要去。" 1997 年香港回归前夕，内联升特地为邓小平制作了一双黑色的皮便鞋，希望他能穿上这双鞋，踏上回归后的香港土地，实现老人家的愿望。但不幸的是邓小平没有等到这一天就与世长辞了。此后，内联升人为了纪念邓小平同志，将这款未能送出的鞋取名为小平式，以表达对伟人的敬仰和崇敬之情。此款鞋被国家博物馆收藏并颁发了证书。

内联升《履中备载》中详实记载着新中国几代国家领导人的足迹档案。叶剑英、杨尚昆、王震、陈云、胡乔木等许多老一辈革命家都是内联升的老顾客。

郭沫若对内联升的布鞋也是情有独钟。郭沫若一生中穿用内联升布鞋多双，在郭沫若的纪念馆中，内联升布鞋摆放在明显的位置。

内联升布鞋同样受外国友人的喜爱。1997年夏天,前斯里兰卡总理班达拉奈克的夫人来京访问,因患脚疾一时没有合适的鞋穿,内联升接到外交部的通知后,为其制作了一双鞋,柔软舒适、透气的布鞋有效缓解了脚疾带来的痛苦,并保持了与夫人的服装格调一致的风格,成为了中斯友谊的见证。

纳米比亚前总统、人组党(西南非洲人民组织)主席努乔马十分热爱中国的传统文化,特别喜欢有中华民族特色的内联升鞋。当他听说内联升曾经为毛泽东、周恩来、邓小平做过鞋时,满脸的惊讶和赞叹,当即决定一次定制五双皮便鞋。

演员成龙对内联升的布鞋也是赞誉有加。在其演绎的多部电影中,均穿着内联升的千层底小圆口布鞋,因此,小圆口布鞋又有了功夫鞋的别名。2009年成龙亲自到内联升总店参观,量脚定制过布鞋后,为内联升题写"天下第一鞋"的手书。此外,诸多节目主持人及文艺界名人都是内联升手工布鞋的忠实顾客。

内联升对鞋文化的挖掘，不应该仅停留在名人效应阶段，还应该做更深层次的挖掘，比如布鞋的起源，中国鞋文化的发展史等。

据考证，手工千层底布鞋在中国已经有3000多年的历史。中国最早的千层底布鞋始于周代，从山西省侯马市出土的3000多年前周代武士跪像的鞋底上，明显可见一行行规整的线迹，与现在的纳底布鞋完全一致，它表明3000多年前的周代，纳底布鞋已经被使用。纳底布鞋发展到清代，进入了全盛时期，造就出驰名中外的"千层底"，无论是造型，材料和技艺方面都有了较大发展。

之前的千层底布鞋，主要是传统的手工、绣花布鞋等。由于是手工纳底，具有柔软舒适、透气吸湿的特性，深受中国百姓喜爱。1949年以后，各地开办了很多布鞋厂，集中大量生产机制千层底布鞋，其中著名品牌有安徽杨氏千层底、上海双鸥、上海小花园等，这是中国布鞋的鼎盛时期。改革开放以后，布鞋逐渐淡出了鞋类市场的主要舞台，但依旧保持着强大的生命力。

进入21世纪后，人们的观念趋向自然和健康，穿上一双合适的布鞋，成为了很多现代青年男女追赶的时尚潮流。布鞋相对于其它鞋类，有着更广阔的应用场所，尤其适合在休闲、旅游、室内、开车等场合穿，而时尚、漂亮的绣花千层底女鞋一直以款式新颖、漂亮端庄而闻名，在国际上已经成为中国传统女性文化的标志之一。

盛锡福

盛锡福帽店始创于 1911 年,是中华老字号企业。盛锡福以其精湛的手工制帽技艺,高品质的原材料,周到的个性化服务受到人们的一致推荐。盛锡福的帽子遍及亚洲、澳洲、欧洲和美洲,有裘皮、皮革、毡呢、针织、麻草等 4000 多种不同的款式。

盛锡福帽店图

接下来,我们将按照文化产业的基本价值,盛锡福项目从文化的六个维度入手进行分析和阐述。

背景来源

从背景来源分析，盛锡福项目运用了文化的六个维度和36个要素中的故事、人物等要素。

天津盛锡福帽店创办于1911年，创办人刘锡三，山东省掖县沙河镇人，家中世代务农，一年家乡受灾，农田歉收，乡里人四处谋生，刘锡三离乡去青岛一家外国人办的饭店里打杂，后又到一家洋行做业务员，负责下乡收购草帽辫。草帽辫是用来制作草帽的，洋行把它收来运到国外制成草帽再返销国内，以获高利。刘锡三聪明过人，颇有心计，在洋行里干了几年，对草帽辫的质量好坏、品种、产地以及草帽的制作工艺等情况了解得一清二楚，于是决心攒钱自己做买卖。

1911年，刘锡三与人合股在天津估依街开了家盛聚福小帽店，苦心经营了六年，又在天津法租界独自开张了"盛锡福"帽店，"盛"取买卖兴盛之意，"锡"和"福"均取自刘锡三的大号和乳名。

刘锡三办帽厂正值民国初年，人们剪掉清朝遗留的长辫，摘掉瓜皮小帽，总要有新式衣帽替换。刘锡三适时引进英、法、美等国的呢帽，并在帽子市场一炮打响。

刘锡三为了创名牌，防别人仿制冒牌，特向当时政府申请注册"三帽"商标，盛锡福"三帽"一举誉满津门。1937年，盛锡福帽厂主要品种有75种，实际生产的帽子品种超过200多种。由于盛锡福的帽子质量好、式样新，从1924年到1934年十年间共获得当时各级政府奖项15个。一些社会名流曾为盛锡福题写书额，由吴佩孚书写的"盛锡福"牌匾一直挂到现在。

天津解放后，人们的衣着风气发生变化，长袍改成了制服，呢帽、便帽也由原来的机器生产改为缝制圆顶干部帽。由于工厂生产发生突变，很多环节不适应，盛锡福营业状况急剧下降。1950年到1952年期间，生产处于停顿，经营困难，无力开支。

从1953年开始，盛锡福开始向少数民族地区销售礼帽，并加工军用地毯，为土产公司加工草制品，状况比以前略有好转。1956年，天津土产公司委托盛锡福制作草帽加工，青海贸易公司找盛锡福来加工礼帽。1957年开始恢复毡帽生产，生产规模不断扩大。

1966年底，盛锡福改为"人民帽厂"。1968年盛锡福开始向红桥区三条石大街迁厂，至1970年全部搬迁完毕，又将"人民帽厂"改为"天津制帽厂"，原盛锡福帽庄只留下门市部及部分厂房。

从 1978 年起，盛锡福帽子大量出口美国、日本，并通过香港销往欧洲。盛锡福为满足人民生活的需要，开始研究如何让广大消费者能戴上不同样式的合体、漂亮的帽子，不断推出新产品，扩大经营品种。

盛锡福继承了传统的工艺，引进先进的管理理念，建立质量监控与保证体系，形成了礼帽、缝制帽、草帽三大体系。产品内销东北、西北、华北地区，外销日本及欧美国家。

上世纪 80 年代初，随着影视片《上海滩》的风靡，社会上对主人公许文强的模仿同样波及到帽子，人们开始模仿港台明星的时尚风格。据盛锡福的老职工回忆，原先盛锡福一天生产礼帽 600 顶，后来一班不够增加第二班，最后形成三班倒。盛锡福帽子卖得最火爆的时期，门市部前人头攒动，买帽子的人转手再卖都能卖上好价钱。

1986 年，天津盛锡福总店在天津、北京、上海、青岛、南京武汉等地开设了八家盛锡福分店，成立了全国盛锡福帽业联合会。1993 年 3 月，盛锡福又更名为天津市盛锡福帽业公司。

2006 年，盛锡福建店 95 周年，也是帽业联合会成立 20 周年。20 年来，当时只有八家分店的盛锡福，已发展到理事会单位、会员单位及参会厂家 40 余家；还有不少厂家、商家也积极要求加入到民间性质的帽业联合会来，会员遍布全国各地，许多台湾独资企业也加入到这一组织中来，进一步扩大了盛锡福的辐射力和影响力。

进一步的发展过程中，盛锡福传承发展了中华制帽技艺，积淀形成了盛锡福的帽业文化。它作为历史发展中和谐商业、诚信商业、文明商业和传统美德的集中代表，是中华文化动态的、活化的、充满生命力的传承载体，是中国民族工业弥足珍贵的文化瑰宝和人类文明的宝贵财富，具有巨大的经济价值、社会价值、文化价值和品牌价值。

品质内涵

从品质内涵的维度分析，盛锡福运用了文化的六个维度和 36 个要素中的故事、人物等要素。

上世纪 20 年代中期以来，"盛锡福"已是遍销全国的名牌产品，但刘锡三却对其有着相当严格的要求，盛锡福一贯遵守"选料认真、工艺精细"的原则，如：各种草帽所用的草帽辫，是用自己漂白的最好草辫，色泽洁白光亮，呢帽原料所用的羊毛是用澳洲进口的，或是西北上等羊毛。其他四季帽所用的缎、纱、葛、裘皮，也都是上等原料。各种帽品生产的工艺工序非常仔细认真，最后成品由刘锡三把关检验，出现严重的质量问题或工艺不精，一概作为残、次品或废品处理，绝对不能以次充好。优质的合格品用"三帽"商标；相对次些的产品则用"雄狮"商标，让顾客明明白白地消费。刘锡三懂得经商之道不是经济之道，而是一种为人处事的文化底蕴。100年来，盛锡福的老师傅们都是要求小伙计，做帽子前先学做人，心正了才能做出好帽子。

据盛锡福的老师傅回忆，当年的盛锡福帽业大楼的地上一层为门市，中间是大厅，两边的房间一边供会计使用，另一边是掌柜使用。那时，学徒一律是男孩，穿着、礼仪要求非常严格，清一色大马褂，千层底布鞋，规规矩矩往门口一站，就开始了一天的工作。盛锡福门店里面放着两处硬沙发，茶盖着茶碗整齐放在桌子上，伙计看见有客人来，要先将客人让到沙发上，端茶倒水，歇息片刻，再向客人询问需要什么。伙计帮客人挑帽子是个眼力活，必须在仔细观察客人的头、脸型后，再按照实际情况拿帽款，号码上下不能差出一号，往货架上一拖就是两顶帽子，其中必有一款让客人满意。盛锡福一贯的经营作风是和气生财。顾客进门，买与不买都要热情、主动打招呼，尽量让顾客买到满意的帽子。如果顾客不想买帽子，也要让其高兴地离去，以使其下次再来盛锡福。

在管理上，刘锡三则可说是中国企业执行人性化严格管理制度的先驱，在他企业里，实行高管与技术骨干干股分红；节假日聚餐，每月一、五改善伙食；员工每年享有带薪探亲假，报销往返路费……这样的管理之下，每一位员工都把企业当成家，自觉努力的工作。

在人才任用上，刘锡三"方正"而不"歪斜"，他不允许自己的员工有嫖、赌、抽等任何恶习，一经发现决不姑息。他的内弟与外甥后来就都是因好嫖嗜赌被开除的。

而刘锡三本人虽由寒苦出身发迹，其为人处事却始终谦和低调，决然不同于如今那些炫财夸富的"暴发户"，据其孙刘恒先生回忆，父亲曾对他讲起，爷爷当年回老家时，离村数里就要下车步行，一路上同遇见的乡亲父老聊天说话，到晚上天黑以后，才敢让司机偷偷地把车开回家。

文明传承

盛锡福的帽子受到海内外各界人士的广泛欢迎。一些国家领导人、外国政府首脑都曾在盛锡福订做过帽子。20世纪50年代，盛锡福为陈毅外长出访印度尼西亚做了一顶金丝草帽。60年代，盛锡福为周恩来去莫斯科访问时做了一顶水獭皮帽。刘少奇去莫斯科访问时盛锡福为他做了一顶美式圆沿皮帽。朝鲜金日成曾在盛锡福做过一顶海龙皮帽，前印度尼西亚苏加诺总统做过一顶三羔皮帽。

对于像盛锡福之类的民族手工艺品生产商，毛泽东曾在《加快手工业的社会主义改造》一文中指出："提醒你们，手工业中许多好东西不要搞掉，王麻子、张小泉的刀剪一万年也不要搞掉。我们民族的东西，搞掉了的，一定要来一个恢复，而且要搞得更好一些。"

周恩来对老字号企业的关心和爱护，更是有口皆碑，周恩来曾做过关于"要保住盛锡福的特点、组织起来办工厂"的指示。

万天世纪 洞察
INSIGHT

　　从文明传承的维度分析，盛锡福对文化的挖掘还不全面，仅停留在名人穿戴这一方面，其实帽子本身的文化很丰富，我们可以从帽子的起源、发展等方面进行分析，还可以从帽子的象征意义、功能等方面进行分析。

　　在我国，据说是华夏始祖黄帝首先发明了帽子。成语"冠冕堂皇"的"冠""冕"，指的就是帽子，象征着统治权力和尊贵地位，只有帝王和文武大臣才可以戴帽子。"冠"不像今天的帽子，它只有狭窄的冠梁，遮住头顶的一部分，两旁用丝线系在领下，并打结固定住。

　　"冕"的出现要早于"冠"。"冕"的顶部，有一块长形冕板，前低后高，称作"冕"，表示恭敬。冕的前沿，一般用彩线穿成若干串珠玉，名叫"冕旒"。串珠垂面，使目不斜视。冕旒的数量以及所用的材料，是区别贵贱尊卑的标志。冕冠的两旁，各有一孔，用以穿插玉笄等物，以便于发髻相系。另在两耳之处，各垂一颗珠宝遮耳，称为"充耳"。表示不听信谗言。冕冠是古代帝王臣僚们参加重大祭祀典礼时所用的冠帽。除此之外，在皇子继位时，也要进行加冕。

　　最初的时候皇帝戴的叫"冕"士大夫戴的叫"冠"，后来互用，皇帝戴的一律叫"通天冠"。春秋战国时期，像孔子，孟子这样的大学者也不能戴帽子，而是用"帕头"裹头，而且教育学生要树立"轩冕之志"，轩是车子，冕是帽子，就是当官走仕途，可见当时坐车子和戴帽子是官员仅有的特权。一般平民老百姓只可以用"巾"把头发束起来，穷人可以说是披头散发或者用麻绳把头发束起来。

　　魏晋南北朝时期，随着社会的发展。社会动乱，冠冕开始流行于民间的儒人雅士之间。晋人陆机《幽人赋》中有"弹云冕以辞世，披霄褐以延伫"，这时南方的胡人带来一种真正的帽子"皮帽"，但是因为普遍"汉化"并没有流行起来。

　　隋唐时期，社会生产力发展，社会风气逐渐开放，帽子特殊象征逐渐淡化，但是仍作为一种地位的象征。当时，一般的读书人和有钱商人及其子弟可以戴帽子，但是仍有区别，有规定的样式，有典型的书生帽和商人帽，在五代和宋时期比较流行。一般老百姓还是用布把头发包裹起来，叫"方巾"。

　　到了元朝，北方游牧民族的帽子开始逐渐流行，元朝皇帝戴的帽子是由珍贵的皮毛做成的，上面还镶有珍珠。

明朝建立之后，又恢复了汉人的"冠冕"制度。乌纱帽是明代几种典型的官员冠服的一部分，外形与唐代初期的幞头有些近似，但内部结构和帽饰却完全不同。乌纱帽通常是用铁铜丝编成帽的框，然后再用乌纱覆外。另外，在帽的后下端，各自左右平展出二翅，翅为腰圆形，也是以铁制丝为框，再覆以乌纱，颇似现在的小型宫扇，但较其要窄得多。这种帽子后来常被人作为官位的代称。乌纱帽在明代的官服系列中，被列为常服。朝廷官吏，不分文武品位高低，一律统一佩戴。

清朝入主中原以后，帽子开始流行起来，上至皇帝，下至贫民都可以戴帽子。帽子的实用价值开始真正发挥作用。

20世纪80年代，全国人民清一色的服饰格局被打破后，女帽率先开始变换花样。夏天，女士有了遮阳的棒球帽、太阳帽、草帽、鸭舌帽。

20世纪末，随着人们生活水平的不断提高，旅游帽开始流行。90年代开始，旅游帽的风格多变，更富有现代化气息。随之以装饰为主的装饰帽逐渐增多，不少帽店还从国外进口各种款式的装饰淑女帽，如法式女帽、女士鸭舌帽子、卷边式女帽、航空小姐帽、阔边帽等。

进入21世纪，帽子戏法已经被酷爱时尚的人们玩得风生水起。人们选择帽子更多地是从装饰角度考虑，帽子的功能性几乎退居到了最后。

孔子学堂

孔子学堂是由中国孔子基金会创办，以"写好字、读好书、做好人"为学堂宗旨，以培育和践行社会主义核心价值观，弘扬优秀传统文化为主要目标，以弘扬、传承孔子优秀教育思想为宗旨的公益性社会教育基地。

孔子学堂讲学的场景

孔子学堂的教学工作包括：多媒体及网络在内的汉语教学；大、中、小学中文教师的培训；汉语水平考试和汉语作为外语教学能力的认证考试；开设各种类型（企业集团、留华预备、岗前辅导、考前训练等）和技能（翻译、旅游、商务、金融、中医）的汉语课程；开设与国内院校相衔接的中文学历教育课程；协助制定汉语教学大纲或汉语教学方案；推广国内教材、推荐国内教师；合作开发当地实用性汉语教材；开展学术活动和中文竞赛；播放中国影视；提供赴华留学咨询；开放图书资料信息查阅服务等。

接下来，我们将按照文化产业的基本价值，对孔子学堂项目从文化的六个维度入手进行分析和阐述。

背景来源

《论语》中的许多思想，两千多年来一直影响着我们民族的文化，也影响着我们的思想。我们熟知的许多格言，如"听其言观其行""三人行，必有我师""不耻下问""和为贵""见利思义""己所不欲勿施于人"等，都出自《论语》。

"十八大"以来，习近平总书记对弘扬中华优秀传统文化作了一系列重要论述，明确指出要做好优秀传统文化的"创造性转化与创新性发展"，用优秀传统文化涵养社会主义核心价值观，并且要在"落小、落细、落实"上下功夫。公益文化品牌项目——"孔子学堂"就是在这样的背景之下成长起来的。

"孔子学堂"采用线上学习、线下活动的方式，引领人人参与，快乐实践体验，有效传播孔子"仁、义、礼、智、信"等儒家文化精髓，让其成为植根于每个人内心的文化信仰，讲仁爱尊礼仪。

文明传承

从文明传承的维度分析，大思想家、教育家、政治家孔子博学多才，精通礼、乐、射、御、书、数六艺，删、审《诗》《书》《礼》《乐》，撰《春秋》，首创私学，有弟子三千，贤者七十二人。他带领弟子在六国讲学，发扬"仁"的思想，并留下了许多名传千古的故事和传说。

孔子与子路的故事。孔子带弟子子路周游列国时，途中发现一块破烂的马蹄铁，就让子路捡起来，不料子路懒得弯腰便假装没听见。

孔子没说什么，自己弯腰捡起了马蹄铁，用它在铁匠那儿换来三文钱，又用这钱买了十七八颗樱桃。出了城，二人继续前行，经过的都是茫茫荒野，坐在牛背上的孔子猜到子路渴得厉害，就把藏在袖子里的樱桃悄悄地掉出一颗，子路一见，赶紧捡起来吃。孔子边走边丢，子路也狼狈地弯了十七八次腰。最后，孔子笑着对子路说：要是你刚才弯一次腰，就不会在后来没完没了地弯腰了。小事不干，将来就会在更小的事上操劳。

孔子与颜渊的故事。孔子北游农山,随从的弟子有子路、子贡、颜渊。来到山顶,孔子极目远眺,喟然感叹道:"登高望远,见天地之悠悠,难免发千古之幽思。此情此景,何不在此说说各自的志向。"

子路见老师说得如此感慨,便率先回道:"子路不才,愿有一天,遇到这样的场景:战场上,旌旗飞扬,席卷大地;战鼓钟声,响彻云天。白羽箭,如月光倾洒;赤羽箭,如日光飞动。此时,唯有我子路,能率领众军,英勇驱敌,一鼓作气,夺回千里失地。而子贡与颜渊两位同学,可作为我的随从高参。"

听了子路的豪言壮语,孔子点评道:"壮哉!勇士,一个奋不顾身的雄杰。"子贡看着踌躇满志的子路,笑了笑,然后轻步上前,洒然说道:"子贡不才,愿有一天,见齐国与楚国合战于苍莽原野,两军对垒,实力相当。正当旌旗相望,战尘相接,千钧一发之际,我子贡,身着白袍白冠,从容游说于白刃之间,不费一兵一卒,顿解两国纷争。此时,子路与颜渊两位同学,可为我临阵助势。"

孔子学堂讲学的场景图

"俊哉!辩士,一个神貌若仙的英才。"孔子点头称赞。颜渊听完子路、子贡的述说,站在后面,继续静默无语。孔子见此,便问,颜渊有什么理想可说,颜渊近前回道,文事、武功,两为同学都已说得很好了。我哪里够资格,参与其中?孔子笑着道,你似乎对他们不太认同,但说无妨。颜渊沉吟了一会,说道:"我听说,咸鱼与兰花,是不能放在同一个筐子里收藏的。尧舜与桀纣,也是不可能在同一个国家里,共理政事的。两位同学的志愿,与颜回理想,是有差异的。颜回希望:自己能在一个小国,辅佐一位圣明的君主。使君主在上,可道应天下;使臣子们在下，能德化群生。百姓讲信修睦，人民安居乐业；兵器铸为农具，城池复为良田；怀恩近邻，柔接远方；周边各国，无不感召德义，寝兵释战；天下从此，无斗战之患。如果能有这么一天，又有什么苦难，需要子路去冒死拯救，又有什么战难，需要子贡去劳思化解？"

"美哉！大士。"颜渊的一番话，令孔子嗟叹不已。

子路此时，举手问道："请问先生，您的志愿，又是如何？"

孔子回道："愿颜渊得志！我将背着行李典籍，跟从颜渊这孩子。"

社会习惯感知度

从社会习惯感知度维度分析，2013年12月23日中共中央办公厅印发《关于培育和践行社会主义核心价值观的意见》，明确指出：培育和践行社会主义核心价值观是推进中国特色社会主义伟大事业、实现中华民族伟大复兴中国梦的战略任务。这标志着围绕更高的目标与要求，社会主义核心价值观建设已经进入了一个全新的阶段。

习近平总书记指出："一个国家的文化软实力，从根本上说，取决于其核心价值观的生命力、凝聚力、感召力。" 习近平总书记到曲阜就弘扬传统文化所作的精彩论述，在我国思想理论界、在国际上引起了强烈反响。

中国孔子基金会作为传统文化的传播机构，推进"孔子学堂"走进校园、走进社区，走进企业等场所，通过讲道诵读、德行礼仪、道德讲堂、家风建设等系列课程，开展"礼仪之星闪耀校园""诵读经典做有根人""书香家庭品味书香""亲子家庭和谐社区""传承美德做现代君子"等创意活动，有效传播中华民族的传统文化。

万天世纪洞察 INSIGHT

  孔子学堂作为一个弘扬、传承中国传统文化的公益性社会教育基地，自开设以来，已成为一个推广汉语教学、传播中国文化及国学的优秀平台。

  从文明传承的维度分析，孔子学堂的设立有利于加快中国传统文化的传播。中国戏曲、书法、文化艺术等是我们国家优秀的传统文化，但是年轻人对这类传统文化的接触很少。孔子学堂除了开设书法课、传统艺术课等，还推进孔子学堂进校园、进社区、进企业等场所，通过开设讲道诵读、德行礼仪、道德讲堂、家风建设等课程，引导人们学习中国传统文化。孔子学堂在满足了人们对中国传统文化的需求的同时，也增强了炎黄子孙的民族自豪感和民族凝聚力。

  一方面，孔子学堂的设立有利于提升我们国家的国际影响力。孔子学堂既是人们学习汉语、扩大汉语传播的基地，又是各国人民了解中国传统文化的重要场所。随着汉语热的升温，我们国家在国际上的声望和地位将得到不断提升。

  另一方面，孔子学堂是一个传播中国传统文化和价值观的地方，孔子学堂充分利用各种课程或活动有效传播孔子"仁、义、礼、智、信"等传统文化精髓。

  但孔子学堂的设立也有其不足之处。不少人质疑孔子学堂除了传播中国传统文化，还开设各种技能资格认证考试培训班，与国内一些技能培训班没有太大区别。也有一部分人认为，孔子学堂传授的课程还仅仅停留在学习语言、打太极的阶段，仅仅是"术"，还不是"道"。

  为更好地适应时代发展的需求，更有效更广地传播中国传统文化，孔子学堂还有很大的提升空间。

瑞蚨祥

瑞蚨祥创办于1862年，总店位于山东济南，主要经营绸缎、呢绒、棉布、皮货、化纤、民族服装服饰等。曾获得"中华老字号""中国丝绸第一品牌""非物质文化遗产""中国消费者信赖的著名品牌"等多项殊荣。

瑞蚨祥店面图

近年来，瑞蚨祥以"蚨"为图案，申报注册了自己的标识，加工制作体现东方女性和中国丝绸特有风韵美的多款式的"瑞蚨祥"牌民族服装。瑞蚨祥除了布匹、成衣外还提供旗袍定制和现场制作蚕丝被。

接下来，我们将按照文化产业的基本价值，对瑞蚨祥项目从文化的六个维度入手进行分析和阐述。

背景来源

从产生来源的维度分析，"瑞蚨祥"的店名引用了"青蚨还钱"的典故。"蚨"是古代传说中一种形似蝉的昆虫。晋代《搜神记》卷十三记载，青蚨"生子必依草叶……取其子，母必飞回，不以远近……以母血涂钱八十一文，以子血涂钱八十一文，每市物或先用母钱或先用子钱，皆复飞归，轮转无已"。青蚨又代表古代的铜钱。因此当年老板取店名瑞蚨祥就是借"祥瑞"的吉祥寓意。加上能带回金钱的青蚨，可以生意兴隆，财源滚滚。

店名"瑞蚨祥"中的"瑞"字，是瑞气的象征；"祥"字，一方面是吉祥之意，另外店东乃山东省旧军孟家，所开商店均是祥字号。

瑞蚨祥的创办者是山东章丘旧军的孟氏家族。据史料记载，章丘孟家于1369年从河北枣强县迁到山东。最初为平民小户，自明代中叶开始贩卖土布，到清乾隆年间有了较大的发展，于是就进城设店铺，由行商变为坐贾，开创了"祥"字号。

到清末民国初年，瑞蚨祥已成为北京较大的绸布店。拥有五个字号，即东鸿记茶庄，瑞蚨祥总店（也称东号），鸿记皮货店，西鸿记茶庄，西鸿记绸布店（也称西号），均位于大栅栏街内。

1900年，瑞蚨祥毁于义和团的洗劫，不久重建开业。恢复以后的瑞蚨祥仍然以货品纯正、花色新颖著称。现瑞蚨祥仍自行设计花样，派专人选厂家"定产品"，并绣明"瑞蚨祥鸿记"字样。其优良的布匹、绸缎仍为海内外游客所称道。其开办的"传统服装服饰展"也是文商结合的典范。

1954年，瑞蚨祥实行了公私合营，五个字号合并为一，改成以经营绸缎、呢绒、皮货为主的布店。北京瑞蚨祥绸布店基本保持了原来的建筑风貌，天井式的房屋结构，门面上的石雕、罩棚等仍保存完好。

改革开放以来，瑞蚨祥在销售面料的基础上开始帮助顾客加工服装。近几年来，瑞蚨样已有了自己的"品牌"，以神话中形似蝉的一对母子"蚨"为图案，申报注册了自己的标识。

自1998年以来，瑞蚨祥除了经营毛料、丝绸、棉布、床上用品、被面等，还注册了青牌寿衣，自己生产销售，选料考究，做工精细，深受顾客的欢迎。在市场经济条件下，瑞蚨祥实行了承包责任制，制定并完善了各种行之有效的管理规章制度。企业管理正向规范化、现代化、科学化迈进。

品质内涵

从品质内涵的维度分析，"至诚至上，货真价实，言不二价，童叟无欺"是瑞蚨祥百余年不曾改变的传统。

瑞蚨祥丝织品卖场资料图

在100多年前的老北京，人们口耳相传着这样一句歌谣："头顶马聚源，脚踩内联升，身穿瑞蚨祥，腰缠四大恒。"对于当时讲究穿着的人们来说，歌谣中提及的名字无疑具有名牌的意味。瑞蚨祥的成功，主要体现在以下几个方面：

产品服务，均以客户为本。瑞蚨祥之所以能够在经营上长盛不衰，就是胜在了服务上。长久以来，瑞蚨祥都秉承着诚信为本的经营理念，为顾客提供优良的服务。而在今天这样一种全新的消费市场环境里，精准的产品定位、适应现代顾客需要的服务才是企业生存的根本。

瑞蚨祥百年以来一直坚持着丝绸布料产品的生产经营，但是在改革开放以后，人们的购买力和购买习惯发生了巨大改变，单纯购买布料自己缝制服装的人群迅速减少，选择购买成衣的消费者越来越多。瑞蚨祥顺应历史大潮，在坚持经营原有丝绸布料产品的基础上，引入了多样化的产品结构。现在，瑞蚨祥经营的产品种类已达4000余种。

适应现代顾客多样化的需求。针对一些国际游客，瑞蚨祥大刀阔斧地对经营销售人员进行了在岗培训，定期组织员工集中培训英语听说读写能力。现在瑞蚨祥的销售人员基本能够流利地同外国游客用英语进行交流。同时，派遣二线人员进入销售一线进行服务，也是瑞蚨祥提升服务水平的一项大举措，通过二线人员的丰富理论知识与第一线人员的实践经验的相互结合，为消费者提供周到的服务。

针对国内各地的顾客，瑞蚨祥也提供了全程服务。比如，有些顾客来北京玩，帮朋友代买服装，结果拿回去发现不合适，针对此类情况，瑞蚨祥提供了远程服务，顾客把不合适的服装邮寄到瑞蚨祥，瑞蚨祥负责把产品调配回邮给顾客，直到顾客满意为止。

为了吸引新一代的消费者，瑞蚨祥专门针对年轻人推出了个性化定制的服务项目，包括真丝、婚庆系列产品。

文明属性

从文明属性的维度分析，瑞蚨祥项目运用了文化的六个维度和 36 个要素中的故事、传说、人物等要素。

"瑞蚨祥"自创办以来，以独特的魅力被达官显贵所青睐，慈禧太后的寿服、袁世凯的皇袍都是出自瑞蚨祥。中华人民共和国成立时，天安门广场升起的第一面五星红旗是周恩来总理亲自指定使用瑞蚨祥的面料制作的。

1949 年 9 月 27 日，人民政协第一届全体会议当天的最后一个议程是讨论审查委员会提出的《国旗、国都、纪年、国歌决议草案》，大会通过了将五星红旗确定为中华人民共和国国旗的决议。国旗方案通过后，制旗方法很复杂，周恩来总理要求梁思成、胡乔木和彭光涵立即改写制旗说明，以方便制作标准国旗。经研究讨论，梁思成首先按原说明在坐标纸上画出旗的长高比例和五颗五角星的位置，改写后的说明由胡乔木定稿，再由彭光涵抄好后送周恩来审批。

长高比例和制作标准确定后，国旗的制作被提上日程。据了解，国旗的尺寸为长 5 米、宽 3.3 米。国旗制作负责人宋树信先找到了做旗杆套用的白布，但跑了很多布店，也没找到颜色和尺寸都适合做旗面用的红布料及做五星用的黄缎子。在朋友的介绍下，他赶到位于前门外的"瑞蚨祥"绸布店，向几位老职工说明来意，请他们帮忙。"瑞蚨祥"的职工去仓库翻找库存，经过一番翻箱倒柜，大家终于找到了几块红绸和一卷 3 米多长的黄缎子。由于几块红绸都不够长，"瑞蚨祥"绸布店便又专门请来工艺精湛的技术人员，连夜把红绸布料连接起来。

第八篇　综合文化篇

随后，宋树信抱上红绸布和黄缎子直奔西单的一家缝纫社。当他把布交给缝纫社时，又发现黄缎子只有一尺多宽，做最大的五角星不够用。经上级领导同意，缝纫社的同志在大五角星的一个角接了一个尖。缝制新中国第一面五星红旗的重任，落到了缝纫社女工赵文瑞身上。她按照政协会议公布的国旗说明，用黄缎子剪出两颗大五角星，八颗小五角星。精确地贴在红绸的正反两面，五角对整齐，一针一线地仔细缝制。

9月30日下午，由北京"瑞蚨祥"绸布店提供布料、赵文瑞缝制的第一面五星红旗，送到了怀仁堂中国人民政治协商会议第一届全体会议会场，送到了毛泽东主席的面前。

　　瑞蚨祥，经营中国传统服饰的高级定制品牌，是一个历经风雨的百年老店。瑞蚨祥有悠久的历史，深厚的文化积淀。瑞蚨祥曾经在晚清时大放异彩，为中国商业文化史留下了一笔不可多得的商业文化遗产，它的创始人也是中国近代商业史上举足轻重的人物。新中国成立以后，瑞蚨祥为第一面五星红旗提供了布料，这使得瑞蚨祥的文化和中国的红色文化密不可分。

　　按照本书文化产业的六个维度进行分析，瑞蚨祥在产生来源和文明传承的维度充分发挥自己的优势。瑞蚨祥的品牌名称引经据典，用中国古典神话传说为自己的品牌名称增添了文化色彩，瑞蚨祥的创办故事为其增添了历史厚重感。从文明传承来看，瑞蚨祥的发展过程和历史变迁朝代变革紧密相关，不论是慈禧太后的寿服、袁世凯的"龙袍"还是五星红旗的布料都可以看到历史变迁的影子。瑞蚨祥布店建筑为中国传统的四合院式，其建筑风格以中国传统建筑形式为主，是中国早期中西合璧的商业建筑。

　　除此之外，瑞蚨祥的品牌建设还和影视剧相结合。《一代大商孟洛川》就是以瑞蚨祥创始人为原型的电视剧，展现了一代大儒商的风范。

　　然而从文化价值提升的角度来看，瑞蚨祥还有很大的提升空间。

　　首先从品质内涵来看，瑞蚨祥的丝绸布料产品产地、质地等方面都可以有更详细的交代，其服饰的制作工艺，传统的技艺和手法都可以有更多的展现。

　　其次是文明传承方面，瑞蚨祥创始人的祖籍是齐国旧地，作为齐文化重要组成部分的商业文化，成功为其提供了一种传统基础和渊源上的影响。瑞蚨祥在这方面有适当的发挥，会增加其文化底蕴。

　　最后在社会习惯感知度的维度，瑞蚨祥的衍生产品的开发不是很多，它可以依托其历史文化内涵，围绕传统服饰做更多的衍生品开发。比如演艺活动、博物馆、展览会特色旅游和文化交流等。